高等职业教育公共基础课精品教材

军事理论与军事技能教程

主 编 陈 波

北京理工大学出版社
BEIJING INSTITUTE OF TECHNOLOGY PRESS

版权专有　侵权必究

图书在版编目(CIP)数据

军事理论与军事技能教程 / 陈波主编. -- 北京：北京理工大学出版社，2019.11（2024.8重印）
ISBN 978-7-5682-7988-8

Ⅰ.①军… Ⅱ.①陈… Ⅲ.①军事理论–高等学校–教材②军事技术–高等学校–教材 Ⅳ.①E0②E9

中国国家版本馆CIP数据核字(2019)第271271号

责任编辑：张荣君　　**文案编辑**：曾繁荣
责任校对：周瑞红　　**责任印制**：边心超

出版发行 /	北京理工大学出版社有限责任公司
社　　址 /	北京市丰台区四合庄路6号
邮　　编 /	100070
电　　话 /	（010）68914026（教材售后服务热线）
	（010）68944437（课件资源服务热线）
网　　址 /	http://www.bitpress.com.cn
版 印 次 /	2024年8月第1版第11次印刷
印　　刷 /	定州市新华印刷有限公司
开　　本 /	787 mm×1092 mm　1/16
印　　张 /	15
字　　数 /	267千字
定　　价 /	46.00元

图书出现印装质量问题，请拨打售后服务热线，负责调换

编 委 会

主　编：

陈　波（教育部全国普通高等学校军事教学指导委员会副主任委员兼普通高等学校组组长）

副主编：

张　操（国防大学军事管理学院研究员）
王小敏（教育部全国普通高等学校军事教学指导委员会委员、赣南医学院教授）
崔运生（教育部全国普通高等学校军事教学指导委员会成员、河北师范大学副教授）
蔺玄晋（中北大学副教授、武汉理工大学博士）
吕云震（中央财经大学国防经济与管理研究院讲师、北京师范大学博士）

编　委：

龚泗琪（教育部全国普通高等学校军事教学指导委员会委员）
张国清（上海市国防教育协会常务副会长兼高校分会会长）
文家成（中国指挥与控制学会国防教育专业委员会顾问）
姜树和（中央财经大学国防经济与管理研究院研究员、空军指挥学院博士）
郝朝艳（中央财经大学国防经济与管理研究院副教授、北京大学博士）
余冬平（中央财经大学国防经济与管理研究院副教授、北京航空航天大学博士）
侯　娜（中央财经大学国防经济与管理研究院副教授、伯明翰大学博士）
刘建伟（中央财经大学国防经济与管理研究院副研究员、复旦大学博士）
王萍萍（中央财经大学国防经济与管理研究院副教授、清华大学博士）
池志培（中央财经大学国防经济与管理研究院副研究员、亚利桑那州立大学博士）
李贵河（吉林职业技术学院副教授）
尚玉海（安徽工业大学讲师）

前 言

为适应立德树人根本任务和强军目标根本要求，服务军民融合发展战略实施和国防后备力量建设，增强学生国防观念、国家安全意识和忧患危机意识，提高学生综合国防素质，教育部、中央军委国防动员部2019年1月11日印发了《普通高等学校军事课教学大纲》（以下简称《大纲》）。2020年12月26日《中华人民共和国国防法》（以下简称《国防法》）修订通过，自2021年1月1日起施行。为了进一步贯彻落实《大纲》和《国防法》的要求，结合当前形势的发展变化，我们组织有关专家和学者编写了这本《军事理论与军事技能教程》。本教材遵循普通高等院校军事课教学的特点和规律，反映最新军事思想、国防形势和军事装备，重视学生的爱国主义、国防意识和军事技能素质培养，注重知识性、实用性，力求内容规范、准确，简明扼要。

本教材分上下两篇，上篇为军事理论，下篇为军事技能。军事理论部分包括中国国防、国家安全、军事思想、现代战争、信息化装备五个章节；军事技能部分包括共同条令教育与训练、射击与战术训练、防卫技能与战时防护、战备基础与应用训练四个章节。

本教程由教育部全国普通高等院校军事教学指导委员会副主任委员兼普通高等学校组组长、中国指挥与控制学会国防教育专业委员会主任委员陈波教授组织编写，来自国防大学、中央财经大学、安徽工业大学等院校长期从事普通高等学校和高等职业技术院校军事课教学的一些中青年学者共同参与。党的二十大召开后，我们对本教材进行了再次修订。本教材可作为普通高等院校和高等职业技术院校军事理论、军事技能训练必修课的教材。

本教材在编写过程中参考和借鉴了一些专家、学者的最新研究成果，在此一并表示衷心的感谢。本教材如果存在疏漏和不当之处，敬请广大读者批评指正，以便未来进一步修订和完善。

编　者

目 录 Contents

上篇　军事理论

003　第一章　中国国防
- 第一节　国防概述……4
- 第二节　国防法规……12
- 第三节　国防建设……19
- 第四节　武装力量……25
- 第五节　国防动员……37

045　第二章　国家安全
- 第一节　国家安全概述……46
- 第二节　国家安全形势……48
- 第三节　国际战略形势……55

065　第三章　军事思想
- 第一节　军事思想概述……66
- 第二节　外国军事思想……67
- 第三节　中国古代军事思想……71
- 第四节　当代中国军事思想……73

085　第四章　现代战争
- 第一节　战争概述……86
- 第二节　新军事革命……91

第三节 机械化战争……97
第四节 信息化战争……100

107 第五章 信息化装备
第一节 信息化装备概述……108
第二节 信息化作战平台……109
第三节 综合电子信息系统……119
第四节 信息化杀伤武器……129

下篇 军事技能

137 第六章 共同条令教育与训练
第一节 共同条令教育……138
第二节 分队队列动作……142

149 第七章 射击与战术训练
第一节 轻武器射击……150
第二节 战术……162

169 第八章 防卫技能与战时防护
第一节 格斗基础……170
第二节 战场医疗救护……181
第三节 核生化防护……195

203 第九章 战备基础与应用训练
第一节 战备规定……204
第二节 紧急集合……205
第三节 行军拉练……206
第四节 野外生存……209
第五节 识图用图……214
第六节 电磁频谱监测……225

230 参考文献

上篇

军事理论

★ 中国国防

★ 国家安全

★ 军事思想

★ 现代战争

★ 信息化装备

第一章
中国国防

学习目标

- 理解国防内涵和我国国防历史，树立正确的国防观。
- 了解我国国防体制、国防战略、国防政策以及国防成就，激发学生的爱国热情。
- 熟悉国防法规、武装力量、国防动员的主要内容，增强学生的国防意识。

"国无防不立，民无兵不安。"一个国家如果没有强大的国防，就无法抵御外来侵略、制止武装颠覆和分裂，国家的主权和独立、人民的幸福和民族的振兴也就没有保障。我国的国防是全民的国防，建设巩固的国防，是维护国家利益和民族利益的最高体现。肩负中华民族伟大复兴神圣使命的当代大学生，应关注国防，增强国防观念，自觉投身到建设强大国防的实践中来。

第一节　国防概述

国防是人类社会发展与安全需要的产物，随着国家的产生而出现，是国家最重要的职能之一。只要有国家存在，国防就会存在。国防是国家生存与发展的基本保障，是为国家利益服务的，国防的强弱关系到国家的安危、荣辱和兴衰。

一、国防的内涵

国防，即一个国家的防务。在人类社会发展的不同阶段，在不同的国家，国防有不同的内涵和表现形式。《中华人民共和国国防法》（以下简称《国防法》）第二条对国防所做的界定是：国防是国家为防备和抵抗侵略，制止武装颠覆和分裂，保卫国家主权、统一、领土完整、安全和发展利益所进行的军事活动，以及与军事有关的政治、经济、外交、科技、教育等方面的活动。这个界定，科学概括了当前我国国防的内涵。

（一）国防的主体

国防的主体是指国防活动的实行者，通常为国家。国防是国家的事业，是国家的固有职能。任何国家从诞生之日起，就要固国强边，防备和抵御各种外来侵略，从而保障国家的安全，维系国家生存和发展。从国防的本义来看，国防是国家的防务，是全民族的防务。国防与国家的各个部门、各种组织以及全体公民都息息相关。因此，加强国防建设，进行国防斗争，必须依靠国家各个方面的综合力量。

（二）国防的对象

国防的对象是指国防所要防备、抵抗和制止的行为。这是一个涉及国家在怎样的情况下可以使用国防力量的重大问题。从《国防法》的界定可以看出，我国国防的对象包括两个方面：一是侵略；二是武装颠覆和分裂。

（三）国防的目的

国防的目的是国防行为的目标和结果。根据《国防法》的界定，国防的目的包括以下五个方面：一是国家主权，二是国家统一，三是领土完整，四是国家安全，五是国家发展利益。

（四）国防的手段

国防的手段是指为达到国防目的而采取的方法和措施。根据《国防法》的规定，我国国防的手段不仅包括军事活动，而且还包括与军事有关的政治、经济、外交、科技、教育等方面的活动。

二、国防的基本类型

国家的社会制度和政策决定了国防的性质。根据不同社会制度国家的国防政策和国防表现形式，以及在国防活动中与其他国家的相互关系，目前世界各国的国防类型可以分为扩张型、自卫型、联盟型和中立型四种。

（一）扩张型

扩张型国防是以干涉性和掠夺性为明显特征的国防。扩张型国防的国家奉行侵略扩张的霸权主义政策，其最大的特点是把本国的安全建立在别国的屈服与痛苦之上，经常以本国的安全受到了"威胁"为借口、以国家安全和防务需要为幌子，侵犯他国主权和领土，干涉他国内政，赤裸裸地对他国进行侵略、颠覆和渗透。

（二）自卫型

自卫型国防的国家以维护国家安全、防止和抵御外敌入侵为目的，在国防建设上主要依靠本国的国防力量抵御侵略和制止武装颠覆，维护国家的安全和尊严。在国际上，实行和平共处，广泛争取各国的同情和支持，从而达到维护本国安全、周边地区乃至世界和平与稳定的目的。

我国是社会主义国家，一贯坚持自卫的原则。我国国防建设的宗旨是反对侵略战争，维护世界和平，保卫国家主权、统一、领土完整、安全和发展利益。在国防力量的运用上，坚持自卫立场，实行积极防御的战略方针。由此可见，我国的国防属于积极防御的自卫型国防。

（三）联盟型

联盟型国防的国家是以结盟的形式借助他国的力量进行扩张或防卫，以增强自身力量或增强自身的实力或弥补自身力量的不足。这种类型的国防，有的联盟形式是以一个大国为主导地位，其余国家为从属地位；有的联盟形式是各国处于平等地位的伙伴关系，共同协商防卫大计。

（四）中立型

奉行中立型国防的国家基本是实行和平、中立和自主的国防政策。其中，有的国家是采取完全不设防的方式，在国际事务中持中立态度；有的国家实行全民自卫的武装中立政策，使侵略者感到得不偿失，从而放弃对该国的侵略。如瑞士，自1815年成为永久中立国以来，长期奉行中立政策，也是一个名副其实的"全民皆兵"的国家。不过，据新华社2022年3月6日报道："当地时间2月27日，瑞士打破其'长期保持的政治中立传统'，宣布将采取与欧盟对俄制裁相匹配的措施，以回应俄'入侵'乌克兰。"历史证明，国防类型是个动态的概念。

三、现代国防的基本特征

现代国防已不再是单纯的武力较量，是在国家综合国力的基础上，以军事手段为主，在政治、经济、科技、外交、文化、教育等多种手段配合下的总体较量。其基本特征主要表现为以下几方面。

（一）现代国防与国家的安全发展联系更紧密

现代国防观认为，国防已不单是军队的事，它渗透于国家的各个领域和各行各业，贯穿于和平时期和战争时期的全过程。它不仅是为了打赢战争，而且是为了达到多元化制约战争、推迟战争和制止战争，最终达到维护世界和平的目的。

国防不仅要保卫国家安全，同时也是国家稳定、国家建设和发展的保障。在当代，任何国家的统治者和决策者都必须把国防问题提到国家全局的高度予以统筹规划和考虑，而不能把国防和军队的建设游离于国家、政府之外。

（二）现代国防是国家综合国力的抗衡和较量

现代国防，已成为综合国力的对抗。综合国力主要由人力、自然力、政治力、经济力、科技力、精神力和国防力等组成。其中经济实力、国防实力和民族凝聚力是综合国力的基本要素，经济实力是基础，国防实力是支柱，民族凝聚力是灵魂。现代国防与国家的综合国力有着密切的联系，国家的发展水平制约着国防力量的质量、规模和武器装备发展水平。没有强大的综合国力,国防建设只能是空中楼阁。

(三)现代国防既是一种国家行为,又是一种国际行为

世界尤其是周边国家局势动荡,该国就得在国防方面给予更多的关注。如果别国武力相加,该国就必须进行国防动员,以迎接外来挑战。因此,国家的发展离不开安全有利的国际环境,国际政治、经济的有序发展也有赖于各国国防的巩固。由此可见,现代国防作为一种国家基本行为的同时,也日益成为一种国际行为。

(四)现代国防具有多层次的目标体系

现代国防的目标呈现出多种层次,按范围可分为自卫目标、区域目标和全球目标。自卫目标着眼于维护国家主权,这对所有国家都是一样的。区域目标则不同,有的着眼于自卫和维护周边地区的和平与安宁,有的则是在周边地区进行挑衅、扩张和蚕食。全球目标对不同的国家区别则更大,有的着眼于称霸世界,有的则着眼于维护世界和平和消除战争威胁。

(五)现代国防与国家经济建设的关系越来越密切

同时,国防又能为保证经济建设的顺利进行和为人民的和平劳动创造一个和平安全的国内国际环境。它能发挥其社会经济功能,多方面地支援和促进国家经济建设。如参加救灾抢险和重点工程项目建设、利用国防工业的人才和技术设备的优势从事民用生产与科研等,均可以实现国防"增殖"、为国家创造财富的目的。

四、国防的历史与启示

我国国防具有悠久的历史,先后经历了奴隶社会、封建社会、半殖民地半封建社会和社会主义社会发展阶段,其中的荣耀和屈辱、昌盛和衰败,给我们留下了宝贵的国防遗产和深刻的历史教训。

(一)古代国防

我国古代国防开始于公元前21世纪夏朝的建立,终止于1840年的鸦片战争爆发,经历了近4 000年的漫长历史,随着各朝代的盛衰更替和社会发展而不断发展。

1. 古代的兵制建设

兵制主要指军事制度,包括武装力量体制、军事领导体制和兵役制度。我国古代

兵制建设，是在实践中产生并不断得到发展的。

早在夏朝时期，奴隶主阶级为巩固其统治、镇压奴隶反抗、抵御外族侵扰或继续征服周边的氏族，已经出现了由少数完全脱离生产劳动的贵族成员组成的卫队。这就是夏朝最初形式的国家军队，并由夏王亲自率领，也就是后世国家常备军的雏形。到了商朝，殷墟出土的甲骨卜辞中，已经有"王作三师：左、中、右"的记载，这说明当时国家军队已经有固定的编制"师"。西周时期，已有"宗周（今西安西南）六师""成周（今洛阳东北）八师"之说。这说明西周时期已经出现常备军。

到了春秋战国时期，随着战车数量的增加，各国又出现了军的编制，多数编为左、中、右三军或上、中、下三军，每军有战车二百乘左右。国家领导体制上也出现了将、相分职，在君王下边，文职称相，武职为将，相议政，将领军。同时，随着冶铁业的发展，战国时期铁兵器已大量应用于战场，使军队由单一兵种向多兵种发展。战国时期，兵役制度出现了新的变化，随着封建制度的确立，各诸侯国进行频繁激烈的兼并战争，竞相扩充常备军，开始实行征兵制度。

公元前221年，秦统一六国。随着中央集权制的建立，全国有了统一的军队，并形成了由京师兵、郡县兵、边兵组成的武装力量体制。在军事领导体制上，秦设立了专门管理军事的机构，太尉为最高的军事行政长官。隋朝实行三省六部制，设兵部主管军事。秦汉以来，随着社会的发展，兵役制度也在变迁之中，征兵制、募兵制、府兵制、世袭兵役制等交替实行。

2．古代国防工程建设

我国古代为抵御外敌的侵犯，巩固边海防，修筑了数量众多、规模庞大的国防工程。如城池、长城以及海防要塞等。

（1）**边防建设**。早在2 000多年前，战国时期的燕国、赵国、秦国开始各自修建长城。秦始皇统一六国后，大力修建和扩展长城，把北部长城连接起来。后经多个朝代的修建，到明代便形成了东起辽东山海关、西至甘肃嘉峪关全长8 000多千米的长城。

（2）**海防建设**。我国古代海防建设是从明代开始的。明代以前，如春秋战国时期，一些依江傍海的诸侯国，虽建有水师，并进行水战和海上攻防作战，但还没有明确的海防设施。到了明朝初期，由于倭寇的侵扰活动给沿海地区带来了深重的灾难，明太祖朱元璋开始加强海防建设，在沿海设置卫、所，建立水军，有效地防御了倭寇对我国东南沿海的入侵和骚扰。

3．古代国防思想

我国古代国防思想达到了很高的水准。这些国防思想反映了我国古代对国防实践活动的理性认识，蕴含着深刻的关于战争与和平问题的思辨。

早在春秋战国时期，由于各诸侯国之间连年征战，国防观念迅速得到强化。形成了诸如"足食足兵""以正治国、以奇用兵""富国强兵""文武相济""尚战、善战、慎战""不战而屈人之兵"等思想，表明春秋战国时期对武备和国防的重视，而且国防思想已经上升到理论高度，全面奠定了古代军事思想的基础。

从总体上来说，我国古代国防理论主要有"以民为体""居安思危"的国防指导思想；"富国强兵""寓兵于农"的国防建设思想；"爱国教战""崇尚武德"的国防教育思想；"不战而屈人之兵"的国防斗争策略等。在这些思想和策略的指导下，华夏大地消除了无数次外敌入侵带来的战祸，为中华民族的繁衍生息和社会发展提供了基本的生存条件。

（二）近代国防

从1840年鸦片战争爆发到1949年中华人民共和国成立的一百多年间，腐败的统治阶级面对外国的入侵，奉行消极防御的国防政策，顽固守旧，软弱无力，致使有国无防。中国近代的国防历史，是一部中华民族惨遭欺凌的历史，也是中国人民奋起反抗、寻求民族独立与解放的历史。

1. 备受欺凌的近代中国

晚清政府的腐败、闭关锁国、科技落后和武备废弛，导致国力衰退、每况愈下。在对外反侵略战争中一次次失败，签订了一个个不平等条约，被迫割地赔款。先后有英国、法国、日本、美国、德国、俄国、意大利、奥地利等国家践踏过中国国土。其中较大的战争有5次，分别是第一次鸦片战争、第二次鸦片战争、中法战争、中日甲午战争和八国联军侵华战争。

1911年爆发的辛亥革命，终于推翻了几千年的封建统治。但由于革命的不彻底，仍没有使中国社会摆脱半殖民地半封建的状况，帝国主义仍然在华夏大地上横行无忌，他们为维护其在华利益，纷纷扶植自己的代理人。加上内部战乱不休，所以国防形同虚设，中国依然是有边不固、有海无防。

南京国民政府的成立，从形式上统一了四分五裂的中国。但由于新军阀的混战和蒋介石实行对内高压、对外屈服的政策，中国国防实力仍然弱小。1931年，日本制造了九一八事变。面对日本的侵略，蒋介石却奉行"攘外必先安内"的不抵抗政策，继续坚持反共反人民的顽固立场，一味妥协退让，不惜出卖民族利益，使东北大片国土迅速沦陷。1937年7月7日，日本制造了卢沟桥事变，开始了对中国的全面侵略。在中华民族生死存亡的紧要关头，中国共产党高举团结抗日的旗帜，与国民党再次合作，组成广泛的抗日民族统一战线，领导全国各民族人民进行抗战。中国人民抗日战争，是中国人民反抗日本帝国主义侵略的正义战争，是世界反法西斯战争的重要组成部分，也是中国近代以来抗击外敌入侵第一次取得完全胜利的民族解放战争。

2．近代国防建设

近代以前，清朝的常备军由八旗兵和绿营兵两部分组成。到了近代，无论是八旗兵还是绿营兵都已腐败不堪，战斗力十分低下。太平天国运动爆发后，在镇压农民起义中起家的以湘军、淮军为代表的勇营地方武装逐步取代八旗和绿营的地位，成为清朝的常备军。与此相应，清朝的军制也发生了一场变革，由勇营制取代八旗和绿营军制。洋务运动兴起后，清政府创建了中国近代海军，组建了北洋、南洋及福建三大水师。甲午战败后，清朝又全面效仿西方的兵役制度，废除了世兵制和募兵制，开始实行常备军和后备军制度，编练新军并筹建了一批军事学堂。

西方列强的"船坚炮利"和西式武器的强大威力，使清王朝意识到加强国防工业建设的必要性和重要性。于是，在洋务派的大力推动下，清政府开始引进国外军事技术，建立近代的军事工业。当时国防工业的产品主要是枪、炮、弹药和轮船。规模较大、设备较好、产品较优的军工企业，主要有江南制造局、福州船政局、金陵机器局、天津机器局和湖北枪炮厂。它们基本反映了中国近代军事工业的创建过程和发展水平。

3．近代国防观念的变革

由于西方列强最早是从海上侵略中国，所以在鸦片战争以后相当长的时期内，清政府一直都把国防的重点放在海岸，认为威胁主要来自英法等国从海上入侵。随着沙皇俄国在中国北部的趁火打劫、英国在中国西部的蠢蠢欲动、法国在中国南部的步步紧逼和中法战争的爆发，以及日本在中国东面的虎视眈眈，清政府终于意识到其国防危机是全方位的。于是，清政府改变过去的关塞之防为全面的国防，实行海陆并举。

在国防建设方面，魏源在对西方的坚船利炮进行深入研究后，提出了"师夷长技以制夷"的新观点，倡导学习西方制造舰船、武器的先进技术和养兵练兵之法。李鸿章提出了发展近代工商业为军队建设提供财力的观点。民国时期，蒋百里、杨杰等军事理论家提出了综合国防思想。

（三）现代国防

1949年10月1日，中华人民共和国的成立翻开了中国历史新的一页，中华民族从独立自主走向全面强大，国防也随之出现了崭新的面貌，成为国家富强、民族振兴的重要标志和根本保证。

20世纪50年代初的抗美援朝战争中,中国人民志愿军与朝鲜人民并肩作战,以劣势装备打败了以美国为首的16个国家组成的"联合国军",保卫了新生的中华人民共和国,赢得了和平建设的环境。20世纪60年代到80年代,我军还进行了中印边境自卫反击战、珍宝岛自卫反击战、西沙保卫战、对越自卫反击战、南沙3·14海战等保卫边防海疆的作战,有效捍卫了国家主权和领土完整。

中华人民共和国成立以来,党和国家把国防现代化建设列入国家发展战略,不断健全和完善国防体制,在武装力量、国防科技工业、国防法制建设、国防动员建设等诸多领域都取得了重大建设成就,实现了国防和军队现代化水平的整体跃升。

(四)国防历史的主要启示

落后就要挨打。重温中国国防这一漫长而厚重的历史,我们可以从中得到以下启示。

1. 经济繁荣是国防强大的基础

经济是国防的物质基础,国防强大依赖经济发展,这是国防历史的深刻启示。早在春秋战国时期,齐国的政治家管仲就提出"富国强兵"的思想。中国古代凡是有作为的政治家、军事家和王朝,无不强调富国强兵。秦以后的汉、唐、明、清各代前期国防的强盛,都是与民休养生息,发展经济的结果。与此相反,各朝代的衰败,都是由于经济的衰落导致了国防的羸弱。由此可见,只有经济的强盛,才能有强大的国防,才能有政权的稳固和国家的安全。

2. 政治昌明是国防强大的根本

纵观我国数千年的国防史,不难发现,凡是兴盛的时期和朝代,都十分注意修明政治,实行较为开明的治国之策。原本西陲小国的秦国,从商鞅变法开始,修政治、明法度、发展生产、繁荣经济,国防日渐强大,为兼并六国奠定了坚实的基础;唐朝初建之时,满目疮痍,百废待兴,正是由于制定并实施了一系列开明的政治制度,使国家很快从隋末的战争废墟中恢复过来,成为国力昌盛、空前统一的大唐帝国。事实证明,凡是衰落的时期和朝代,无不因为政治腐败导致国防虚弱。唐朝中后期、两宋乃至于晚清都是如此。

3. 科技进步是国防强大的保证

回顾历史,自鸦片战争打开了大清国的大门后,中华民族就开始用血泪写成"百年屈辱史"。由于晚清政府的腐败无能、闭关自守、妄自尊大、不注重发展科技,致使武器装备发展十分缓慢。西方资本主义国家在产业革命中后来居上,用先进的火枪、火炮打败了清军的大刀长矛和落后的土枪土炮，造成了交战双方科技水平上的"代差"。落后就要挨打，这就是当年殖民战争给予我们的最深刻教训，应当永远牢记。以史为鉴，可从中看出科技进步对国防强大的重要性。

4. 国家的统一和民族的团结是国防强大的关键

翻开几千年的国防史，人们会发现这样一个规律：凡是国家统一、民族团结的时期，国防就巩固、就强大；凡是国家分裂、民族矛盾尖锐的时期，国防就虚弱、就颓败。尤其是晚清时期，在西方列强的进攻面前，不仅不敢发动反侵略战争，不依靠、不支持人民群众进行卫国战争，反而认为"患不在外而在内""防民甚于防火"，对人民群众自发组织的反侵略战争实行残酷的镇压，最终造成对外作战中屡战屡败，割地赔款，逐步沦为半殖民地半封建社会。相反，在抗日战争时期，中国共产党主张全国军民团结起来，建立抗日民族统一战线，抵抗日寇侵略，共同抗击敌人。中国共产党一面领导抗日军民与日寇正面作战，一面开辟了广大的敌后抗日根据地，有效地打击了日本侵略者，使得中国取得了抗日战争的全面胜利。

第二节　国防法规

国防法规是用于调整国防和武装力量建设领域社会关系的法律规范的总称。它是国家国防政策的法律体现，是指导国防活动的行为准则。

一、国防法规体系

国防法规体系，是由各种国防法律法规依照一定的原则和要求组成的有机统一体，是国家法律体系的组成部分。国防法规以宪法为基础，由各类法律规范所组成，范围广泛，内容丰富。

根据宪法规定、立法权力及立法原则，中国现行的国防法规可分为以下四个层次。

（1）由全国人民代表大会及其常务委员会制定颁布的法律。全国人民代表大会及其常务委员会制定的调整国防和武装力量建设的法律和法律问题的决定，是我国国防法规的第一层次。根据我国国防立法的实践，凡属基本军事法律，均需经过全国人民代表大会或其常务委员会讨论制定。例如，《中华人民共和国国防法》《中华人民共和国兵役法》《中华人民共和国国防教育法》等。

（2）由国务院、中央军委制定颁布的国防法规。国务院单独或与中央军委共同制定的国防行政法规，以及中央军委制定的军事法规，是我国国防法规的第二层次。国务院和中央军委制定的国防军事法规，在中国国防法规体系中占有重要地位。这些法规以宪法和法律的有关规定为依据制定，通常以条令、条例、决定、规定的形式发布。如《征兵工作条例》《民兵工作条例》《军人抚恤优待条例》等。

（3）由国务院有关部委与中央军委有关职能部门联合制定的军事行政规章，中央军委各职能部门、各军兵种、各战区制定颁布的军事规章。

（4）由各省、自治区、直辖市人民代表大会和政府制定的地方性国防法规。地方性国防法规是贯彻执行国家国防法规的实施办法、细则以及补充规定，是在本行政区域范围内实施的规范性文件。

二、主要国防法规简介

（一）《中华人民共和国国防法》

《中华人民共和国国防法》（以下简称《国防法》）是为了建设和巩固国防，保障社会主义现代化建设的顺利进行，根据宪法制定的法律。1997年3月14日，第八届全国人民代表大会第五次会议通过，1997年3月14日中华人民共和国主席令第八十四号公布，自公布之日起施行。2020年12月26日第十三届全国人民代表大会常务委员会第二十四次会议修订通过，自2021年1月1日起施行。

《国防法》是我国一部国防方面的基本法，是指导、规范国防和军队建设的基本依据，是调整国家及企事业单位、社会团体和公民之间在国防建设方面法律关系的规范，在国家法律体系中占有重要地位。

《国防法》规定了国防活动的基本原则。第六条规定："中华人民共和国奉行防御性国防政策，独立自主、自力更生地建设和巩固国防，实行积极防御，坚持全民国防。国家坚持经济建设和国防建设协调、平衡、兼容发展，依法开展国防活动，加快国防和军队现代化，实现富国和强军相统一。"第五条规定："国家对国防活动实行统一的领导。"

《国防法》规定了国家机构的国防职权。第二章具体规定了全国人民代表大会及其常务委员会、国家主席、国务院、中央军事委员会等国家机构的国防职权，还规定了地方各级人民代表大会和县级以上地方各级人民代表大会常务委员会，以及地方各级人民政府和驻地军事机关的国防职权。

《国防法》对武装力量做出了全面规范。第三章规定了我国武装力量的性质和任务、建设目标、建设方针、基本要求、组成体制、规模、兵役制度等方面的内容。

《国防法》第四章到第八章对边防、海防和空防、国防科研生产和军事采购、国防经费和国防资产、国防教育、国防动员和战争状态等领域的相关制度做出了明确规范，这些规范把国家在上述相关活动中的方针政策予以法律化，保证长期稳定地付诸实施。

《国防法》第九章到第十一章对公民、组织的国防义务和权利，军人的义务和权益，对外军事关系做了具体规定。

《国防法》的公布实施，为加强国防和军队建设提供了重要的法律保障；对于适应社会主义民主与法制建设的新形势，加快国防现代化建设的步伐，保障改革开放和经济建设的顺利进行，保证国家长治久安，具有重要的现实意义和深远的历史意义。

（二）《中华人民共和国兵役法》

《中华人民共和国兵役法》（以下简称《兵役法》）是调整国家兵役活动中所产生的各种社会关系的法律规范总称。《兵役法》是根据宪法有关条款的规定，制定的一部兵役方面的基本法律。1955年我国颁布了第一部《兵役法》，这也是中国历史上第一部真正意义上的《兵役法》。2021年8月20日，对《兵役法》进行了修正，2021年版《兵役法》共11章65条。

1. 兵役制度

《兵役法》第三条规定："中华人民共和国实行以志愿兵役为主体的志愿兵役与义务兵役相结合的兵役制度。"《兵役法》第五条规定："中华人民共和国公民，不分民族、种族、职业、家庭出身、宗教信仰和教育程度，都有义务依照本法的规定服兵役。有严重生理缺陷或严重残疾不适合服兵役的公民，免服兵役。依照法律被剥夺政治权利的公民，不得服兵役。"

2. 兵员的平时征集

《兵役法》第二十条规定："年满十八周岁的男性公民，应当被征集服现役；当年未被征集的，在二十二周岁以前仍可以被征集服现役。普通高等学校毕业生的征集年龄可以放宽至二十四周岁，研究生的征集年龄可以放宽至二十六周岁。根据军队需要，可以按照前款规定征集女性公民服现役。根据军队需要和本人自愿，可以征集年满十七周岁未满十八周岁的公民服现役。"

《兵役法》第十四条规定："国家实行兵役登记制度。兵役登记包括初次兵役登记和预备役登记。"第十五条规定："每年十二月三十一日以前年满十八周岁的男性公民，都应按照兵役机关的安排在当年进行初次兵役登记。"

《兵役法》第二十三条规定："应征公民是维持家庭生活唯一劳动力的，可以缓征。"

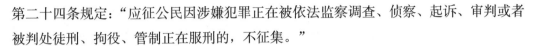

第二十四条规定:"应征公民因涉嫌犯罪正在被依法监察调查、侦察、起诉、审判或者被判处徒刑、拘役、管制正在服刑的,不征集。"

3. 士兵的现役和预备役

《兵役法》第六条规定:"兵役分为现役和预备役。在中国人民解放军服现役的称军人;预编到现役部队或者编入预备役部队服预备役的,称预备役人员。"

《兵役法》第二十五条规定:"现役士兵包括义务兵役制士兵和志愿兵役制士兵,义务兵役制士兵称义务兵,志愿兵役制士兵称军士。"第二十六条规定:"义务兵服现役的期限为二年。"第二十七条规定:"义务兵服现役期满,根据军队需要和本人自愿,经批准可以选改为军士;服现役期间表现特别优秀的,经批准可以提前选改为军士。根据军队需要,可以直接从非军事部门具有专业技能的公民中招收军士。军士实行分级服现役制度。军士服现役的期限一般不超过三十年,年龄不超过五十五周岁。"

此外,《兵役法》规定了军官的现役和预备役,战时兵员动员,服役待遇和抚恤优待,对退役军人的安置,对拒绝、逃避兵役登记和征集的公民的处罚等。

(三)《中华人民共和国国防动员法》

为了加强国防建设,完善国防动员制度,保障国防动员工作的顺利进行,维护国家的主权、统一、领土完整和安全,根据宪法,制定《中华人民共和国国防动员法》(以下简称《国防动员法》)。2010年2月26日,第十一届全国人民代表大会常务委员会第十三次会议通过,自2010年7月1日起施行,共14章72条。

《国防动员法》对国防动员的组织领导机构及其职权划分做了规定。第八条规定:"国家的主权、统一、领土完整和安全遭受威胁时,全国人民代表大会常务委员会依照宪法和有关法律的规定,决定全国总动员或者局部动员。国家主席根据全国人民代表大会常务委员会的决定,发布动员令。"第九条规定:"国务院、中央军事委员会共同领导全国的国防动员工作。"第十二条规定:"国家国防动员委员会在国务院、中央军事委员会的领导下负责组织、指导、协调全国的国防动员工作。"

《国防动员法》明确了国防动员的基本制度。第十五条规定:"国家实行国防动员计划、国防动员实施预案和国防动员潜力统计调查制度。"第二十六条规定:"国家实行预备役人员储备制度。"第三十条规定:"国家决定实施国防动员后,县级人民政府兵役机关应当根据上级的命令,迅速向被征召的预备役人员下达征召通知。接到征召通知的预备役人员应当按照通知要求,到指定地点报到。"第三十三条规定:"国家实行适应国防动员需要的战略物资储备和调用制度。"第四十二条规定:"国家实行战争灾害的预防与救助制度，保护人民生命和财产安全，保障国防动员潜力和持续动员能力。"

《国防动员法》规定了公民和组织的国防勤务。国防勤务是指支援保障军队作战、承担预防与救助战争灾害以及协助维护社会秩序的任务。第四十九条规定："十八周岁至六十周岁的男性公民和十八周岁至五十五周岁的女性公民，应当担负国防勤务。"

（四）《中华人民共和国国防教育法》

《中华人民共和国国防教育法》（以下简称《国防教育法》）于 2001 年 4 月 28 日由第九届全国人民代表大会常务委员会第二十一次会议通过并正式颁布实施，标志着中国国防教育工作走上了法制化轨道。2018 年 4 月 27 日第十三届全国人民代表大会常务委员会第二次会议对《国防教育法》进行了修正。此法分为总则、学校国防教育、社会国防教育、国防教育的保障、法律责任、附则，共 6 章 38 条。

《国防教育法》在总则中对国防教育立法的目的和依据，国防教育的地位、内容、方针、原则和组织实施的基本要求，国防教育的领导体制和有关机构职责，国防教育的表彰奖励等作了规定。第四条规定："国防教育贯彻全民参与、长期坚持、讲求实效的方针，实行经常教育与集中教育相结合、普及教育与重点教育相结合、理论教育与行为教育相结合的原则，针对不同对象确定相应的教育内容分类组织实施。"

学校国防教育是全民国防教育的基础，是实施素质教育的重要内容。《国防教育法》第二章规定，小学和初级中学应当将国防教育的内容纳入有关课程，将课堂教学与课外活动相结合，对学生进行国防教育；高等学校、高级中学和相当于高级中学的学校应当将课堂教学与军事训练相结合，对学生进行国防教育；高等学校应当设置适当的国防教育课程，高级中学和相当于高级中学的学校应当在有关课程中安排专门的国防教育内容，并可以在学生中开展形式多样的国防教育活动。

此外，《国防教育法》还对社会国防教育、国防教育的保障以及法律责任等做出了明确规定。

三、公民的国防义务和权利

《国防法》第七条规定，中华人民共和国公民应当依法履行国防义务。公民在履行国防义务的同时，也享有相应的权利。

（一）公民的国防义务

公民的国防义务，是由宪法和法律规定的公民在国防方面应当履行的责任。这种责任是根据国家和人民的根本利益确定的，并由国家运用法律的强制力来保证它的实现。每一个公民都享有相应的国防权利，也必须履行相应的国防义务。

1．依法服兵役

兵役义务是公民最重要的一项国防义务。它要求公民根据法律规定，在军队中服役或在军队之外承担有关军事方面的责任。《中华人民共和国宪法》第五十五条规定："保卫祖国、抵抗侵略是中华人民共和国每一个公民的神圣职责。依照法律服兵役和参加民兵组织是中华人民共和国公民的光荣义务。"《兵役法》第五条规定："中华人民共和国公民，不分民族、种族、职业、家庭出身、宗教信仰和教育程度，都有义务依照本法的规定服兵役。"公民履行兵役义务有服现役和服预备役两种形式。每个公民都应自觉履行兵役义务，为神圣的国防事业做出自己应有的贡献。

2．接受国防教育

《国防法》第五十五条规定："公民应当接受国防教育。"《国防教育法》第五条进一步强调："中华人民共和国公民都有接受国防教育的权利和义务。"国防教育是建设和巩固国防的基础，是增强民族凝聚力和提高全民素质的重要途径，普及和加强国防教育是全社会的共同责任，自觉接受国防教育是公民应尽的义务。

3．保护国防设施

国防设施包括军事设施、人民防空工程、国防交通工程设施和其他用于国防目的的设施。国防设施是国防的物质屏障。在战时，它是打击敌人、抵抗侵略的重要依托；在平时，它具有制约敌对力量的威慑作用。因此，保护国防设施，确保其效能的实现，是巩固国防、维护国家安全利益的具体体现。《国防法》第五十五条规定："公民和组织应当保护国防设施，不得破坏、危害国防设施。"《中华人民共和国军事设施保护法》明确规定："中华人民共和国的组织和公民都有保护军事设施的义务。禁止任何组织或者个人破坏、危害军事设施。任何组织或者个人对破坏、危害军事设施的行为，都有权检举、控告。"公民应当自觉遵守各类国防设施的保护规定。

4．遵守保密规定

《国防法》第五十五条规定："公民和组织应当遵守保密规定，不得泄露国防方面的国家秘密，不得非法持有国防方面的秘密文件、资料和其他秘密物品。"国防方面的国家秘密，主要是军事机密，不仅关系着平时政权的巩固，社会的稳定，而且关系着未来战争的胜败，领土的得失，影响着整个国家的生存、安全与发展。因此，保守国防方面的国家秘密，是公民的一项重要的国防义务。公民在履行这些义务时，必须牢固树立保密意识，在管理秘密载体、通信和办公自动化、新闻出版、对外活动等方面，严格遵守保密规定。公民发现国家军事秘密已经泄露或者可能泄露时，应立即采取补救措施并及时报告有关机关、单位；有关机关、单位接到报告后，应当立即做出处理。

5．协助国防活动

我国的国防是全民国防，公民应当积极参与和支持国防建设。《国防法》第五十六条规定："公民和组织应当支持国防建设，为武装力量的军事训练、战备勤务、防卫作战、非战争军事行动等活动提供便利条件或者其他协助。"根据这一规定，我国公民协助国防活动的主要义务有：一是支持国防建设；二是为武装力量的活动提供便利条件；三是支前参战。公民履行支持和协助国防活动的义务时，应正确认识国防活动的意义，明确国防的战略地位和作用，不断提高履行国防义务的自觉性；正确处理国家安全利益与个人利益的关系，当两者发生矛盾时，要从国家安全大局出发，个人利益服从国家安全利益。

（二）公民的国防权利

公民的国防权利是指宪法和法律赋予公民在国防活动中享有的权利和利益。国家从法律和物资上保障公民享有这种权利的可能性。根据《国防法》的规定，公民享有下列三个方面的国防权利。

1．对国防建设提出建议的权利

《国防法》第五十七条规定："公民和组织有对国防建设提出建议的权利。"建议权是指公民有权对国防建设的指导思想、方针原则、规章制度、措施方法等提出改进意见。此项权利是公民依宪法相应地对国家事务的建议权在国防建设方面的体现。

2．制止、检举危害国防行为的权利

《国防法》第五十七条规定："（公民和组织）有对危害国防利益的行为进行制止或者检举的权利。"制止权是指公民有权采取一定的方式方法使危害国防的行为停止下来，从而维护国防利益。检举权是指在危害国防的行为发生以后，公民有权检举揭发。上述规定，是宪法关于公民有维护国家安全、荣誉和利益的义务以及公民检举权在国防方面的体现。

3．抚恤优待权利

《国防法》第五十八条规定："民兵、预备役人员和其他公民依法参加军事训练，担负战备勤务、防卫作战、非战争军事行动等任务时，应当履行自己的职责和义务；

国家和社会保障其享有相应的待遇,按照有关规定对其实行抚恤优待。"

4. 在国防活动中因经济损失获得补偿的权利

《国防法》第五十八条规定:"公民和组织因国防建设和军事活动在经济上受到直接损失的,可以依照国家有关规定获得补偿。"公民享有受到公平待遇的普遍性权利,当公民因国防活动而在经济上受到直接损失时,有权依照国家有关规定请求补偿。这项权利体现了中国一切为了人民利益的社会主义本质,既保护了公民的经济权利,又有利于调动公民依法参加国防建设和军事活动的积极性。

第三节 国防建设

国防建设,国家为构建和完善国防体系、提高国防能力而进行的一系列活动的统称。国防建设主要包括武装力量建设,边防、海防、空防、人防及战场建设,国防科技与国防工业建设,动员体制建设,国防法规与国防教育,以及与国防相关的交通运输、信息通信、医疗卫生、能源、水利、气象、航天等方面的建设等。国防建设是国家建设的重要组成部分。

一、国防体制

国防体制,是国家关于国防组织形式、机构设置、领导隶属关系和管理权限划分的制度,是国家体制的重要组成部分,与国家的政治、经济、文化教育等体制既互相联系又相对独立。内容主要包括国防领导体制、武装力量体制、国防经济体制、国防科学技术和武器装备发展的管理体制、兵役制度、动员制度、国防教育制度以及国防法制等。这里主要介绍我国的国防领导体制。

国防领导体制是指国防领导的组织体系及相应制度,包括国防领导机构的设置、职权划分、相互关系及相关制度等。根据《宪法》《国防法》和有关法律,我国建立和完善了党的领导与国家领导相一致的国防领导体制,对国防活动实行高度集中统一的领导。

中国共产党作为执政党,是领导中国社会主义事业的核心力量。中共中央在国家生活(包括国防事务)中发挥决定性的领导作用。有关国防、战争和军队建设的重大问题,由中共中央、中央军委、中央政治局及其常务委员会做出决策,通过必要的法定程序，作为党和国家的统一决策贯彻执行。

全国人民代表大会是最高国家权力机关，其国防职权主要有：依照宪法规定，决定战争与和平问题，制定有关于国防方面的基本法律，并行使宪法规定的国防方面其他职权。全国人民代表大会常务委员会的国防职权主要有：依照宪法规定，决定战争状态的宣布；决定全国总动员或者局部动员；并行使宪法规定的国防方面的其他职权。

国家主席在国防方面的职权主要有：根据全国人民代表大会的决定和全国人民代表大会常务委员会的决定，发布动员令，宣布战争状态，并行使宪法规定的国防方面的其他职权。

国务院是最高国家行政机关，其国防职权是领导和管理国防建设事业，行使下列职权：编制国防建设发展规划和计划；制定在国防建设方面的方针、政策和行政法规；领导和管理国防科研生产；管理国防经费和国防资产；领导和管理国民经济动员工作和人民武装动员、人民防空动员、交通战备动员等方面的工作；领导和管理拥军优属工作和退役军人的保障工作；与中央军事委员会共同领导民兵的建设、征兵工作、边防、海防、空防和其他重大安全领域防卫的管理工作；法律规定的与国防建设事业有关的其他职权。

中央军事委员会负责领导全国武装力量，行使下列职权：统一指挥全国武装力量；决定军事战略和武装力量的作战方针；领导和管理中国人民解放军的建设，制定规划、计划并组织实施；向全国人民代表大会或者全国人民代表大会常务委员会提出议案；根据宪法和法律，制定军事法规；发布决定和命令，决定中国人民解放军的体制和编制，规定总部以及军区、军兵种和其他军区级单位的任务和职责；依照法律、军事法规的规定，任免、培训、考核和奖惩武装力量成员；批准武装力量的武器装备体制和武器装备发展规划、计划，协同国务院领导和管理国防科研生产；会同国务院管理国防经费和国防资产；法律规定的其他职权。

二、国防政策

国防政策，国家制定的一定时期内指导国家防务的基本行动准则，是国家政策的重要组成部分。国务院新闻办公室于2019年7月24日发表的《新时代的中国国防》白皮书指出，中国的社会主义国家性质，走和平发展道路的战略抉择，独立自主的和平外交政策，"和为贵"的中华文化传统决定了中国始终不渝奉行防御性国防政策。

（一）坚决捍卫国家主权、安全、发展利益是新时代中国国防的根本目标

慑止和抵抗侵略，保卫国家政治安全、人民安全和社会稳定，反对和遏制"台独"，打击国际恐怖势力、民族分裂势力、宗教极端势力，保卫国家主权、统一、领土完整、安全和发展利益。维护国家海洋权益，维护国家在太空、电磁、网络空间等的安全利益，维护国家海外利益，支撑国家可持续发展。

中国坚定维护国家主权和领土完整。南海诸岛、钓鱼岛及其附属岛屿是中国固有领土。中国在南海岛礁进行基础设施建设，部署必要的防御性力量，在东海钓鱼岛海域进行巡航，是依法行使国家主权。中国致力于同直接有关的当事国在尊重历史事实和国际法的基础上，通过谈判协商解决有关争议。中国坚持同地区国家一道维护和平稳定，坚定维护各国依据国际法所享有的航行和飞越自由，维护海上通道安全。

解决台湾问题，实现国家完全统一，是中华民族的根本利益，是实现中华民族伟大复兴的必然要求。中国坚持"和平统一、一国两制"方针，推动两岸关系和平发展，推进中国和平统一进程，坚决反对一切分裂中国的图谋和行径，坚决反对任何外国势力干涉。中国必须统一，也必然统一。中国有坚定决心和强大能力维护国家主权和领土完整，决不允许任何人、任何组织、任何政党在任何时候、以任何形式、把任何一块中国领土从中国分裂出去。我们不承诺放弃使用武力，保留采取一切必要措施的选项，针对的是外部势力干涉和极少数"台独"分裂分子及其分裂活动，绝非针对台湾同胞。如果有人要把台湾从中国分裂出去，中国军队将不惜一切代价，坚决予以挫败，捍卫国家统一。

（二）坚持永不称霸、永不扩张、永不谋求势力范围是新时代中国国防的鲜明特征

国虽大，好战必亡。中华民族历来爱好和平。近代以来，中国人民饱受侵略和战乱之苦，深感和平之珍贵、发展之迫切，决不会把自己经受过的悲惨遭遇强加于人。中华人民共和国成立 70 多年来，中国没有主动挑起过任何一场战争和冲突。改革开放以来，中国致力于促进世界和平，主动裁减军队员额 400 余万。中国由积贫积弱发展成为世界第二大经济体，靠的不是别人的施舍，更不是军事扩张和殖民掠夺，而是人民勤劳、维护和平。中国既通过维护世界和平为自身发展创造有利条件，又通过自身发展促进世界和平，真诚希望所有国家都选择和平发展道路，共同防范冲突和战争。

中国坚持在和平共处五项原则基础上发展同各国的友好合作，尊重各国人民自主选择发展道路的权利，主张通过平等对话和谈判协商解决国际争端，反对干涉别国内政，反对恃强凌弱，反对把自己的意志强加于人。中国坚持结伴不结盟，不参加任何军事集团，反对侵略扩张，反对动辄使用武力或以武力相威胁。中国的国防建设和发展，始终着眼于满足自身安全的正当需要，始终是世界和平力量的增长。历史已经并将继续证明，中国决不走追逐霸权、"国强必霸"的老路。无论将来发展到哪一步，中国都不会威胁谁，都不会谋求建立势力范围。

（三）贯彻落实新时代军事战略方针是新时代中国国防的战略指导

新时代军事战略方针，坚持防御、自卫、后发制人原则，实行积极防御，坚持"人不犯我、我不犯人，人若犯我、我必犯人"，强调遏制战争与打赢战争相统一，强调战略上防御与战役战斗上进攻相统一。

贯彻落实新时代军事战略方针，服从服务党和国家战略全局，落实总体国家安全观，强化忧患意识、危机意识、打仗意识，积极适应战略竞争新格局、国家安全新需求、现代战争新形态，有效履行新时代军队使命任务。根据国家面临的安全威胁，扎实做好军事斗争准备，全面提高新时代备战打仗能力，构建立足防御、多域统筹、均衡稳定的新时代军事战略布局。坚持全民国防，创新人民战争的战略战术和内容方法，充分发挥人民战争整体威力。

中国始终奉行在任何时候和任何情况下都不首先使用核武器、无条件不对无核武器国家和无核武器地区使用或威胁使用核武器的核政策，主张最终全面禁止和彻底销毁核武器，不会与任何国家进行核军备竞赛，始终把自身核力量维持在国家安全需要的最低水平。中国坚持自卫防御核战略，目的是遏制他国对中国使用或威胁使用核武器，确保国家战略安全。

（四）坚持走中国特色强军之路是新时代中国国防的发展路径

建设同国际地位相称、同国家安全和发展利益相适应的巩固国防和强大军队，是中国社会主义现代化建设的战略任务，是坚持走和平发展道路的安全保障，是总结历史经验的必然选择。

新时代中国国防和军队建设，深入贯彻习近平强军思想，深入贯彻新时代军事战略方针，坚持政治建军、改革强军、科技兴军、依法治军，聚焦能打仗、打胜仗，推动机械化信息化智能化融合发展，加快军事智能化发展，构建中国特色现代军事力量体系，完善和发展中国特色社会主义军事制度，不断提高履行新时代使命任务的能力。

新时代中国国防和军队建设的战略目标是，到2020年基本实现机械化，信息化建设取得重大进展，战略能力有大的提升。同国家现代化进程相一致，全面推进军事理论现代化、军队组织形态现代化、军事人员现代化、武器装备现代化，力争到2035年基本实现国防和军队现代化，到21世纪中叶把人民军队全面建成世界一流军队。

（五）服务构建人类命运共同体是新时代中国国防的世界意义

中国人民的梦想与世界人民的梦想息息相通。一个和平稳定繁荣的中国，是世界的机遇和福祉。一支强大的中国军队，是维护世界和平稳定、服务构建人类命运共同体的坚定力量。

中国军队坚持共同、综合、合作、可持续的安全观，秉持正确义利观，积极参与全球安全治理体系改革，深化双边和多边安全合作，促进不同安全机制间协调包容、互补合作，营造平等互信、公平正义、共建共享的安全格局。

中国军队坚持履行国际责任和义务，始终高举合作共赢的旗帜，在力所能及的范围内向国际社会提供更多公共安全产品，积极参加国际维和、海上护航、人道主义救援等行动，加强国际军控和防扩散合作，建设性参与热点问题的政治解决，共同维护国际通道安全，合力应对恐怖主义、网络安全、重大自然灾害等全球性挑战，积极为构建人类命运共同体贡献力量。

三、国防建设的主要成就

中华人民共和国成立以来，在党中央、国务院和中央军委的领导下，国防和军队建设取得了巨大成就，逐步建立了具有中国特色的现代国防体系。

（一）铸造了一支强大的现代化人民军队

建设强大的人民军队，是我们党的不懈追求。中华人民共和国成立时，人民解放军基本是一支以步兵为主的陆军，海军、空军刚具雏形，陆军中的炮兵、装甲兵、工程兵、通信兵等技术兵种所占比例较小。经过多年的艰苦努力，实现了由以陆军为主，向诸军兵种合成军队的发展。1966年组建了第二炮兵。此后，随着军事技术发展，又相继组建了电子对抗部队和陆军航空兵部队。2015年12月31日，组建陆军领导机构，成立火箭军和战略支援部队。2016年9月13日，成立联勤保障部队。

经过多次精简整编和70多年的现代化建设，人民军队不仅掌握着种类较为齐全的常规武器装备，而且拥有了具有一定威慑力的战略导弹、核武器等尖端武器装备。今天的人民军队，规模适度，结构明显优化，现代化水平和作战能力大为提高，形成了陆军、海军、空军、火箭军、战略支援部队、联勤保障部队等诸军兵种合成的强大人民军队。

近年来，人民军队建设紧紧围绕实现党的强军目标，以国家核心安全需求为导向，能打仗、打胜仗、作风优良，全面深化国防和军队改革，努力构建中国特色现代军事力量体系，不断提高军队应对多种安全威胁、完成多样化军事任务的能力。

（二）形成了门类齐全、综合配套的国防科技工业体系

国防科技是衡量一个国家综合国力的重要标志之一，也是国防现代化建设的重要方面。经过70多年的建设和发展，我国的国防科技工业从无到有，从小到大，从落后到先进，建立起了包括电子、船舶、兵器、航空、航天和核等门类齐全、综合配套的科研实验生产体系。

在军用电子方面，逐步发展成为具有相当规模、门类齐全的新兴工业部门，为军队提供了各种新式装备和产品，进一步增强了我军的侦察、通信、指挥和作战能力。在船舶工业方面，自行研制建造了核动力潜艇、常规潜艇、导弹驱逐舰、导弹护卫舰、导弹快艇等作战舰艇，特别是国产航母、055型驱逐舰、075型两栖攻击舰、长征18号战略导弹核潜艇等的服役，标志着我国船舶工业跨入世界先进行列。在兵器工业方面，研制生产了一大批具有先进性能的装甲车辆、火炮、弹药、轻武器、军用光电器材和综合火控、指挥系统等新型武器装备，为我军现代化建设做出了重要贡献。在航空工业方面，能够生产歼击机、歼击轰炸机、轰炸机、直升机、运输机、教练机等，特别是歼-20隐身战斗机、运-20大型军用运输机、直-20战术通用直升机的纷纷亮相，充分展现了我国航空工业的制造水平。在精确打击武器方面，已拥有地地、地空、航空和空空导弹武器系统。在航天科技工业方面，成功发射运载火箭、载人飞船、空间站，具备了各种应用卫星的研制和实验能力，各种应用卫星的发射能力，在世界空间技术领域占有了自己的一席之地。在核工业方面，我国不仅可以生产制造原子弹、氢弹，还掌握了核潜艇技术，形成了我国的核威慑力量。

（三）国防后备力量建设取得了长足的发展

国防后备力量建设是国家武装力量建设的重要环节，是国防建设的组成部分。我们党和国家历来十分重视国防后备力量建设。特别是1985年党中央、国务院、中央军委明确提出"精干的常备军和强大的后备力量相结合，是建设现代化国防的必由之路"这一基本指导方针之后，国防后备力量建设越来越受到党和国家的高度重视。

我国国防后备力量建设所取得的成就主要表现为：一是确立并实行了民兵与预备役相

结合的制度，并下大力重点狠抓了基干民兵队伍和预备役部队建设，调整规模结构，改善武器装备，推进训练改革，提高了后备力量的整体素质，形成了具有中国特色的国防后备力量体系。二是注重宏观指导，合理布局，边海防、大中城市和重点地区的民兵工作得到加强。三是民兵、预备役部队在参战支前、保卫边疆、发展生产、扶贫帮困、抢险救灾、维护社会治安等方面发挥了重要作用，为国家的改革、发展和稳定做出了巨大的贡献。

第四节　武装力量

武装力量是国家或政治集团所拥有的各种武装组织的总称。一般以军队为主体，其最高统帅，通常是由国家或政治集团的最高领导人担任。

一、中国武装力量的构成

中国共产党在领导中国人民进行的长期革命战争中，建立了适应人民战争需要的"三结合"武装力量体制。中华人民共和国成立后，在继承和发扬革命战争年代传统的基础上，不断根据形势的变化加以调整，逐步确立了中国人民解放军、中国人民武装警察部队和民兵相结合的武装力量体制。《中华人民共和国国防法》第二十二条明确规定："中华人民共和国的武装力量，由中国人民解放军、中国人民武装警察部队、民兵组成。"

（一）中国人民解放军

中国人民解放军是中国共产党缔造和领导的人民军队，由现役部队和预备役部队组成。自 1927 年 8 月 1 日诞生以来，经历了中国工农红军、八路军和新四军、中国人民解放军等几个发展阶段，由小到大，由弱到强，打败了国内外的反动势力和外国侵略者，为建立人民政权立下了不朽的功勋。中华人民共和国成立后，又经历了抗美援朝战争、边境自卫反击作战的考验，捍卫了国家主权和领土完整，并在革命化、现代化、正规化建设中得到了很大的发展，成为人民民主专政的坚强柱石，保卫社会主义祖国的钢铁长城，建设社会主义的重要力量。

中国人民解放军现役部队是指军队中主要由现役军人编成的部队，是中华人民共和国武装力量的主体，是国家的常备军，主要担负防卫作战任务，按照规定执行非战争军事行动任务。

预备役部队是国家武装力量的重要组成部分，组建于1983年，是军队中以预备人员为主体、以现役军人为骨干编成的部队。预备役部队按照规定进行军事训练、执行防卫作战任务和非战争军事行动任务；根据国家发布的动员令，由中央军事委员会下达命令转为现役部队。

（二）中国人民武装警察部队

中国人民武装警察部队是中华人民共和国武装力量的重要组成部分，是担负国家赋予的国家内部安全保卫任务的部队。武装警察部队肩负执勤、处置突发社会安全事件、防范和处置恐怖活动、海上维权执法、抢险救援和防卫作战以及中央军事委员会赋予的其他任务。

（三）民兵

民兵是中国共产党领导的不脱离生产的群众武装组织，是中华人民共和国武装力量的组成部分。民兵在军事机关的指挥下，担负战备勤务、执行非战争军事行动任务和防卫作战任务。

二、中国武装力量的性质、宗旨和使命任务

《中华人民共和国国防法》第二十条规定："中华人民共和国的武装力量属于人民。它的任务是巩固国防，抵抗侵略，保卫祖国，保卫人民的和平劳动，参加国家建设事业，全心全意为人民服务。"这些规定以宪法为依据，准确地表述了我国武装力量的性质、宗旨和任务。

（一）中国武装力量的性质

中华人民共和国是工人阶级领导的、以工农联盟为基础的人民民主专政的社会主义国家。国家的性质决定了我国武装力量的无产阶级性质。

1. 中国武装力量是社会主义国家的武装力量

马克思主义军事理论认为，武装力量是国家机器的重要组成部分，是执行国家意志、保持国家性质、巩固国家政权的工具。武装力量作为国家机器的柱石，发挥着巩固人民民主专政、服务国家的职能。中华人民共和国成立70多年来，其武装力量已多次粉碎了外来侵略和武装颠覆，为维护国家安全，保障国家发展，经受了血与火的考

验。我国武装力量不仅拥有较为先进的武器装备，而且具有很高的政治觉悟、灵活机动的战略战术和顽强的战斗作风，是抗击国外敌对势力军事威慑的中坚力量。我国武装力量是实现社会稳定的强力保障，同时也是社会主义国家的建设者。

2. 中国武装力量是人民的武装力量

我国的武装力量属于人民，是无产阶级性质的根本体现。武装力量来自人民，服务人民。全心全意为人民服务，是我国武装力量的性质使然。我国武装力量只有坚持"为人民服务"，才能赢得人民群众的全力支持。在革命战争年代，由于我军自觉履行为人民服务的宗旨，因而赢得了人民群众的衷心拥护和爱戴。由于人民群众积极参军参战，为我军的发展壮大提供了源源不断的兵员，也为我军作战提供了大量人力、物力支援。我国武装力量是人民的武装，必须始终保持其与人民的鱼水关系。

3. 中国武装力量是中国共产党绝对领导下的武装力量

这是由中国共产党的性质和中国武装力量的无产阶级性质决定的，是由中国革命的历史形成的。中国共产党在领导中国人民革命战争的过程中，坚持人民军队、人民战争的思想，逐步建立和发展了具有中国特色的人民武装力量体制。中国共产党领导这支武装，从小到大，由弱到强，经过20多年的革命战争，在人民群众的支持下，夺取了全国政权。没有党的领导，没有党领导的这支人民武装，就没有中国革命的胜利。新时代，我国武装力量保持着自己的阶级性、国家性和人民性，履行着自己的职责，始终将自己置于中国共产党的绝对领导之下。

（二）中国武装力量的宗旨

全心全意为人民服务，是中国共产党的宗旨，也是中国人民解放军的宗旨，并且是中国武装力量的宗旨。中国人民解放军的宗旨，是建军的根本目的，是全军行动的最高准则。它要求参加人民解放军的全体人员，都以广大人民的利益、全民族的利益为出发点和归宿，始终为人民的解放而奋斗。除此之外，不得有自己的特殊利益，也不得为任何少数人或狭隘集团的私利服务；始终同人民群众保持最密切的联系，同甘共苦，生死相依，一刻也不脱离群众，更不得凌驾于人民群众之上，成为压迫、剥削、奴役人民群众的工具。

全心全意为人民服务的宗旨，是由中国人民解放军的阶级性质和历史使命决定的。军队从属于一定的阶级，为一定的阶级利益服务，我军是由中国共产党缔造和领导的新型人民军队，是执行革命政治任务的武装集团。无产阶级的历史任务，就是这支军队的历史任务；中国共产党全心全意为人民服务的宗旨自然也是这支军队的宗旨。我军的成员大都来自工农，同人民群众血肉相连，有着共同的利益和奋斗目标，也决定了这支军队能够彻底实现全心全意为人民服务的宗旨。

（三）新时代军队使命任务

党的十九大报告指出："经过长期努力，中国特色社会主义进入了新时代，这是我国发展新的历史方位。"

进入新时代，中国军队依据国家安全和发展战略要求，坚决履行党和人民赋予的使命任务，为巩固中国共产党领导和社会主义制度提供战略支撑，为捍卫国家主权、统一、领土完整提供战略支撑，为维护国家海外利益提供战略支撑，为促进世界和平与发展提供战略支撑。

1. 维护国家领土主权和海洋权益

中国拥有2.28万千米的陆地边界、1.8万千米的大陆海岸线，是世界上邻国最多、陆地边界最长、海上安全环境十分复杂的国家之一，维护领土主权、海洋权益和国家统一的任务艰巨繁重。

中国军队严密防范各类蚕食、渗透、破坏和袭扰活动，维护边防安全稳定。组织东海、南海、黄海等重要海区和岛礁警戒防卫，掌握周边海上态势，组织海上联合维权执法，妥善处置海空情况，坚决应对海上安全威胁和侵权挑衅行为。组织空防和对空侦察预警，监视国家领空及周边地区空中动态，组织空中警巡、战斗起飞，有效处置各种空中安全威胁和突发情况，维护空中秩序，维护空防安全。着眼捍卫国家统一，加强以海上方向为重点的军事斗争准备，组织舰机"绕岛巡航"、环台战备警巡和军事演习，对外部势力和"台独"分裂势力发出严正警告。

2. 保持常备不懈的战备状态

军队保持战备状态，是有效应对安全威胁、履行使命任务的重要保证。中央军委和战区联合作战指挥机构严格落实战备值班制度，常态组织战备检查、战备拉动，保持随时能战的状态，不断提高联合作战指挥能力，稳妥高效指挥处置各类突发情况，有效遂行各种急难险重任务。

解放军和武警部队强化战备观念，严格战备制度，加强战备值班执勤，扎实开展战备演练，建立正规战备秩序，保持良好战备状态，有效遂行战备（战斗）值班、巡逻执勤等任务。

3. 开展实战化军事训练

军事训练是和平时期军队的基本实践活动。中国军队坚持把军事训练摆在重要位置，牢固树立战斗力这个唯一的根本的标准，完善军事训练法规和标准体系，建立健全训练监察体系，组织全军应急应战军事训练监察，落实练兵备战工作责任制，开展群众性练兵比武活动,不断提高实战化训练水平。

4. 维护重大安全领域利益

核力量是维护国家主权和安全的战略基石。中国军队十分重视核武器及相关设施的安全管理,保持适度戒备状态,提高战略威慑能力,确保国家战略安全,维护国际战略稳定。

太空是国际战略竞争制高点,太空安全是国家建设和社会发展的战略保障。着眼于和平利用太空,中国积极参与国际太空合作,加快发展相应的技术和力量,统筹管理天基信息资源,跟踪掌握太空态势,保卫太空资产安全,提高安全进出、开放利用太空的能力。

网络空间是国家安全和经济社会发展的关键领域。网络安全是全球性挑战,也是中国面临的严峻安全威胁。中国军队加快网络空间力量建设,大力发展网络安全防御手段,建设与中国国际地位相称、与网络强国相适应的网络空间防护力量,筑牢国家网络边防,及时发现和抵御网络入侵,保障信息网络安全,坚决捍卫国家网络主权、信息安全和社会稳定。

5. 遂行反恐维稳

中国坚决反对一切形式的恐怖主义、极端主义。中国武装力量依法参加维护社会秩序行动,防范和打击暴力恐怖活动,维护国家政治安全和社会大局稳定,保障人民群众安居乐业。

武警部队执行重要目标守卫警戒、现场警卫、要道设卡和城市武装巡逻等任务,协同国家机关依法参加执法行动,打击违法犯罪团伙和恐怖主义活动,积极参与社会面防控,着力防范和处置各类危害国家政治安全、社会秩序的隐患,为"平安中国"建设做出重要贡献。

解放军依法协助地方政府维护社会稳定,参加重大安保行动及处置其他各类突发事件,主要承担防范恐怖活动、核生化检测、医疗救援、运输保障、排除水域安全隐患、保卫重大活动举办地和周边地区空中安全等任务。

6. 维护海外利益

海外利益是中国国家利益的重要组成部分。有效维护海外中国公民、组织和机构的安全和正当权益,是中国军队担负的重要任务。

中国军队积极推动国际安全和军事合作,完善海外利益保护机制。着眼弥补海外行动和保障能力差距,发展远洋力量,建设海外补给点,增强遂行多样化军事任务能力。实施海上护航,维护海上战略通道安全,遂行海外撤侨、海上维权等行动。

7. 参加抢险救灾

参加国家建设事业、保卫人民和平劳动，是宪法赋予中国武装力量的使命任务。依据《军队参加抢险救灾条例》，中国武装力量主要担负解救、转移或者疏散受困人员，保护重要目标安全，抢救、运送重要物资，参加道路（桥梁、隧道）抢修、海上搜救、核生化救援、疫情控制、医疗救护等专业抢险，排除或者控制其他危重险情、灾情，协助地方人民政府开展灾后重建工作等任务。

三、中国人民解放军军兵种简介

中国人民解放军总体形成中央军委领导指挥下的陆军、海军、空军、火箭军等军种，军事航天部队、网络空间部队、信息支援部队、联勤保障部队等兵种的新型军兵种结构布局。

（一）陆军

陆军对维护国家主权、安全、发展利益具有不可替代的作用。包括机动作战部队、边海防部队、警卫警备部队等，下辖5个战区陆军、新疆军区、西藏军区等。中国陆军主要由步兵、炮兵、装甲兵、工程兵、通信兵、防化兵、陆军航空兵、电子对抗部队以及汽车兵、测绘兵、气象兵等专业部队组成。

1. 步兵

步兵，陆军中以枪械、随伴火炮、轻型导弹、步兵战车、装甲输送车为基本装备，以徒步、乘车或下车战斗等方式遂行地面作战任务的兵种。分为徒步步兵、摩托化步兵和机械化步兵，还有山地步兵、边防步兵和海防步兵等。主要担负近战歼敌，夺取或扼守地区、目标等任务。

2. 炮兵

炮兵是以各种压制火炮、反坦克火炮、反坦克导弹和战役战术导弹为基本装备，遂行地面火力突击任务的兵种，由压制炮兵、反坦克炮兵和地地战役战术导弹部队等组成。炮兵是陆军的重要组成部分和主要火力突击力量，具有强大的火力、较远的射程、良好的精度和较高的机动能力，能集中、突然、连续地对地面和水面目标实施火力突击。炮兵主要用于支援、掩护步兵和装甲兵的战斗行动，并与其他兵种、军种协同作战，也可独立进行火力战斗。

3. 装甲兵

装甲兵是以坦克、步兵战车、装甲输送车为基本装备，遂行地面突击和两栖突击任务的兵种，由坦克兵、装甲步兵等部队组成。装甲兵具有较强的火力，较好的通行能力，快速的机动能力和一定的夜战能力及良好的装甲防护能力等特点。

4．陆军航空兵

陆军航空兵是陆军中以直升机为基本装备，主要在地面作战中进行空中攻击、空中机动、空中保障与任务的兵种，具有强大火力、超越突击能力以及精确打击能力，是陆军实施非线式、非接触、全纵深机动作战的骨干力量。中国人民解放军陆军航空兵组建于20世纪80年代，由攻击直升机、运输直升机和其他专用直升机及轻型固定翼飞机部（分）队组成，按旅、营、连编成。陆军航空兵具有较强的攻击火力，广泛的机动能力和快速的反应能力，且隐蔽性好，不受地形的影响，具有超低空飞行的本领，能在地形复杂的条件下，远离机场遂行多种作战任务，能快速地从各个方位将兵力集中于主要作战方向，令敌人防不胜防的特点。它在侦察、运输、空降作战、反坦克、布雷、电子战等方面发挥越来越大的作用，是名副其实的"空中铁骑"，为坦克、装甲目标的"天敌"，为步兵的"克星"。

（二）海军

海军在国家安全和发展全局中具有十分重要的地位。包括水面舰艇部队、潜艇部队、航空兵、陆战队、岸防部队等，下辖东部战区海军（东海舰队）、南部战区海军（南海舰队）、北部战区海军（北海舰队）、海军陆战队等。

1．水面舰艇部队

水面舰艇部队是指在水面遂行作战任务的兵种，由航空母舰、驱逐舰、护卫舰（艇）、导弹艇、鱼雷艇、猎潜艇、扫（布）雷舰（艇）等战斗舰艇部队，按舰艇支队、大队、中队编成。水面舰艇部队装备种类多，武器和技术装备复杂，装载力较大，执行任务范围广。可遂行多项作战和保障任务，可以担任攻击、保障、防御任务，也可执行海上运输任务，可以对沿海目标、水面目标和水下目标实施攻击，还可以反击空中目标，既可单独编成舰队独立遂行作战任务，又可与其他军兵种协同进行作战任务。

2．潜艇部队

潜艇部队是海军在水下遂行作战任务的兵种。按潜艇动力可分为常规动力潜艇部队、核动力潜艇部队；按武器装备可分为鱼雷潜艇部队、导弹潜艇部队和战略导弹潜艇部队。潜艇的主要战术技术特点包括：一是有良好的隐蔽性。潜艇主要活动在水下，有较大的下潜深度，不易被水面舰艇、飞机和卫星侦察发现；但却能对水面和空中的反潜兵力实施隐蔽的搜索观察，做到先发现敌目标，及早主动采取避防措施。二是有较强的突击威力。潜艇可在水下发射鱼雷、导弹和布放水雷，突然地对敌各种舰船和岸上目标实施攻击，命中精度高，破坏威力大，并可实施多次攻击。三是有较大的续航力和自给力。潜艇在水下航速高，续航时间长，常规动力潜艇续航力从 5 000 海里（1 海里 =1.852 千米）到上万海里，自给力可达 60 昼夜；核动力潜艇的续航力和自给力更大，可远离基地到中、远海区长时间游弋，独立地遂行作战任务。

3. 海军陆战队

海军陆战队是海军中以两栖作战武器为基本装备，主要遂行渡海登陆作战任务的兵种。可单独或配合其他军兵种实施登陆作战，参加海军基地、港口、岛屿和防御及特种作战等，是应付局部战争和军事冲突的拳头。中国海军陆战队自 1953 年组建陆战第一团，1980 年 5 月成立陆战第一旅，目前已发展成相当规模的两栖作战力量。

4. 海军航空兵

海军中以飞机、直升机为基本装备，主要在海洋和濒海上空遂行作战任务的兵种。包括海军岸基航空兵和舰载航空兵。用于攻击敌方海上、地面和空中目标，袭击敌方和保护己方的海军基地、港口、沿海机场和海上交通线，参加争夺海洋战区和濒海战区的控制权，从空中掩护、支援己方舰艇的战斗行动等。

5. 海军岸防兵

海军中以岸舰导弹、地空导弹、岸炮和高炮为基本装备，主要遂行海岸防御作战任务的兵种。包括岸舰导弹部队、海岸炮兵部队、高射炮兵和地空导弹部队。用于突出敌方舰船，保卫基地、港口和沿海重要地段，扼守海峡、水道，掩护近岸海上交通线和己方舰船，支援岛岸和要塞守备部队作战等。

（三）空军

空军在国家安全和军事战略全局中具有举足轻重的地位和作用，包括航空兵、空降兵、地空导弹兵、雷达兵、电子对抗部队、信息通信部队等，下辖 5 个战区空军、1 个空降兵军等。战区空军下辖基地、航空兵旅（师）、地空导弹兵旅（师）、雷达兵旅等部队。

1. 航空兵

航空兵是空军的主要组成部分和作战力量，包括歼击航空兵、强击航空兵、轰炸航空兵、侦察航空兵、运输航空兵等。歼击航空兵是歼灭敌空中飞机和飞航式空袭兵器的兵种；强击航空兵是攻击敌地面部队或其他目标的兵种；轰炸航空兵是对地面、水面目标实施轰炸的进攻兵种；侦察航空兵是以侦察机为基本装备，从空中获取情报的兵种；运输航空兵是装备军用运输机和直升机，遂行空中输送任务的兵种。

2．空降兵

空降兵是以伞降或机降方式投入地面作战的兵种。中国空降兵是空军的主要兵种之一，是我军的一支空中战略打击力量。1950年9月17日，我国第一支伞兵部队——空军陆战第一旅宣告成立，经过几十年的建设，空降兵已经从单一兵种的"背伞步兵"，发展成为由炮兵、航空兵、导弹兵、侦察兵、防化兵、工程兵、通信兵等组成的"空中集团军"。空降兵具备空地一体、远程直达、纵深突击的全方位作战能力，是信息化条件下我军联合作战体系中的一柄尖刀。

3．地空导弹兵

地空导弹兵是以地对空导弹武器系统为主要装备，遂行防空作战任务的兵种或部队，是现代防空作战的重要力量。中国地空导弹兵自1958年10月成立空军地空导弹第一营以来，已发展成为一支拥有高中低空、远中近程和反辐射地空导弹武器系统，具有相当规模和高技术作战能力的现代化国土防空力量。

4.雷达兵

以雷达为基本装备，主要获取空中、海上、地面和外层空间目标情报，遂行目标警戒侦察、对空引导任务和为航空管制、武器控制等提供情报保障任务的兵种或专业兵。是国家战略预警、信息作战指挥等的重要保障力量。

（四）火箭军

火箭军是中国战略威慑的核心力量，是中国大国地位的战略支撑，是维护国家安全的重要基石。火箭军的前身是第二炮兵，组建于1966年7月1日。火箭军在维护国家主权、安全中具有至关重要的地位和作用。其包括核导弹部队、常规导弹部队、保障部队等。

核导弹部队是一支具有一定规模和实战能力的主要核威慑和战略核反击力量，它由近程、中程、远程和洲际导弹部队，工程部队，作战保障、装备技术保障和后勤保障部队组成。常规战役战术导弹部队是装备常规战役战术导弹武器系统，遂行常规导弹突击任务的部队，由近程、中近程常规导弹部队，工程部队，作战保障、装备技术保障和后勤保障部队组成。

火箭军装备有多种型号的战略导弹和战役战术常规导弹，包括近程导弹（射程在1 000千米以内）、中程导弹（射程在1 000～3 000千米）、远程导弹（射程在3 000～8 000千米）、洲际弹道导弹（射程在8 000千米以上）。

（五）军事航天部队

太空是人类共同的财富。太空安全是国家建设和社会发展的战略保障。推进军事航天部队建设，对提高安全进出和开放利用太空能力、增强太空危机管控和综合治理效能、更好和平利用太空具有重要意义。中国的太空政策是坚持和平利用太空，愿同所有和平利用太空的国家一道，加强交流、深化合作、为维护太空持久和平与共同安全作出贡献。

（六）网络空间部队

网络安全是全球性挑战，也是中国面临的严峻安全威胁。推进网络空间部队建设，大力发展网络安全防御手段，对筑牢国家网络边防，及时发现和抵御网络入侵，捍卫国家网络主权和信息安全具有重要意义。中国积极倡导建设和平、安全、开放、合作的网络空间，致力于同国际社会一道共同构建网络命运共同体。

（七）信息支援部队

信息支援部队是全新打造的战略性兵种，是统筹网络信息体系建设运用的关键支撑，在推动我军高质量发展和打赢现代战争中地位重要、责任重大。要有力支撑作战，坚持信息主导、联合制胜，畅通信息链路，融合信息资源，加强信息防护，深度融入全军联合作战体系，精准高效实施信息支援，服务保障各方向各领域军事斗争。

（八）联勤保障部队

联勤保障部队是实施联勤保障和战略战役支援保障的主体力量，是中国特色现代军事力量体系的重要组成部分。其包括仓储、卫勤、运输投送、输油管线、工程建设管理、储备资产管理、采购等力量，下辖无锡、桂林、西宁、沈阳、郑州5个联勤保障中心，以及解放军总医院、解放军疾病预防控制中心等。该部队正按照联合作战、联合训练、联合保障的要求，加快融入联合作战体系，提高一体化联合保障能力，努力建设一支强大的现代化联勤保障部队。

四、人民军队的发展历程

人民军队自诞生以来，已从建军初期的以步兵为主体的以农民为主要成分的军队，发展成为由陆军、海军、空军、火箭军、战略支援部队和联勤保障部队构成的强大的现代化军队,成为保卫国家安全的钢铁长城和维护世界和平的重要力量。

(一) 土地革命战争时期

1927年8月1日的南昌起义,中国共产党打响了武装反抗国民党反动派的第一枪,标志着中国共产党独立创建革命军队和领导革命战争的开始,标志着中国新型人民军队的诞生。

1927年9月9日,毛泽东同志领导发动了湘赣边界秋收起义。起义受挫后,毛泽东同志及时做出从进攻大城市转向农村进军的决定,初步形成了农村包围城市的战略思想。1927年12月11日,中国共产党在广州领导工人、农民和革命士兵举行了反抗国民党反动派的武装起义,这是中国共产党和中国人民继南昌起义、湘赣边界秋收起义之后,对国民党反动派的又一次英勇反击。到1928年6月,中国共产党在全国范围内领导了近百次武装起义。从这些起义中,中国共产党领导创建了多支革命武装。

土地革命战争时期,中国工农红军确立了人民军队的建军路线、方针、原则和制度,组建了红一、红二、红四方面军。当时红军的编制装备十分简陋,主要是步兵,并逐步组建了少量骑兵、炮兵、工兵、通信兵,使用大刀、长矛和缴获的步枪、机枪、火炮作战。工农红军创建了农村革命根据地,开展了游击战争和以运动战为主的反对国民党军大规模"围剿"的战争。红军在第五次反"围剿"失败后,进行了举世闻名的长征,进行战略大转移,为取得抗日民族战争的胜利奠定了基础。

(二) 全面抗日战争时期

1937年7月7日,卢沟桥事变爆发。同年8月22日,根据国共两党达成的协议,国民政府军事委员会宣布红军主力部队改编为国民革命军第八路军,并同意设立总指挥部。1937年8月25日,中共中央军委发布命令,宣布将中国工农红军第一、第二、第四方面军和西北红军等部改编为国民革命军第八路军,红军前敌总指挥部改为第八路军总指挥部,朱德任总指挥。同年9月11日,国民政府军事委员会按全国统一的战斗序列,宣布八路军改称为第十八集团军,总指挥部改为总司令部,朱德改任总司令。

1937年10月12日,南方8省13个地区(不包括琼崖红军游击队)的红军和游击队,改编为国民革命军陆军新编第四军,叶挺为军长。新四军组建后英勇战斗在抗日前线,屡创奇功,在我党我军的历史上创建了光辉的业绩。

中国共产党领导的抗日武装在人民群众的支援下,深入敌后,坚持独立自主的抗日游击战争。在抗战中,同日伪军作战12.5万余次,毙伤俘日伪军171.4万余人,为中国人民抗日战争和世界反法西斯战争的胜利做出了不可磨灭的历史贡献。在19个省区内形成了拥有 100 多万平方千米和 1.2 亿人口的解放区，人民军队由抗战初期的 5 万余人发展到抗战结束时的 127 万余人，民兵达 268 万余人。这些为夺取新民主主义革命在全国的胜利奠定了坚实的基础。

（三）解放战争时期

1946 年 6 月 26 日，国民党军大举进攻中原解放区，内战全面爆发。此后，各解放区部队陆续改称人民解放军。

战争初期，人民解放军在兵力和装备均居劣势的情况下，依靠解放区人民群众，采取以歼灭国民党军有生力量为主，而不以保守地方为主的战略方针和以运动战为主的作战形式，在内线大量歼敌。1947 年 7 月至 9 月，人民解放军在总兵力尚处于劣势、国民党军在继续重点进攻的情况下转入战略进攻，以主力打到外线去，将战争引向国民党统治区，并把进攻重点指向中原地区，开辟并巩固了长江、淮河、黄河、汉水之间的中原解放区。1948 年 9 月至 1949 年 1 月，人民解放军同国民党军队先后进行了战略决战的辽沈战役、淮海战役、平津战役三大战役。1949 年 4 月 20 日，人民解放军根据毛泽东、朱德发布的《向全国进军的命令》，以第二、第三野战军及第四野战军第 12 兵团等的百万雄师发起渡江战役，同年 4 月 23 日解放了国民党统治的政治中心南京，5 月 17 日解放了武汉三镇，5 月 27 日解放了上海。渡江战役结束后，各野战军按照中共中央军委的预定部署，分别向东南、中南、西北、西南地区进军。到 1950 年 6 月，解放了除西藏（1951 年 5 月和平解放）、台湾和金门部分沿海岛屿以外的广大国土，为夺取新民主主义革命的胜利做出了巨大贡献。

（四）中华人民共和国建立之后

1949 年 10 月 1 日，中华人民共和国成立。人民解放军一方面加强革命化、现代化、正规化建设，提高在现代条件下的作战能力。另一方面在巩固国防，抵御侵略，维护国家的独立、主权、安全、统一和稳定，保障人民的和平劳动，保卫和参加社会主义建设中不断立新功。

1950 年 6 月，朝鲜内战爆发，美国出动军队进行干涉，随之把战火烧到中国东北边境，严重威胁中国的安全。同年 10 月，中国应朝鲜政府的请求，做出"抗美援朝、保家卫国"的决策，迅速组成中国人民志愿军入朝参战。中国人民志愿军依靠中朝两国人民的支援，运用灵活机动的战略战术，经过五次战役，将敌军由鸭绿江边打退到"三八线"以南，并把战线稳定在"三八线"附近。1953 年 7 月 27 日，朝鲜停战协定签订。在 2 年 9 个月的抗美援朝战争中，中国人民志愿军共歼灭敌军 71 万余人，有力地援助了朝鲜人民的反侵略战争,保卫了祖国的安全。

1954—1979年,人民解放军在加快部队现代化建设的同时,进行了保卫国家边防、海防和领空的作战。20世纪80年代,人民军队开始对军队建设指导思想实施战略性转变,力图通过深化改革,完善体制,从根本上推动人民军队从数量型军队向质量型军队转变,迈开了中国特色精兵之路的坚实步伐。

进入21世纪以来,争夺信息优势成为各国军队建设的焦点,人民军队迎来了迈向信息化的重要机遇期。针对现代战争出现的新特点和新要求,坚定不移地把信息化作为发展方向,不断提高武器装备的信息技术含量,积极推进机械化条件下的军事训练向信息化条件下的军事训练转变,坚持国防建设与经济建设协调发展,基本构建起一个以打赢信息化战争为目标的立体化军事体系。

在以习近平同志为核心的党中央的坚强领导下,人民军队正站在新的历史起点上,坚持走中国特色强军之路。力争到2035年基本实现国防和军队现代化,到21世纪中叶把人民军队全面建成世界一流军队。党的二十大报告指出:"如期实现建军一百年奋斗目标,加快把人民军队建成世界一流军队,是全面建设社会主义现代化国家的战略要求。必须贯彻新时代党的强军思想,贯彻新时代军事战略方针,坚持党对人民军队的绝对领导,坚持政治建军、改革强军、科技强军、人才强军、依法治军,坚持边斗争、边备战、边建设,坚持机械化信息化智能化融合发展,加强军事理论现代化、军队组织形态现代化、军事人员现代化、武器装备现代化,提高捍卫国家主权、安全、发展利益战略能力,有效履行新时代人民军队使命任务。"

第五节　国防动员

国防动员,是国防活动的重要组成部分。它直接影响到战争的进程和结局,关系到国家的安危。在现代战争中,国防动员工作的地位越来越突出,作用也越来越明显。因此,世界上许多国家都十分重视国防动员工作,完善国防动员法规,加强国防动员建设。

一、国防动员概述

国防动员,是国家为应对战争或其他安全威胁,使社会诸领域全部或部分由平时状态转入战争状态或紧急状态的活动。包括武装力量动员、国民经济动员、政治动员、民防动员、科技动员、装备动员等。国防动员工作全过程包括动员的准备、实施和复员。

（一）国防动员的内涵

国防动员是国家及其国防活动的产物，自从有了国家，就产生了国防活动，就存在着国防动员活动。在古代战争中，虽然没有"动员"这个术语，但在战前和战争准备期间，通常要招募士兵、征收马匹、筹措粮草等，进行战争准备工作。甲骨文中的"登人""登众"的记载，先秦典籍中的"军誓"，实质上都是动员。近代动员概念和动员制度，一般认为产生于18世纪的法国。当时，法国的资产阶级为了粉碎欧洲封建制国家联盟的武装干涉，颁发了"国家总动员法令"，初创了动员制度。1916年法国的《军语词典》出现了动员的概念。经过第一次世界大战和第二次世界大战，国防动员已经形成相对独立的国防活动。第二次世界大战之后，随着各国对动员活动的不断改进，国防动员这一概念不断被赋予新的含义。

国防动员的主体是国家，国防动员是国家行为。服务于战争和其他危机需要的国防动员，是维护国家安全利益的重要措施，是国家防卫行为的重要组成部分，是国家行为与意志的集中体现。国防动员是在国家授权下以国家的名义实施的行为，是国家履行职能的特殊表现。国防动员的完善程度是现代国防强弱的标志之一。加强国防动员建设，已成为各国普遍重视的战略问题。

国家的人力、物力、财力都是国防动员的对象。战争是力量的对抗，既是实力的竞赛，也是潜力的角逐。战争潜力是国家在一定时间内，为进行战争而能够动员用于战争的物质力量和精神力量的总和，是战争实力的基础。一个国家的战争潜力，包括经过动员能够用于战争的人力、物力和财力资源。人力资源，是指国家总人口中具有一定的体能和技能，可用于战时军事活动以及社会生产、社会管理的人口总和。物力资源，是国家一切可用于战时社会活动的物质资料，既包括直接用于战争的武器装备的物资，也包括战时社会生产、生活上的物质资料。财力资源，是国家一切可用于战时社会活动的财政金融力量，包括税收能力、国家储备金、社会资金筹措能力以及争取友好国家财政援助能力等。作为国防动员对象的人力、物力、财力相互之间既有明显的区别，又有不可分割的联系。需要说明的是，在人和物两者之中，人的因素是战争胜负的决定性因素，因此，国防动员对象的重点是人。

国防动员的实质，就是调度和转化国防潜力为应付战争或其他危机实力的活动。国防潜力不会自然成为国防实力，只有通过有领导、有组织、有计划地加以动员管理、控制和分配，才有可能变为直接用于战争或其他危机的力量。当战争或危机发生时，国家采取紧急措施，如颁布战时法令和政策，通过管制、征用、征召等手段改变社会资源的使用方向，将平时体制转换为战时体制。

（二）国防动员的意义

国防动员属于战略问题，直接影响到战争的进程和结局，关系到国家的安危。无论是古代战争还是现代战争，无论是全面战争还是局部战争，无论是常规战争还是非战争军事行动，都离不开动员。

1. 国防动员是增强国防实力的重要措施

国防实力是指国家防御外来侵略的力量，是国家军事、政治、经济、科学技术等力量的总和。在和平时期，国家把国防动员纳入经济建设和社会发展的总体规划，坚持平战结合、军民结合、寓军于民的方针，遵循统一领导、全民参与、长期准备、重点建设、统筹兼顾、有序高效的原则，以增强战争潜力。同时通过动员准备，激发全国人民强烈的爱国热情和牢固的国防观念，从而确保国家政局稳定、经济发展、科技进步，综合国力迅速增强。

再者，如果平时注重动员，牢固树立国防观念，一旦战争爆发，通过战时动员，即能迅速地把战争潜力转变为战争实力。例如，就武装力量建设而言，为了对付敌人的突然袭击和入侵，保持一定数量的常备军是必要的。然而，要在平时保持一支满足战争需要的庞大军队，任何国家，即使是经济发达的国家也都无法做到。这是因为巨额的军费开支必然加重国家的经济负担，影响国民经济的发展，同时也影响部队武器装备的研制和更新。因此，要解决"平时养兵少、战时用兵多"的矛盾，采用常备军和后备力量相结合的原则，平时保持精干的常备军作为战时动员扩建部队的骨干力量，同时积极训练、储备后备力量，以便战时根据需要组编参战。这样既可以加速国民经济的发展，又可以从根本上增强国防实力。

2. 国防动员是增强国防威慑力的有效手段

一个国家的国防威慑力，不仅取决于常备军的数量和质量，还取决于军队后备力量和其他动员潜力，取决于常备军与后备力量动员准备的有机结合，以及动员机制的完善程度和运行效率。平时充分做好战时动员的准备工作，建立强大的后备力量和健全的动员体制，可以使敌人望而生畏，不敢轻举妄动，不敢贸然发动进攻，以达到"不战而屈人之兵"的战略目的。特别是处于防御地位、反对侵略的国家，应该采取积极的对策，以充分有效的动员显示应付战争的能力和拼死抵抗的决心，迫使敌人延缓或放弃侵略战争。

3．国防动员是夺取战争主动权的可靠保障

决定战争胜负的因素是多方面的，其中后备力量的强弱、兵员质量的优劣以及战时动员准备和实施的好坏，都是重要的因素。

随着现代科学技术的飞速发展及其在军事领域的广泛应用，使现代战争的速决性更加突出明显，发动战争的一方往往先发制人，迫使对方在无戒备或准备不充分的情况下仓促应战，从而取得速战速决的效果。第二次世界大战以来，突然袭击、不宣而战，已成为首先发动战争一方的惯用手法。处于防御地位的国家，如果战时动员工作的准备不足和实施得不好，在战争初期往往会处于被动地位，甚至来不及实施动员和完成战略展开，其武装力量和经济命脉就可能已陷于瘫痪。

历史表明，在现代战争中，谁能保持强大的后备力量，并能以最快的速度动员起来投入战争，谁就能取得战争的主动权。

二、国防动员的主要内容

国防动员涉及广泛的领域和多种动员对象。从大的领域看，涉及政治、经济、科技、文化、思想、外交和军事等方面，主要包括政治动员、武装力量动员、国民经济动员、人民防空动员和交通运输动员等。

（一）政治动员

政治动员，是指国家从政治上、组织上、思想上发动人民和军队参加战争所采取的措施。旨在激发全体军民的爱国热情，动员人民踊跃参军参战，努力增加生产、厉行节约，全力支援战争。政治动员是战争动员的前提和保证，不论是武装力量动员、国民经济动员，还是群众防卫动员，都需要以政治动员为引导和动力，才能顺利地展开。政治动员可分为平时政治动员和战时政治动员。

1．平时政治动员

主要表现为国防教育。其内容主要包括国防观念、国防知识、军事技能等方面的教育，目的是增强国防观念和维护国家安全意识，提高履行国防义务的自觉性。国防教育以全民为对象，重点是国家机关工作人员、武装力量编成人员和青年学生。

2．战时政治动员

主要包括国内政治动员和外交舆论宣传。国内政治动员是政府、军队和社会团体等，运用各种宣传工具，对全国军民进行以爱国主义和革命英雄主义为核心的国防教育，使之增强国防观念，坚定打败敌人，夺取胜利的信心。外交舆论宣传，是国家通过各种外交活动和对外宣传，揭露敌人的战争阴谋，控诉敌人的战争暴行，瓦解敌方的战斗意志，争取世界爱好和平国家的声援和支持，建立国际统一战线，或建立战略协作关系。

（二）武装力量动员

武装力量动员，是指国家或政治集团为应对战争或其他军事危机，将武装力量全部或部分由平时状态转为战时状态的活动。武装力量动员涉及人员的收拢、征集、训练和补充，以及武器装备和其他军用物资的生产、征用和调配。它是战争动员的核心，对战争的进程和结局，特别是对战争初期军队的迅速扩编和战略展开，掩护国家转入战时体制，争取战略主动，具有重要意义。武装力量动员通常包括现役部队动员、预备役部队动员、后备兵员动员和民兵动员等。

现役部队动员，是指将中国人民解放军各军兵种部队和武装警察部队从平时编制转入战时编制，按动员计划进行扩编，达到齐装满员。其主要包括部队进入临战状态、实行战时编制、扩建现役部队、组建新部队等。

预备役部队动员，是指预备役部队成建制转服现役的活动，是战时迅速扩编军队的重要组织形式。《中华人民共和国国防法》规定，"预备役部队按照规定进行军事训练、执行防卫作战任务和非战争军事行动任务；根据国家发布的动员令，由中央军事委员会下达命令转为现役部队"。

后备兵员动员，是征召适龄公民到军队服现役的活动，主要是征召预备役军官和士兵补充现役部队。其主要任务是补充不满编的现役部队、补充扩建和新组建的部队、补充战斗减员的部队。

民兵动员，主要是指组织发动民兵担负参战支前任务的活动。民兵是战时武装力量动员的基础，是扩充军队兵员的主要来源，同时民兵又是进行现代条件下的人民战争的巨大力量。

（三）国民经济动员

国民经济动员，是指国家将经济部门、经济活动和相应的体制从平时状态转入战时状态所采取的措施。国民经济动员是战争动员的基础，目的是充分调动国家的经济能力，保障战争的需要。国民经济动员通常包括工业、农业、商业贸易、财政金融、医疗卫生等方面的动员。

工业动员，是指通过各种平战转换渠道，改组民用和军工企业，提高军品生产能力，保障战争需要的活动。工业动员是经济动员的重点，也是经济动员中最复杂的问题。

农业动员，是指国家在战时调整和挖掘农业生产潜力，维护农业设施，尽力扩大生产的活动，达到既能保障战争所需要的粮食以及某些工业原料，又能保障人民生活的需要的目的。

商业贸易动员，是指国家在商品流通领域实行战时管理体制和商贸政策，控制商品流通的秩序和方向，以满足战争和人民对各种商品的需求的活动。

财政金融动员，是指国家为保障战争需要而采取的筹措和分配资金、维持财政金融秩序的活动。筹措经费有两个渠道，一是财政，二是金融。实施财政金融动员，要实行战时税制，加强税收管理；要实行战时预算；要适当增加举借债务；要加强金融监管，规避金融风险。

医药卫生动员，是指国家战时统一调度使用卫生人力、器材、设备和药品，对军民实施医务保障所采取的措施。它对加强伤病员的及时抢救和治疗，恢复其战斗能力和劳动能力，保护人力资源等具有重大意义。在抢险救灾等紧急情况下，有时也实施医药卫生动员。

（四）人民防空动员

人民防空动员，简称人防动员，是指国家为了适应战争的需要，发动和组织人民群众防备敌人空袭，减少空袭损失，消除空袭后果所进行的活动。搞好人民防空动员，对于增强国家的总体防御能力具有重要的战略意义。人民防空动员主要包括群众防护动员、人防专业队伍动员、人防工程物资技术保障动员、人防预警保障动员等。

群众防护动员，是指组织和发动居民防备敌人空袭，与敌人的空袭作斗争，尽量避免和减少空袭所造成的人员生命和财产损失的活动。

人防专业队伍动员，是指根据城市防空袭斗争的需要，组织各种防护专业技术分队，有针对性地消除空袭后果的行动。人防专业队伍动员是人防动员的重点，是进行防空袭斗争的骨干力量。

人防工程物资技术保障动员，主要是指为了满足战争中人民群众防空袭的需要，筹措和调用工程技术装备、个人防护器材、防火灭火器材、医疗器材、粮食、水、燃料等所采取的措施。

人防预警保障动员，是指获取人防所必需的情报，为顺利地组织民众防护和进行紧急抢险抢救做好准备的活动。

（五）交通运输动员

交通运输动员是指国家或政治集团为实施战争或应对其他军事危机，组织调动交通运输资源的活动。交通是人员、物资流动的载体，交通运输动员，对于保障军队的机动和其他人员、物资的运送，具有重要的意义。交通运输动员包括铁路、公路、水路、航空和管道等运输方式的动员。

三、国防动员实施的程序

国防动员的实施程序，由若干个环节组成，按一定的工作步骤和次序展开。通常以时间先后和流程次序，按照进行动员决策、发布动员令、充实动员机构、修订动员计划、落实动员计划等步骤进行。

（一）进行动员决策

正确地进行动员决策，是战争动员实施过程中首先需要解决的问题。因为一旦实施动员，整个国家或部分地区的政治、军事、经济、文化、外交等均相应地转入战时体制。这就要求国家动员决策机构必须把握时机，适时决策。

进行战争动员决策的关键，是正确分析判断敌情。要充分利用各种手段，广泛收集各国（尤其是敌对国）的政治、经济、军事等情况，并对这些情报进行综合分析，尽早洞察敌国的战争企图，判定战争威胁是潜在的还是现实的，是全面的还是局部的，是一国的还是国家集团的，从而视情况确定动员实施的时机、规模和方式等。

（二）发布动员令

动员令是宣布全国或部分地区、某些部门转入战时状态的命令。动员令的发布，关系战争的胜负和国家的命运。《中华人民共和国国防法》规定，全国人民代表大会常务委员会依照宪法规定，决定战争状态的宣布，决定全国总动员或者局部动员；中华人民共和国主席根据全国人民代表大会的决定和全国人民代表大会常务委员会的决定，宣布战争状态，发布动员令。

发布动员令的方式，分为公开发布和秘密发布两种。公开发布动员令，一般是战争即将或已经爆发的情况下施行，可以运用一切宣传工具和通信手段，不受任何保密限制。这种方式传递速度快，能在短期内家喻户晓，迅速转入战时体制。如第四次中东战争，以色列遇到埃及的突袭10分钟后，政府就通过广播电台向全国发布了动员令。秘密发布动员令，一般是在战争已不可避免、但尚未爆发的情况下施行。要执行严格的保密限制，通常是根据需要，只秘密通知政府有关部门和军事机构、军工厂和需要转产的民用工厂。

（三）充实动员机构

一旦实施战争动员，和平时期的动员机构，无论在人力上还是权限上，都难以适应需要，必须及时调整和加强。一是要扩大组织，增加人员。战时动员机构任务十分繁重，工作量大，只靠平时的编制员额，远远满足不了需要。所以，要增加编制，扩充机构。二是要赋予职权，使其具有较高的权威性。战争动员事关国家安危，责任重大，如果权力有限，指挥无力，处处受制，就难以完成繁重的动员任务，影响战争的顺利进行。所以，各级战争动员机构都应拥有较高的职权。

（四）修订动员计划

战争动员计划，是实施战争动员的依据。在面临战争的情况下，由于国际战略环境和国内条件都发生了变化，事先制定的动员计划难免与战争的实际情形不完全吻合，所以要及时予以修订。修订动员计划，一般说来，是在既定计划的基础上进行。修订动员计划，要注意统筹规划，关照全局，突出重点，优先保障战争初期，照顾战争中、后期，优先保障一线战区，兼顾其他战区。修订动员计划，与充实动员机构常常是同时进行的，一边充实动员机构，一边也修订动员计划。

（五）落实动员计划

落实动员计划，是使计划见之于行动，实施战争动员的关键环节，必须下大力气抓紧抓好。动员令发布之后，负有动员任务的地区、部门和行业，应根据修订的动员计划，迅速转入战时体制。武装力量、国民经济、科教文化等部门和社会生活，都以保障战争胜利为轴心迅速进行调整。武装力量要迅速转入战时状态，地方政府各部门要根据上级下达的动员任务，积极实施动员计划。各行业、各阶层都要动员起来，落实战争动员任务，为赢得战争胜利贡献自己的力量。

第二章
国家安全

学习目标

- 正确把握和认识国家安全的内涵,理解我国总体国家安全观。
- 深刻认识当前我国面临的安全形势,了解世界主要国家军事力量及战略动向,增强忧患意识。

  国家安全问题事关国家安危和民族存亡,事关每个公民的切身利益。党的二十大报告指出:"国家安全是民族复兴的根基,社会稳定是国家强盛的前提。必须坚定不移贯彻总体国家安全观,把维护国家安全贯穿党和国家工作各方面全过程,确保国家安全和社会稳定"。当前,我国面临复杂多变的安全和发展环境,国家安全的内涵和外延比历史上任何时候都要丰富,时空领域比历史上任何时候都要宽广,内外因素比历史上任何时候都要复杂,维护国家安全和社会稳定的任务十分艰巨。

第一节　国家安全概述

"安而不忘危，存而不忘亡，治而不忘乱。"国家安全是人民幸福安康的基本要求，是安邦定国的重要基石，维护国家安全是全国各民族人民的根本利益所在。

一、国家安全的内涵

2015年7月1日，第十二届全国人民代表大会常务委员会第十五次会议审议通过了《中华人民共和国国家安全法》（以下简称《国家安全法》），这是一部立足全局、统领国家安全各领域的基础性、全局性、综合性的法律，同时，全方位地解读了国家安全的内涵。

《国家安全法》第二条对"国家安全"的定义是：国家安全是指国家政权、主权、统一和领土完整、人民福祉、经济社会可持续发展和国家其他重大利益相对处于没有危险和不受内外威胁的状态，以及保障持续安全状态的能力。

《国家安全法》第三条引入了总体国家安全观，将其规定为国家安全工作的指导思想，即国家安全工作应当坚持总体国家安全观，以人民安全为宗旨，以政治安全为根本，以经济安全为基础，以军事、文化、社会安全为保障，以促进国际安全为依托，维护各领域国家安全，构建国家安全体系，走中国特色国家安全道路。党的二十大重申了这些规定。

《国家安全法》第二章以"专章"形式对维护国家安全的任务做出了具体规定：一是按照总体国家安全观的要求，列举了国家安全11个领域的任务，包括维护政治安全、国土安全、军事安全、经济安全、文化安全、社会安全、科技安全、信息安全、生态安全、资源安全、核安全的任务；二是将金融安全、粮食安全从传统的经济安全中分离出来，在第二十条、第二十二条作了单独规定；三是与时俱进地提出依法维护国家在对外层空间、国际海底区域和极地这些"战略新疆域"中现实和潜在的重大利益安全，以及相关活动、资产的安全。

党的二十大报告强调："统筹外部安全和内部安全、国土安全和国民安全、传统安全和非传统安全、自身安全和共同安全，统筹维护和塑造国家安全，夯实国家安全和社会稳定基层基础，完善参与全球安全治理机制，建设更高水平的平安中国，以新安全格局保障新发展格局。"

二、总体国家安全观

总体国家安全观是富有中国特色的国家安全体系。党的十八大以来，习近平同志关于总体国家安全观的重要论述，成为维护国家安全的行动纲领和科学指南。党的十九大将坚持总体国家安全观纳入新时代坚持和发展中国特色社会主义的基本方略，并写入党章。总体国家安全观以一系列紧密联系、相互贯通的基本观点，科学回答了中国这样一个发展中的社会主义大国如何维护和塑造国家安全的一系列基本问题，标志着我们党对国家安全基本规律的认识达到了新高度。

总体国家安全体系的核心是维护国家核心利益和其他重大利益的安全，总体国家安全体系包括以下领域：

政治安全 在总体国家安全体系中居于最高层次，核心是政权安全和制度安全，最根本的就是维护党的领导的有效性、权威性和执政地位的稳定。政治安全是国家安全最根本的象征，是国家利益的最高目标，是指在一定的环境和条件下，国家主权、领土疆界、民族尊严、意识形态、价值文化、国家制度和权力体制等方面的国家利益和国家安全的自主和免受各种干扰、侵袭、威胁和危害的能力和状态。

国土安全 是指维护国家的领土、领海、领空安全和主权完整，不受外来军事威胁或侵犯，实现祖国完全统一。

军事安全 是指建设与保卫国家安全和发展利益需要相适应的武装力量，必须紧紧围绕实现强军目标、全面建设世界一流军队，把我军建成召之即来、来之能战、战之必胜的威武之师，是确保国家安全的重中之重。

经济安全 是国家安全的基础，它是指国民经济能够抗御国内外各种经济风险而保持平稳有序运行的态势，包括金融安全、能源安全、贸易安全、粮食安全等。

文化安全 是指一国人民能够独立自主地选择自己的价值观念、文化制度，独立自主地控制和利用自己的文化资源。

社会安全 是指国家预防、控制、处理各种违法犯罪活动和突发灾害事故，以维护社会治安，保障社会正常的工作和生活秩序，保护国家和人民生命财产安全。社会公共安全不仅包括传统意义上的社会治安，还包括越来越重要的生产安全、公共卫生安全和食品药品安全等。

科技安全 是指国家的科学技术系统能够有效地应对来自内外部的威胁，维护和实现国家利益的能力和状态。

信息安全 是指维护网络空间安全以及网络数据的完整性、安全性、可靠性，提升维护网络空间安全的能力。

生态安全 是指国家完善生态环境保护制度体系，加大生态建设和环境保护力度，划定生态保护红线，强化生态风险的预警和防控，妥善处置突发环境事件，保障人民赖以生存发展的大气、水、土壤等自然环境及条件不受威胁和破坏，促进人与自然和谐发展。

生物安全 是指国家有效防范和应对危险生物因子及相关因素威胁，生物技术能够稳定健康发展，人民生命健康和生态系统相对处于没有危险和不受威胁的状态，生物领域具备维护国家安全和持续发展的能力。

资源安全 是指水资源、能源资源、土地资源、矿产资源等资源充足稳定，可持续供应，在此基础上以节约集约利用资源。

核安全 是指国家坚持和平利用核能和核技术，加强国际合作，防止核扩散，完善防扩散机制，加强对核设施、核材料、核活动和核废料处置的安全管理、监管和保护，加强核事故应急体系和应急能力建设，防止、控制和消除核事故对公民生命健康和生态环境的危害，不断增强有效应对和防范核威胁、核攻击的能力。

海外利益安全 是指国家依法采取必要措施，保护我国海外能源资源安全、海上安全通道，保护海外中国公民、组织和机构的安全和正当权益，保护国家的海外利益不受威胁和侵害。做到国家利益延伸到哪里，安全保障就跟进到哪里，为国家发展创造良好的外部安全环境。

太空深海与极地安全 是指和平探索和利用外层空间、国际海底区域，南极与北极地区，增强安全进出、科学考察、开发利用的能力，加强国际合作，维护我国在上述领域的活动、资产和其他利益的能力。

第二节 国家安全形势

国家安全形势，是指国家面临的安全条件和所处的安全状况，以及在一定时期内对国家核心利益所受到的威胁及其来源的综合分析和评估。进入 21 世纪后，中国国家安全环境继续发生深刻而复杂的变化，有利于和平稳定的因素进一步增强，不利于和平稳定的因素仍然存在并时有激化，呈现出机遇与挑战并存的明显特征，维护和平稳定的国家安全环境依然任重而道远。

一、地缘环境基本概况

国家的地缘环境,是指影响国家安全的地理位置、地理特征以及与地理密切相关的国家关系等因素。中国的地缘环境很特殊,从古至今,这种特殊的地缘环境无时不在影响着中国的安全形势、安全观念、防务政策和军事战略。

(一)中国是一个陆海大国,历史上曾经重陆轻海

中国位于欧亚大陆的东部,是欧亚大陆的一部分,幅员辽阔,拥有960万平方千米的陆地疆土。同时,中国又东临太平洋,海洋国土面积300多万平方千米,有便利的海上通道和丰富的海洋资源。一个陆海兼备的濒海大国,本应既重视陆地又重视海洋,形成陆海并重的安全观念和国防政策。但是,由于特殊的地理、历史、社会情况,历史上中国长期以来形成了重陆轻海的观念。一是中国陆地面积广阔,陆上资源丰富,气候条件良好,有足够的生存空间,在世界进入现代文明之前,中华民族完全可以依靠江河流域发展自给自足的农业文明。二是以小农生产方式为经济基础的中央集权的封建社会形成较早,体制和制度严密,政治和思想上统治力量强大,极大地限制和束缚了资本主义生产方式的发展,使中国缺乏向海洋谋求经济利益的社会动力。三是在中国古代,对中央王朝的主要威胁来自陆地,即来自中国内部北方游牧民族的侵扰,历代中央王朝的主要防御方向是北方,长城就是这种防御政策的结果和象征。长城的走向标志着中原农业文明与北方游牧文明的分界线,长城两侧是中央王朝与北方游牧民族交战的主战场。

清朝后期,为对付列强从海上的入侵,中国从国外买进先进的大吨位铁甲舰,建立起实力雄厚的北洋水师。但是,由于清政府的腐败和作战指导上的消极被动,甲午一战使北洋水师全军覆没,从此中国海军便一蹶不振。中华人民共和国成立后,毛泽东同志提出建立强大海军的思想,实际上确立了海陆并重的方针。目前,维护祖国统一,保卫祖国海洋国土和海洋权益的任务十分艰巨,彻底改变重陆轻海的观念是有效维护国家海洋权益,保卫国家安全和发展的重要前提。

(二)中国有漫长的边界和海岸线,近代以来屡遭帝国主义列强入侵

中国有2.28万千米的陆地边界,1.8万千米的大陆海岸线,在西方列强的势力还未扩展到东亚之时,历代中国统治者并不十分担心其漫长的边界和海岸线会有什么危险。青藏高原和帕米尔高原将中国与南亚、中亚隔断,西北只有一条穿越茫茫沙漠戈壁的狭窄通道与中亚相连,南有云贵高原和横断山脉为屏障,东面的万里海疆更是不可逾越的障碍。随着近代西方工业化的发展,其军事技术和航海能力很快粉碎了中国

封建统治者的这种安全感。

1840年以后的100多年里,帝国主义者屡屡跨过中国的边界入侵中国。不论是陆上还是海上,没有一个方向是安全的。过去被认为是最安全的海疆成为帝国主义者入侵次数最多的方向。第一次鸦片战争中,英国军舰用坚船利炮打开了中国大门,迫使清政府签订了第一个不平等条约《南京条约》。第二次鸦片战争中,英法联军攻占广州、天津,并从天津入侵北京;中法战争中,法军攻占中国南方海军基地福建的马尾港;甲午战争中,日军从辽东半岛花园口登陆攻占旅顺,从山东半岛荣城登陆攻占威海;1897年,德国军舰占领胶州湾,俄国军舰闯进旅顺口;1900年,八国联军登陆大沽口,攻陷天津和北京;1914年日军从胶东半岛登陆,沿胶济铁路入侵济南,而后攻占青岛;1932年,日军进攻上海;在1937年以后的全面侵华战争中,日军先后从海上经上海、广州、广西钦州等地向中国腹地进攻。陆地边界也不安全。沙俄和日本先后曾侵占中国东北地区,沙俄主要是从满洲里、瑷珲、抚远、绥芬河、珲春等方向入侵中国,而日本则主要是从朝鲜半岛出发越过鸭绿江入侵中国。在西北,沙俄及其支持下的浩罕汗国军队曾先后从喀什、伊宁、阿拉山口、吉木乃、阿勒泰等方向入侵中国新疆地区。在西面,英国军队先后两次从亚东方向入侵中国西藏地区,其中第二次入侵时,经江孜攻占了拉萨,另外英军还曾入侵西藏班公湖及其附近地区。在南面,英军和日军曾先后越过中缅边境入侵云南境内,法军则从中越边界强占云南一些边境地段。以上列举的只是对我国大陆领土的入侵,还没有把对我国台湾等岛屿的入侵计算在内。

(三)中国有为数众多的邻国,它们对中国安全有不同的影响

在陆上与中国接壤的国家有14个,分别是朝鲜、俄罗斯、蒙古、哈萨克斯坦、吉尔吉斯斯坦、塔吉克斯坦、阿富汗、巴基斯坦、印度、尼泊尔、不丹、缅甸、老挝、越南。在海上与中国相邻的国家除朝鲜和越南外,还有韩国、日本、菲律宾、马来西亚、文莱、印度尼西亚等国家。中国有如此众多的邻国,在世界上居第二位,俄罗斯的邻国虽然也多,但其陆地面积比中国大1倍。与中国面积相当的美国只有2个陆上邻国,加拿大只有1个邻国,更不用说被海洋环抱的英国和澳大利亚了。

概括来讲,邻国多、边界线长,历史遗留问题和现实矛盾相对就多,在国际竞争中,邻国越多,则越不利,因此,众多邻国对中国安全的影响是复杂的。

(四)中国位于世界两大地缘战略区的交接处,既受其他大国关系的影响,又影响其他大国关系

目前,世界可划分为两大地缘战略区,即海洋地缘战略区和欧亚大陆地缘战略

区。美国属于海洋地缘战略区,而且是世界超级海洋强国,具有全球性影响,而世界上其他强国大都集中在欧亚大陆地缘战略区,俄罗斯则位于该战略区的心脏地带。中国属于欧亚大陆地缘战略区,背靠欧亚大陆,面向太平洋,处于两大战略区的交接处,历史上曾遭到两大战略区强国的侵略和压迫,现在则成为能够对两大战略区关系产生重要影响和作用的国家。

冷战时期,美国企图通过控制欧亚大陆边缘地带,构成对苏联的遏制包围圈,把苏联困死在欧亚大陆中心;而苏联也企图控制大陆边缘地带,然后千方百计向海洋地缘战略区扩展自己的势力。所有处在边缘区的国家都不能摆脱美苏两个超级大国争霸的影响,中国也不例外。那时,如何处理与两个超级大国的关系是中国国家安全政策的中心问题。中国根据形势的变化和自身安全的需求,多次调整安全政策。中国的政策反过来又影响着美苏两方的力量对比和战略态势,形成了著名的"大三角关系"。冷战结束后,美国成为世界上唯一的超级大国;处于大陆心脏区的俄罗斯力量衰弱,但它仍然是世界军事大国,俄乌冲突将对世界格局和地缘政治产生深刻的影响;与中国同处在欧亚大陆东部边缘的日本,企图突破和平宪法的束缚,成为正常化的国家。中国处在这些国家的交接处,如何处理好与美、俄、日三大国的关系,不仅关系到中国自身的安全,也关系到东亚、亚太地区乃至世界的安全与稳定。

二、新形势下的国家安全

进入21世纪以来,国际形势保持总体和平、缓和、稳定的基本态势,但世界依然面临着现实和潜在的战争威胁。世界急剧变化增大了我国安全的不稳定性和不确定性,使我国在当前新形势下的国家安全面临着以下现实威胁。

(一)祖国统一仍面临复杂严峻的形势

台湾岛是中国第一大岛,战略要地。台湾岛历来是中国不可分割的领土。台湾是中国内战遗留问题,其本质是中国内政问题。随着1949年中华人民共和国的成立,大陆全面解放,部分国民党军政人员败退台湾。朝鲜战争爆发后,美国公然下令美军第七舰队进入台湾海峡,武装干涉海峡两岸的关系,将中国的台湾地区置于美国的"保护"之下,联合日本阻挠两岸统一。同时,台湾岛内的"台独"分裂势力及其分裂活动仍然是两岸关系和平发展的最大威胁,仍将对我国的统一大业产生重大的挑战,祖国统一面临的形势依然严峻。

党的二十大报告强调:"台湾是中国的台湾。解决台湾问题是中国人自己的事,要由中国人来决定。我们坚持以最大诚意、尽最大努力争取和平统一的前景，但决不承诺放弃使用武力，保留采取一切必要措施的选项，这针对的是外部势力干涉和极少数'台独'分裂分子及其分裂活动，绝非针对广大台湾同胞。国家统一、民族复兴的历史车轮滚滚向前，祖国完全统一一定要实现，也一定能够实现！"

（二）海洋领土和权益争端将仍是威胁国家安全的热点问题

我国的海上领土及权益争端是围绕我国沿海岛屿、岛礁主权问题与邻国产生的纷争。

1. 钓鱼岛争端

日本自甲午战争侵占了中国的钓鱼岛，并宣称是"无主地"先占。由于日本侵华战争的失败，第二次世界大战结束以后，钓鱼岛被美军所占领。到1971年，美军把冲绳岛的行政管辖权交给日本之时，把所占领的钓鱼岛与赤尾屿、黄尾屿等七个岛屿的行政管辖权也交给了日本。中国政府根据历史事实曾多次声明钓鱼岛是中国领土，中国从未放弃对钓鱼岛的主权，而日本却以钓鱼岛是"无主地"为由，宣称钓鱼岛为日本领土，并驱赶我国在该海域正常作业的渔船，企图为己有。目前，钓鱼岛主权的归属问题中日分歧很大，形势严峻。因此，围绕钓鱼岛的主权问题，中日双方的争端仍是诱发冲突的不稳定因素。

2. 南海诸岛纠纷

南海诸岛主要包括西沙群岛、中沙群岛、东沙群岛和南沙群岛，历来是中国固有的领土。其中以南沙群岛数量最多，分布最广，涉及的海域面积最大，被侵占的岛礁最多。目前，在南海海域，我国的海洋资源被掠夺的状况十分严重，南海周围国家自己或与别国联合开发海上石油和天然气。由于这些油气资源给南海诸国带来了巨大的经济效益，因此他们在南海诸岛主权问题上是不会轻易让步的。

3. 大陆架与专属经济区纠纷

我国大陆架的分布相当广阔，加上一定数量的岛架，面积约占世界大陆架总面积的5%。我国大陆架除渤海外，其他海域大陆架都存在与邻国的划界问题。专属经济区作为一种和大陆架权益联系在一起的问题，同样在未来的海洋权益之争中隐含着不稳定因素。

钓鱼岛及其附属岛屿自古以来就是中国固有领土，中国对南海诸岛及其附近海域拥有无可争辩的主权。海峡两岸中国人和全体中华儿女都有责任维护东海、南海的主权。在涉及领土主权和海洋权益的原则问题上，中国政府捍卫国家利益的决心和意志是坚定的。

（三）中美关系将始终是影响中国国家安全的重要因素

美国在亚洲的军事调整和不断强化的美日同盟构成中国周边安全的长远威胁，特别是对台湾问题的解决形成障碍。而中美关系的复杂性不仅仅在于它不是单纯的双边关系，中美关系直接影响到中国周边安全的全局；而且还在于它不是一种单纯的安全关系，必须从中国经济、政治、社会的综合角度加以通盘考量。

中美两国作为世界两个最大的经济体，在维护世界和平、安全、稳定、促进全球发展繁荣方面肩负着特殊的重要责任。发展长期健康稳定的中美关系，符合两国人民根本利益，也是国际社会的普遍期待。当前中美关系持续紧张，一定要本着相互尊重、互利互惠的原则聚焦合作、管控分歧，确保中美关系长期稳定健康发展。

三、新兴领域的国家安全

随着社会发展不断拓展，近些年，太空、深海、网络空间、极地、人工智能等新兴领域高技术的迅猛发展，使得传统国家安全的"领域"与"利益"大大延伸。为此，国家坚持和平探索和利用外层空间、国际海底区域和极地，增强安全进出、科学考察、开发利用的能力，加强国际合作，维护我国在外层空间、国际海底区域和极地的活动、资产和其他新兴领域的安全提上议事议程。

（一）太空安全

太空安全是人类和世界各国安全的新领域，也称为航天空间安全、外层空间安全。太空安全，就整个人类来说，是指人类的太空活动和太空资产的安全状态。就一个主权国家来说，太空安全是指国家的太空利益不受损害和威胁，以及国家各项利益不受来自外层空间的损害和威胁这样一种状态和过程。

在陆、海、空、天、电、网多个作战维度中，谁控制了太空，谁就能占据多维作战空间制高点，就可牢牢把握感知、认知、决策优势。美国等发达国家竭力为本国争夺太空创造条件。载人航天、卫星发射、反导、登月及火星探索层出不穷。研发太空"利器"、锻造太空"精兵"，构建军事航天力量体系。太空领域成为各国争夺全球优势的战略新高点，成为大国激烈博弈的新舞台。

（二）国际海底区域安全

国际海底区域安全是指国家坚持和平探索和利用国际海底区域，增强安全进出、科学考察、开发利用的能力，加强国际合作，维护我国在国际海底区域和极地的活动、资产和其他利益的安全。众所周知，海洋是世界战略资源的重要基地。深海油气资源、可燃冰、砂矿等，储量之大远超当今人类需求，从而引发各国不断上演"蓝色圈地"运动。岛屿归属、专属经济区与大陆架划定、海底资源的争夺，特别是对深海资源的竞争成为新焦点。

随着人类向深海和大洋勘探开发的进发、深海勘探工作不断深入及对矿产资源需求的提升，深海开发作为赢得未来战争优势的战略基点，成为各国明争暗斗的新领域，维护这一新兴领域的国家安全，事关中华民族的发展和兴衰，将成为影响我国未来国际地位的重要因素。

当前和今后的深海军事竞争态势，将在相当程度上决定全球军事力量格局。21世纪是海洋世纪，更加确切地说是深海的世纪。对于海洋大国来说，深海的战略重要性超过近海。

（三）极地领域安全

许多国家都把极地研究与开发作为赢得未来战争优势的战略极点，成为多国争相占据的新疆域。为赢得极地竞争优势，掌握极地主动权，不仅美国、俄罗斯、加拿大等极地国家纷纷制定极地战略，而且一些非极地国家也积极参与极地事务。围绕极地领域的国际斗争将日趋复杂激烈。极地与我国的长远发展和安全的关联度越来越紧密，能否在这一战略领域占有先机和维护自身的国家利益，维护这一新兴领域的国家安全，维护我国在极地的活动、资产和其他利益的安全，事关中华民族的发展和兴衰，将成为影响我国未来国际地位的重要因素。

极地包括北极和南极，分别位于地球的最北端和最南端，地理位置、自然环境和战略价值均十分独特。两极是世界上重要资源和能源的富集区，北极是可与中东相媲美的油气资源战略储备仓库，煤炭资源储量超过 10 000 亿吨。随着温室效应的增强和全球气候变暖，北极地区海冰融化使得该地区自然资源开采和利用变得便利。北极航道的开通在不久的将来也将成为一种常态。南极发现的矿产资源有 220 多种，煤炭资源储量超过 5 000 亿吨。南极的冰雪资源占全球冰雪资源的 90%，储存了全世界可用淡水的 80%。南极虽然是大陆，但与大西洋、印度洋和太平洋相连，遥望合恩角、好望角等世界海上要道，对全球的海上战略通道有至关重要的潜在影响。

在极地尤其是北极竞争中，军事竞争已经成为重要途径之一。美国、俄罗斯等北极国家在短短十几年间，相继出台了一系列北极政策和战略，积极开展军事活动，强化北极军事存在，提升军事行动能力。在此种大背景下，我国维护极地利益与安全的形势日益严峻，必须从国家战略高度加强极地事务的整体规划，稳步推进我国极地综合能力建设，大力开展北极国际军事合作，妥善处理好外交和法律保障，切实有效维护我国的极地安全利益。

第三节　国际战略形势

国际战略形势是指一个时期内对国际事务具有重要影响力的战略力量，在一定的历史时期内相互关联、相互作用而形成的世界全局性的总的格局和态势，是国际政治、经济、科技、文化和军事力量间的相互对比形势的综合体现。科学认识当前国际战略形势的现状与发展趋势，对于维护我国的国家安全具有重要的意义。

一、国际战略形势现状与发展趋势

"当前，世界百年未有之大变局加速演进，新一轮科技革命和产业变革深入发展，国际力量对比深刻调整，我国发展面临新的战略机遇。同时，世界疫情影响深远，逆全球化思潮抬头，单边主义、保护主义明显上升，世界经济复苏乏力，局部冲突和动荡频发，全球性问题加剧，世界进入新的动荡变革期。"（《党的二十大报告》）世界多极化、经济全球化、社会信息化深入发展，文化多样化持续推进，国际社会日益成为你中有我、我中有你的命运共同体，和平、发展、合作、共赢成为不可阻挡的时代潮流。

同时，人类也正处在一个挑战层出不穷、风险日益增多的时代。国际战略形势深刻演变，国际力量对比、全球治理体系结构、亚太地缘战略格局和国际经济、科技、军事竞争格局正在发生历史性变化。维护和平的力量上升，制约战争的因素增多，总体和平态势可望保持。但是，霸权主义、强权政治和新干涉主义有新的发展，各种国际力量围绕权力和权益再分配的斗争趋于激烈，恐怖主义活动日益活跃，民族宗教矛盾、边界领土争端等热点复杂多变，小战不断、冲突不止、危机频发仍是一些地区的常态，世界依然面临现实和潜在的局部战争威胁。

（一）世界格局多极化是国际战略格局发展的必然趋势

苏联解体导致两极格局终结，美国成为唯一超级大国之后，人们较多地用"一超多强"来描绘世界多极化的态势。冷战结束后，多极化趋势就是美国"一超独大"的地位相对削弱，其他大国及地区强国的国际地位与影响力不断上升，与美国的综合国力差距缩小。作为苏联主要力量继承者的俄罗斯，仍然是当今世界还能够和西方，特别是与美国进行较量的一支战略核力量，但对世界的影响力大大削弱。中国虽然是一个发展中国家，但是随着中国经济发展和综合国力的增强，中国在国际事务中的地位越来越明显，影响力也越来越大。欧盟、日本、印度等"多强"依托各自区域发挥优势，积极维护提升自身地位和影响力。还有一些"中等强国"自主发展的意愿和能力也不同程度加强，在国际和地区事务中越发活跃。

世界多极化发展进程难以阻挡。新兴市场国家、区域集团和亚洲等地区力量不断发展壮大，各类非国家行为体迅速成长，借助经济全球化和社会信息化拓展影响，成为各国和国际舞台上的重要力量。

（二）经济趋向全球化促进国际战略格局产生深刻的变化

全球化是在市场化和信息化条件下，随同经济一体化和经济自由化应运而生的。发达国家对经济政策进行改革性调整，技术创新速度加快；发展中国家普遍改变发展战略，实行开放政策，二者都促进了经济全球化。

经济全球化成为影响国际关系的重要趋势。不同制度、不同类型、不同发展阶段的国家相互依存、利益交融，形成"你中有我、我中有你"的命运共同体。人类再也承受不起世界大战，大国全面冲突对抗只会造成两败俱伤。

（三）国际战略格局中安全环境复杂化

当今世界存在两大祸根，从全球性范围讲，是指霸权主义与强权政治；从地区性范围讲，是指国际恐怖主义，民族分裂主义和极端宗教主义。霸权主义危害人类的和平、安全与发展，恐怖主义则以其反人类、反文明、反道德性而遭到国际社会的谴责。当前，美国将国家战略重回"大国竞争"。因中国等新兴大国的崛起，而且发展模式与美国津津乐道的那一套大相径庭。美国"大国竞争"的国家战略是一种对抗思维，而非合作妥协思维，让国际社会看到了"冷战"的影子，甚至是复活。

人类安全目前越来越面临非传统威胁。非传统安全威胁与传统安全威胁相互交织，使得国际安全形势更趋复杂化。非传统安全问题比传统安全问题具有更强的社会性、跨国性和全球性，因此解决的手段也就更应注重综合性以及国际合作。

（四）未来国际战略格局中的各国发展模式多样化

各国人民有着不同的经济发展水平、文化背景、社会制度和价值观念，延续着不同的生活方式，这是世界多样性的体现。没有多样性，世界就不会丰富多彩，其发展更缺乏活力。这种多样性决定了发展模式的多样化，世界上的问题不能都用一个模式解决。鉴于此，各国人民有权根据本国国情和自己的意愿，选择社会制度和发展道路，而不应受到任何外来势力的干涉。应当说，发展模式多样化既是现实状况，也是各国人民的追求。任何国家的社会制度和发展模式，都必须适合本国的国情和特点。

（五）国际组织和多边合作将促进国际战略格局和谐发展

冷战结束后，由于东西方力量失衡、霸权主义肆虐、恐怖主义猖獗、民粹主义抬头、地区热点增多，世界安全形势更加严峻。形势表明，国家安全、地区安全、世界安全是相互贯通的，维护世界和平与安全需要长效机制。为了建立和平、稳定、公正、合理的国际新秩序，摈弃冷战思维是前提，树立新安全观是基础，建立安全机制是保障，发挥联合国作用是重中之重。

联合国是国际多边机制的核心，是实践多边主义的重要舞台。坚持《联合国宪章》宗旨和原则，采取集体行动，加强联合国作用，维护联合国权威，是国际社会的普遍呼声。

二、世界主要国家军事力量及战略动向

"兵者，国之大事，生死之地，存亡之道，不可不察也。"军事不仅是各国高度重视的问题，也是普通老百姓非常关注的话题。

（一）美国军事力量及战略动向

美国是当今世界第一军事强国，拥有现今世界上总体实力最为强大的军队。美国军事力量及其战略动向，对世界军事形势和国际战略形势具有巨大影响。

1. 美国的军事力量概况

美军武装力量分为陆军、海军、空军、海军陆战队和海岸警卫队等军种。美军实行志愿兵役制。美军曾在南北战争、两次世界大战以及1948年至1973年期间实行过义务兵役制。1973年，时任美国总统尼克松废除义务兵役制后，美军一直实行志愿兵役制至今。根据《世界军事年鉴》《2018全球军力报告》和2019年《美国军力指数》等资料来看，美军现役部队人数142.999 5万人，其中陆军54.129 1万人，海军37.172 37万人，空军33.377 2万人，海军陆战队19.533 8万人。后备役部队约80万人，服务于军队的文职人员约有80万人，军人总数居世界第二位，仅次于中国。

美军在全球设有六大战区司令部，分别是北方司令部、太平洋司令部、中央司令部、欧洲司令部、南方司令部和非洲司令部，分别负责全球几大区域的事务。2009年

6月23日，美国国防部下令组建网络司令部。美国是世界上第一个提出网络战概念的国家，也是第一个将其应用于实战的国家。

2．美国的军事战略动向

（1）**美国意欲再造美国的战略优势，矛头直指中俄**。美国国防部近年的《国防战略》和《国家安全战略》报告都是基于美国的核心利益和价值观制定的，凸显了美国政府"美国优先"的核心理念，旨在加强美国在世界的领导力，其目的是建立一个强大的美国，以保持美国在世界的领导力和影响力。与以往不同的是，报告将大国竞争置于国家安全议程的中心位置，明确宣布美国战略重点由"9·11"事后的反恐，转向"大国之间的战略竞争"。

美国国防战略的基本目标，是重新拉大美国与大国的军事优势，维持对美国有利的国际秩序，在与中俄大国的战略竞争中获得胜利。不仅如此，美国还将大国竞争环境下的"战争准备"作为优先关切，提出要全力确保美国军事优势地位，并建设"更有杀伤力、适应力和快速创新的一体化武装部队"。明确提出美军的任务将由反恐战争转向针对中俄的战略竞争，这反映了美国政府及军方高层仍在沿用短视的"冷战"思维。美军的这些战略调整及任务重心转移，不仅对印太地区的安全稳定带来新的变数，也将对国际安全形势与世界和平稳定带来负面影响。

（2）**美国"以实力提升"积极扩军备战**。在美国看来，"实力"就是军事优势。为此，美国采取一系列措施加强军事力量建设，大幅度增加国防预算，提供所需战斗装备，加速提升美国军力，扩大军事优势，使美军在需要时能"快速决定性地击败敌人"。美国重提大国竞争，大幅度增加军费投入，必将导致新一轮大国军备竞赛日趋激烈。

调整核战略追求绝对核优势，视核武器为维护霸权的重要工具。特朗普的2018年国情咨文称，"我们必须重建核武库并使之现代化，以慑止来自任何国家和任何人的侵略行动。"美国计划在2017—2026年的十年间，用4 000亿美元进行核武器现代化，全面更新美国陆、海、空基"三位一体"核力量，必要时恢复地下核试验。2018年的新版《核态势评估》报告体现了美国逐层升级、倚核致胜的政策倾向，为全球战略稳定埋下了重大隐患。

（3）**美国扩大同盟关系，强化联合行动**。美国主导与参与的军演频度与力度增大，对中俄的军事威胁有加大的趋势。美国非常重视利用国际组织和联盟战略维护国家利益，以集体安全机制应对共同威胁。采取安全对话、联合训练与演习、轮换部署、军事援助与指导等方式，加强军事同盟和伙伴关系。从近年来美国主导和参加的一系列军演来看，其挤压俄罗斯地缘战略空间、阻滞俄罗斯重新恢复大国雄风、搅局朝鲜半岛和南海局势、遏制中国崛起的意图昭然若揭。

（4）**抢占新领域，以确保美军持久的战略优势**。美国认为"优先投资发展弹性太空能力和网络防御能力"，是美军"现代化关键能力"的重要组成部分。美国《国防战略》报告将太空作为优先发展领域，并展示军方如何将太空空间视为未来战场。为争夺太空领域制高点，美国重建由副总统任主席的国家太空委员会，负责审查美国的远期太空目标，并制订整合所有太空部门的战略，以支持创新和维持美国在太空领域的领先地位。为适应太空战略调整，美空军航天司令部将"作战响应空间办公室"更名为"太空快速能力办公室"。看似是名称的改变，实则反映了"太空作战"由被动"响应"转为主动的"快速能力"。

当前，美国根据自己构建太空作战需求出发，确定了 5 个太空任务领域，即太空态势感知、太空力量增强、太空支援、太空控制和太空力量运用。根据这 5 个太空任务领域，美国确定了太空装备体系框架，主要包括太空态势感知体系、太空信息支援体系、太空响应作战体系、太空信息攻防体系、太空运用体系。从美国的太空武器装备体系来看，它的装备体系正在由被动防御、单一保障向攻防一体、系统配套方向转变，由信息支援型向制天作战型转变。

（二）俄罗斯军事力量及战略动向

俄罗斯仍是当今世界的军事强国，拥有庞大且先进的核武器库，较强的武器研发能力，实战经验丰富，但在这次俄乌冲突中表现不尽人意，在东欧、中东、远东地区的影响力有所减弱。

1. 俄罗斯的武装力量概况

俄罗斯联邦总统兼俄罗斯联邦武装力量最高统帅，通过国防部长和总参谋长对武装力量实施作战指挥。国防部长通过国防部对联邦武装力量实施直接领导。俄罗斯联邦武装力量总参谋部对武装力量进行作战指挥，对武装力量各军种的指挥通过各军种总司令部进行。

俄罗斯联邦武装力量包括陆军、海军、空天军三个军种和战略火箭兵、空降兵、空天防御兵三个独立兵种。2024 年 2 月 26 日，俄罗斯总统普京签署命令，批准俄罗斯新的军事行政区划，其中包括设立莫斯科军区和列宁格勒军区。五大军区包括莫斯科军区、列宁格勒军区、南部军区、中部军区和东部军区。

2. 俄罗斯的军事战略动向

2021 年 7 月俄罗斯总统普京签署命令，批准新版《俄罗斯联邦国家安全战略》（以下简称新版《国家安全战略》），对新时期俄罗斯面临的国家安全环境挑战进行了全面评估，勾勒出推动俄军事力量建设和实现战略安全的战略重点。

（1）以北约为主要战略对手，直接对抗北约东扩和北扩。早在2015年版的俄罗斯《国家安全战略》中，俄罗斯直截了当地指出以美国为首的北约是俄罗斯的首要威胁，认为北约东扩以及在俄周边部署反导系统、全球打击系统、高精尖武器等严重威胁俄国家安全。2022年2月俄乌冲突爆发后，以美国为首的西方国家支持乌克兰对抗俄罗斯，2023年4月和2024年3月北欧国家芬兰和瑞典分别加入北约，使得俄罗斯在东面面临对着对乌特别军事行动，北面波罗的海方向和北极方向面临北约的全面围堵和对抗。新版《国家安全战略》不仅删除了此前有关与美国建立合作关系、与欧洲开展互利合作等内容，而且俄罗斯采取相应的针对战略来对抗以美国为首的北约，如2024年2月26日，俄罗斯总统普京签署命令批准新的军事行政区划，其中包括撤销西部军区，设立莫斯科军区和列宁格勒军区，更加有针对性应对北约东扩和北扩对俄造成的威胁和围堵。

（2）巩固战略核威慑的同时，强调发展"非核遏制"。强大的战略核威慑是俄罗斯应对北约东扩、北扩以及西方安全威胁的首要选项。俄罗斯总统普京曾指出，"不管什么时候，我们绝不会放弃战略核威慑能力，实际上，我们将加强它。"俄乌冲突中，俄罗斯以其强大的核武器遏制以美国为首的西方国家，声称"俄罗斯不能失败"，使得以美国为首的西方国家不敢直接派兵参加这场俄乌冲突，只是为乌克兰提供武器和信息情报支持，避免了俄罗斯与西方国家的直接对抗。除了战略核威慑之外，俄罗斯还在2014年新版军事学说中首次提出"非核遏制"的全新概念，即依靠常规武器进行遏制。俄罗斯之所以提出"非核遏制"，一方面是因为俄罗斯军事实力提升，非核实力已经可以成为依托。俄乌冲突中，俄罗斯的非核实力完全抵抗住了西方国家对乌克兰的军事援助，并已经显现出俄罗斯常规作战的优势，夺取了战场主动权。另一方面因为清楚地认识到在应对俄乌冲突问题上，核威慑只能起到遏制作用，要想夺取战争的胜利还要依靠强大的常规军事力量。

（3）强化武装力量建设，深入推进军事改革。受到人口和经济发展水平限制，俄罗斯难以长期维持大的军队规模。2008年之后，俄罗斯吸取经验教训，推出"新面貌"军事改革。在2012年绍伊古①就任国防部长后，俄罗斯把"新面貌"军事改革推入新阶段，主要举措包括：恢复部分陆军、空军师团编制，组建新军种——空天军，恢复突出战备检查制度，组建国家防务中心，组建国防部军事政治总局，打造新型作战力量，创新人才培养使用机制，推出《2018—2017年国家武器纲要》，加速推出武器装

---

① 2024年5月12日，绍伊古开始出任安全会议秘书。同年6月5日，被任命为军工联合体发展工作协调员。

备现代化进程等。此外，俄罗斯还根据战争经验和军情实际，提出了以"混合战争"理论为代表的新型战争理论等，这些理论在这场俄乌冲突中得到了检验和完善。

（三）印度军事力量及战略动向

印度是南亚次大陆最大的国家，其人口数已超过中国，成为世界第一人口大国，也是金砖国家成员之一。印度军事力量及其战略动向，对南亚及中国周边安全有重大影响。

1. 印度的军事力量简况

印度的武装力量由正规军、准军事部队和后备力量、核战略司令部等支援服务机构组成。现役部队分陆军、海军、空军和海岸警卫队4个部分，现役兵力约131万人，正规军规模位居全球第三，排在中国、美国之后。印度陆军约113万人，约占现役兵力的86%以上，是典型的大陆军。海军有5万～6万人，空军有11万～12万人。印度海岸警卫队分西岸、东岸、安达曼和尼科巴3个大队，人员有5 440名，包括633名文官。印度的准军事部队种类庞杂，驻地分散，隶属不同的部门，他们是印度正规部队的辅助力量，平时可执行边防海防巡逻、情报搜集和内卫治安任务，战时则作为辅助力量配属正规部队执行作战任务，规模约100万人。

2. 印度的军事战略动向

（1）**提升军费升级军备和加快军事改革**。2016年印度的军费开支达到559.23亿美元，占世界军费总开支的3.3%，居世界第五位，较上一年增长近9%，连续四年出现增长态势。2017年印度的军费开支总额达到了639.24亿美元，较上一年增长了5.5%。2021年印度军费开支为814亿美元，印度陆军装备中高达68%属于过时装备，只有24%属于"现代"装备，而领先时代的先进装备比例更是低至8%。其他军种的武器装备也多为老旧装备。为了升级军备，印度不断增加的军费除了用于培育本土军工产业外，主要是用于加大对外军购。2017年印度与以色列签署了约25亿美元的导弹交易，并向美国购买了22架"守护者"无人机。2018年美国同意向印度出售价值9.3亿美元的军事装备，包括6架"阿帕奇"直升机及其配套的"毒刺""地狱火"导弹装备，印度还从俄罗斯购入了5套S-400防空导弹系统和4艘护卫舰，总价值高达63.7亿美元。

近年来印度已经成为全球最大的军购订单大国，其国防部长还提出了新的军备升级计划，预计未来十年将花费大约2 230亿美元来提高印度的军事能力，在2027年前购买近500架直升机、12艘潜艇、近100架单引擎战机和120架双引擎战机。在增加军费提升军备的同时，印度政府近年来持续致力于军队改革，建立新的决策机制，精简机构裁汰冗员，提高三军协调能力，还计划建立针对巴基斯坦和中国的联合战区。

（2）**进一步加强部队全面建设着力提升实战能力**。随着印度经济实力和国际地位的逐步提升，近年来印度旨在平衡中国在印度洋海域不断上升的军事存在、提升自身军事能力，开展了诸多双边和多边军演。

2015年以来，印度着眼构建"军事大国"和"地区强国"，部队全面建设和实战能力呈现出持续发展的强劲势头，加大印中方向军事投入。2015年，印度的印藏边境警察部队增加了6 000名人员，向中印边境实际控制线沿线增派了8 000名人员，加修边界公路，在争议地区启用了5个可以起降所有类型运输机和军机的前沿着陆场，警察部队在锡金设立了37个哨所和15个临时营地，印藏边境警察在列城建立了1个新的司令部。2020年6月15日，在中印边境加勒万河谷地区，印军违背承诺，再次越过实控线非法活动，蓄意发动挑衅攻击，引发双方激烈肢体冲突，造成人员伤亡。

（3）**加快推进战略威慑能力建设**。印度已经拥有"三位一体"战略核力量。印度正在加快生产新核材料和制定核潜艇计划，要具备短时间内生产更多更大当量的核武器的能力。其先后进行了"烈火-5""大地-2"和"烈火-4"导弹试射，正在建造3艘弹道导弹核潜艇，计划建造3艘攻击型核潜艇，采购6艘攻击型核潜艇和18艘柴电潜艇，并正在建造1个10 000吨的浮动试验平台，用于弹道导弹防御第2阶段的拦截试验，以便构建起整个印度洋地区的"全面威慑能力"。

印度空军装备272架苏-30MKI多用途战斗机，与俄罗斯合作对其老式米格-29战斗机和伊尔-76运输机进行升级。印度空军耗资88亿美元从法国达索公司购买36架"阵风"战斗机和11亿美元从以色列购进了3架"费尔康"空中预警机，耗资85亿美元从法国购买36架"阵风"战斗机。印度空军已经建立了航空航天大队，还制定了"太空计划"，要选拔30名航天员，以帮助印度空军努力成为一支真正的航空航天力量。

（4）**积极响应美国印太战略联合遏制中国**。印度自2014年正式提出"东向政策"以来，莫迪政府的关注范围已经从东盟扩展到西太平洋和东印度洋地区，"东向政策"向"印太战略"延伸，不断渲染中国的军事威胁，加强与美国、日本、澳大利亚的战略关系，以提升印度在亚太地缘角逐中的制衡力度。

莫迪政府将2007年确立的"自由使用海洋"为主题的海上军事战略调整为以"确保安全的海洋"为主题的海洋安全战略，强调要继续推进"东进"战略，提升与东盟在"印太"框架下的合作，继续加大对非洲的投入，提升对非洲印度洋沿岸国家的影响力，试图以政治、经济、军事、外交等多种手段积极介入国际和地区事务。

（四）日本军事力量及战略动向

日本是一个高度发达的资本主义国家，也是当今世界第三大经济体。日本是美国在亚太地区的重要盟国，也是该地区的主要国家。其自卫队虽然名义上不是"国防军"，但拥有强大的综合军事实力。日本自卫队力量及其战略动向，对国际和地区形势及我国国家安全有重大影响。

1. 日本的军事力量概况

日本现役自卫队由陆上自卫队、海上自卫队、航空自卫队组成，日本海上保安厅在全球海岸防卫队中仅次于美国海岸警卫队，超过邻近东亚国家海岸防卫兵力的总和，整体实力甚至高出许多小国海军，是日本不折不扣的"第二海军"。

随着日本经济实力的迅速增强，日本自卫队建设得到长足发展，在"质重于量"和"海空优先"的建队方针指导下，自卫队已发展成为一支装备精良、训练有素、作战能力较强的武装力量。同英国和法国军队相比，除了在核武器、远程轰炸机、核动力潜艇等少数领域外，日本的军事实力已相当或超过了英国。

2. 日本的军事战略动向

2022年12月16日，日本政府关于防务与对外关系的三大战略文件，即《国家安全保障战略》《防卫计划大纲》和《中期防卫力整备计划》正式发布，宣布在未来5年将防卫费提升至前所未有的43万亿日元。日本发布2023年度《外交蓝皮书》中，将中国定位为"最大战略挑战"。

（1）力量建设大幅加强。随着美国的全球战略向印太转移，加紧实施旨在遏制中国崛起的"印太战略"，日本在美国全球战略尤其是印太地区的地位上升。俄乌冲突则使得日本找到了加强防卫力量建设的借口和契机。一是防卫经费实现陡增。自1960年以来，日本防卫费长期占国内生产总值的1%以下，如2017年这一比例为0.93%。2020年比值首次达到国内生产总值的1%。2021年达到了1.24%，这是半个多世纪以来，日本防卫费首次超过国内生产总值的1%。至2027年，日本防卫费将占日本年度国内生产总值的2%，这是美国要求其北约盟国年度防务开支占国内生产总值的比例。二是网络和太空领域备受重视。近年来，日本采取变通方式规避限制，大力发展网络和太空作战等新质作战力量。2022年以来，日本自卫队"网络防卫队"已由540人扩展为890人，计划将在2027年继续扩张到5000人左右。2022年3月18日，日本防卫省在位于东京都的航空自卫队府中基地为新组建的"太空作战群"举行了授旗仪式，"太空作战群"在此前的"太空作战队"基础上建成。三是智能无人系统和装备超常发展。日本防卫省认为，自卫队现有无人机多为侦察型，急需加强攻击型无人机及其编队建设。在2023年度防卫预算概算中，日本防卫省首次提出了"整备攻击型无人机"项目。日本防卫省也在开展反无人机研究，如开发应对无人机蜂群作战的高功率激光和微波武器。目前，日本川崎重工正在开发100千瓦的高功率反无人机激光武器。此外，日本电气公司正在研发高功率微波武器,可定向发射微波波束,瞬间压制、损坏大范围内无人机设备,甚至瘫痪整个无人机蜂群。

(2)加紧融入北约体系。各方面的迹象表明,日本正在谋求加紧融入北约体系。美国的诉求是以俄乌冲突为契机,将日本纳入北约机制或在印太地区复制北约机制。日本则急欲加强其全球政治、军事地位,日本和北约在加强军事联系上于是一拍即合。自俄乌冲突发生以来,日本已经多次参与美国组织的以支援乌克兰为目的的北约防长和国家领导人多方会议,实质性参与北约国家的集体活动。2022年11月4日,日本防卫大臣浜田靖一宣布,日本正式加入北约网络防御中心。这是继韩国加入这一组织之后,第二个东亚国家加入北约网络防御中心。与此同时,日本也在努力使武器装备发展融入北约体系。美日之间的紧密军事联系由来已久,在武器装备发展上,日本自卫队一直采用从美国购买和与美国联合研制的发展迭代模式。2022年12月9日,日本政府宣布将与英国和意大利联合进行下一代战斗机的研制,新研制的战机将在2035年投入日本航空自卫队使用。这是二战以来日本首次与美国以外的其他北约国家开展重大防务合作,不仅意味着日本可能逾越"防卫装备移转三原则",未来向英国和意大利以外的第三国出口新一代战斗机,同时也使日本自卫队装备体系与北约开始走向融合。日本还在加强与北约国家武装力量之间的军事交流和联合行动。2022年,日本与英国、澳大利亚签署《互惠准入协定》,使日英、日澳防务关系已具"准同盟"性质。与此同时,美、日、韩、澳等国家在印太地区频繁开展军事演习,客观上使得日本成为这些活动的关键参与者和地区盟友。

(3)备战对象日趋鲜明。日本新颁布的三大战略文件,虽然其文本未像事先传闻的那样将中国定位为"威胁",但文件将中国定位为"最大战略挑战"。毫无疑问,这将给中日关系造成负面影响。与此同时,日本事实上已经突破延续75年的"专守防卫"的和平宪法原则,将国家防卫政策转变为"先制攻击"。为此,日本将提出所谓"对敌基地攻击能力",并将其界定为"能够对敌方导弹发射基地进行攻击的武器装备能力"。为此,日本政府计划在西南诸岛到九州为中心的地区部署1000枚以上巡航导弹的基础上,购买500枚美制"战斧"式巡航导弹,以便攻击2000公里以外目标。2022年12月9日,日本和澳大利亚举行外长、防长"2+2"会谈,澳大利亚防长马尔斯正式邀请日本加入"奥库斯"。

第三章
军事思想

学习目标

- 了解军事思想的内涵和发展历程。
- 了解外国代表性军事思想。
- 熟悉我国军事思想的主要内容、地位作用和现实意义。
- 理解习近平强军思想的科学含义和主要内容。

军事思想是人们长期从事军事斗争和从事战争实践经验的总结和理论概括,是军事科学的重要组成部分。军事思想来源于军事斗争实践和对人类战争历史的反思,同时又给人类的战争实践提供理论指导,并随着人类社会和战争的演变而不断发展。

第一节 军事思想概述

一、军事思想的含义

军事思想是关于军事领域基本问题的理性认识,通常包括战争观、军事问题认识论和方法论、战争指导思想、国防和军队建设思想等。

二、军事思想的基本特性

军事思想作为一种社会意识形态,建立在一定的社会生产和军事实践的基础上,并受其他社会意识及民族传统、地理环境等因素的影响,总体而言,军事思想具有以下特征。

(一)深刻的实践性

军事思想源于军事实践,又给军事实践以理论指导。战争和军事实践是检验军事思想正确与否的唯一标准。战争和军事实践的不断发展,推动着军事思想的不断发展。军事思想指导战争和军事实践的过程中,正确的得到肯定,不完善的得到补充,错误的被否定,过时的被淘汰。同时,战争和军事实践不断为军事思想提出新课题,推动人们去探索、研究。这就必然引起军事思想的发展变化,这种发展变化必然为军事思想注入新的活力,使军事思想更深刻,更能有效地指导新的战争准备和战争实践。

(二)鲜明的阶级性

军事思想作为军事活动的理论概括,必然打上鲜明的阶级烙印。军事思想产生并存在于社会实践,必然涉及社会的政治、经济、科技、文化、教育,特别是意识形态等各个方面。人们为了各自阶级的利益所奉行和推崇的军事思想,必然会反映各自阶级对战争、国防、军队问题的立场和观点。国家是阶级统治的工具,军队是国家政权的支柱。因而,任何国家占统治地位的军事思想,都是统治阶级的军事思想,它必然要服从并服务于本国的政治和统治阶级的利益。因此,不同阶级、国家制度或政治集团必然奉行自己的军事思想。

（三）强烈的时代性

时代是根据一定的政治、经济、文化、科技状况划分的历史时期。任何一种军事思想都有它产生的时代背景，也必然要受到所处时代的影响。迄今，人类经历了两大战争时期，即冷兵器时期、热兵器时期；经历了四个历史时代，即原始时代、农业时代、工业时代、信息时代；经历了五大战争形态，即木石化战争形态、金属化战争形态、火器化战争形态、机械化战争形态、信息化战争形态。同时，与这些时代背景和战争形态相适应的军事思想也应运而生，在国防和军队建设中发挥着指导作用。

（四）明显的继承性

这里所说的继承是指对传统的军事思想和军事遗产中具有借鉴意义的原理、原则以及宝贵经验的保留和借鉴。这是由战争和军事的统一性（共性）决定的。由于战争和军事具有变动性和多样性的特点，所以，这种继承不是采取教条主义的态度对传统的军事思想照搬，而是从现实战争的实际需要出发，去其糟粕，取其精华，注入新的时代内涵，创造性地加以运用和发展。

（五）不断的创新性

有的一时先进的军事思想，会随着社会的进步和科学的发展逐渐变得落后。如果不创造新的先进的军事思想来代替旧的落后的军事思想，就不能正确认识和解决军事领域的新问题，墨守成规就会打败仗。战争指导者正是认识到这一点，所以才不断在研究和解决当下军事问题中创新军事思想，以指导战争准备和战争实践。从游牧时代的徒手作战到农耕时代的冷兵器作战，再到工业时代的半机械化、机械化作战，直至信息时代的信息化作战，军事思想有过无数次创新。这种必然的不断的创新，形成了军事思想的重要特征。

第二节　外国军事思想

战争伴随着人类的发展历史。作为人类文明的重要组成部分，外国军事思想异彩纷呈，形成了各有特色的军事理论体系，是世界军事思想的重要组成部分。

一、外国古代军事思想

公元前8世纪至公元5世纪，是西方古代的奴隶制社会时期。在这个时期，古希腊、古罗马等奴隶制国家为了扩张领土、建立霸权、掠夺奴隶和财物，频繁发动战争。在长期的战争实践中，涌现出许多著名的将领和统帅，产生了丰富的古希腊和古罗马的军事思想。

古希腊的军事思想主要散见于希罗多德的《希腊波斯战争史》、修昔底德的《伯罗奔尼撒战争史》、色诺芬的《远征记》、艾涅的《战术》，以及普鲁塔克、伯里克利、亚历山大等人物的历史著作和军事实践中。他们的军事思想概括起来主要有以下几方面：认识到战争是由根本利害矛盾引起的，战争的目的是为了征服对方，谋求城邦、国家利益和霸主地位；战争的胜败取决于政治、军事、经济、精神等条件，作战前必须对双方的军力、财力、人力等方面的长处和短处进行认真的分析对比；注意激励军队的士气，立足以优势力量建立己方胜利的信心，采取出乎敌人意料的行动使敌惊慌失措，然后战胜敌人。

古罗马的军事思想体现在恺撒的《高卢战记》，阿里安的《亚历山大远征记》、弗龙蒂努斯的《谋略》、奥尼山得的《军事长官指南》、韦格蒂乌斯的《论军事》以及历史学家波里比阿、阿里安、塔西伦、普鲁塔克等有关古罗马历史的著作中；体现在许多军事家如迦太基统帅汉尼拔、古罗马统帅费边、恺撒，古罗马帝国的第一个皇帝屋大维等的军事实践中，历史上闪烁过他们的重要的军事思想之光。古罗马军事思想源于古希腊而又有所发展，主要表现在以下几方面：进一步认识到战争有正义与非正义之分；把军事作为实现政治目的的工具，而政治又配合军事行动成为达成军事目的的手段；通过外交途径广泛联盟，孤立对手，恩威并举，实现自己的军事目的；主张以进攻为主，防御为辅；在被迫处于防御地位时，也总是通过向敌后等薄弱处进攻，力求改变攻防态势，变防御为进攻；主张建立一支忠于自己的部队，以金钱、土地、房产等物质利益保证部队将士的忠诚，以精神鼓励，严格的纪律来保持部队的战斗力。

从公元476年西罗马帝国灭亡，到1640年英国资产阶级革命之间的时期为欧洲的中世纪。在这长达1 100多年的"黑暗"时代，由于封建割据的庄园经济、宗教思想和经院哲学的禁锢，极大地限制了军事思想的发展。"整个中世纪在战术发展方面，也像其他科学方面一样，是一个毫无收获的时代。"直到封建社会后期，随着中国火药的传入，以及意大利文艺复兴的影响，外国古代军事思想才有了缓慢发展，主要军事代表人物有查理大帝、瑞典国王和统帅古斯塔夫二世等。代表作有东罗马皇帝毛莱斯基的《战略学》、李欧的《战术学》，意大利马基雅弗制的《论战争艺术》，普鲁士弗里德里希二世的《战争原理》《军事典范》等。此时的军事思想可概括为以下几个方面：战争被披上宗教外衣，掩盖统治集团间的利益争夺，宣扬战争是人类天性中的一部分，是原始罪恶之果，也是教会权力的支柱；在战争中丧失生命的人，可以进入天国，赎免一切罪恶；重视军队建设，把军队看成国家的重要工具；对雇佣兵制的弊端有了初步认识，主张实行义务兵制；初步涉及战略学、战术学概念。另外，还认识到制海权的重要，认为控制了海洋就可以赢得和守住巨大的海外领土。

二、外国近代军事思想

从1640年英国资产阶级革命到1917年俄国十月社会主义革命前夕，是世界近代史时期。外国近代军事思想的第一个特征是资产阶级军事思想体系得以确立。17世纪，英国发生的资产阶级革命具有世界性影响，英国的资本主义制度建立之后，国力倍增，开始在北美洲、亚洲、非洲进行野蛮掠夺，进行建立殖民地的战争。英国经济上的发展，科学技术上的进步，社会思想的激进，极大地推动了资产阶级军事思想的发展。18世纪末到19世纪前期，法国爆发了资产阶级革命和拿破仑战争；19世纪中叶，德国、奥地利等国也爆发了资产阶级革命；1861年，俄国废除农奴制。在资产阶级革命过程中，一批资产阶级军事思想家和军事思想变革的成果涌现出来，集中体现在19世纪法国伟大的军事家、政治家，法兰西第一帝国的缔造者拿破仑的战争艺术中，以及普鲁士军事理论家和军事历史学家克劳塞维茨的《战争论》和瑞士裔法国将领、军事理论家若米尼的《战争艺术概论》等著作中。克劳塞维茨在《战争论》中提出了"战争无非是政治通过另一种手段的继续"的著名论断，还比较系统地探讨了战争的目的、战争的本质、战争与政治的关系、军队建设、战争艺术、消灭敌人和保存自己的关系、民众战争的作用与使用原则、精神和物质的关系、集中兵力和积极防御的思想等。若米尼在《战争艺术概论》中，论证了军事领域的许多基本原理和规则，提出了决定战争胜败的各种因素，指出全民参加的民族战争具有最可怕的力量。这两部著作均是在总结拿破仑战争经验的基础上产生的，标志着欧洲和世界近代资产阶级军事思想体系的基本确立。

外国近代军事思想的第二个特征是无产阶级军事思想体系得以确立。19世纪中后期，世界各地的战争和武装起义频繁起义。如美国内战（1861—1865）、普法战争（1870—1871）、巴黎公社革命（1871）等。特别是巴黎公社起义，为无产阶级军事思想的创立奠定了初步的实践基础。马克思、恩格斯适应无产阶级革命斗争发展的需要，运用辩证唯物主义和历史唯物主义研究当时和历史上的战争，探讨战争和军事发展的规律，特别是关于无产阶级武装夺取政权的一些根本问题，为无产阶级军事思想奠定了坚实的理论基础。

三、外国现代军事思想

世界现代史开端于俄国十月革命和第一次世界大战结束。随着工业化的发展，自19世纪中叶起，在接连不断的战争的驱动下，各国纷纷将新工业革命的成果应用于军事领域，坦克、飞机、舰艇等新式武器装备相继问世并应用于战争。军事技术的发展，不仅带来了武器装备的变化，也催生了崭新的军事观念和军事理论。

现代前期（1918-1945年）两次世界大战的间歇期和第二次世界大战，主要出现了以下战争理论：以意大利人杜黑、美国人米切尔、英国人特伦查德为代表的空中战争理论；以英国人富勒、德国人古德里安、法国人戴高乐、奥地利人艾曼斯贝格尔为代表的机械化战争理论，又称坦克制胜论；以德国人鲁登道夫为代表的总体战理论。正是由于这些理论的推动作用，使得第二次世界大战成为史无前例的最大规模的机械化战争。

现代中期（1945-1990年）两极争霸时期的军事思想主要是美苏两国围绕核战争及核威慑条件下的常规战争而展开的。美国首先提出"核武器制胜"理论和"大规模报复"战略理论。苏联提出未来战争是一场全面的火箭核大战。20世纪60~70年代，美国在进一步发展核战争理论的同时，十分重视研究有限战争和特种战争，提出灵活反应战略理论和逐步升级理论。苏联也修改了把全面的火箭核战争视为唯一战争样式的理论，既准备打世界大战，也准备打局部战争。20世纪80年代，格雷厄姆等人提出利用美国的先进技术抢占宇宙空间制高点，发展经济和加强军事实力，以恢复对苏联的战略优势的高边疆理论。同时，时任苏军总参谋长奥加尔科夫认为，军事技术的发展将引起军事上的深刻革命。在此期间，英国提出"最低限度核威慑"理论，法国提出"有限核威慑"战略理论，都主张发展独立、有效的核力量。

现代后期（1990年至今）冷战结束后，世界主要国家正式启动与推进新军事革命，积极进行军事理论创新，工业时代的军事思想加速向信息时代的军事思想转变。概括起来，主要内容有：一是对信息时代战争的定性，主要有"非对称战争""第六代战争""信息化战争"。二是在威胁判断上，普遍强调国际安全环境的不确定性、突发性和多变性；在国家安全问题上，强调信息时代国家安全具有全局性、综合性；在战略指导方针上，不仅继续强调实行威慑，而且还针对各种现实威胁强调实施"先发制人"的打击；在战略手段上，普遍强调信息在维护国家安全和未来战争中的作用。提出了"基于效果作战""信息战""太空战""网络中心战""全谱优势""平行作战"等理论。

第三节　中国古代军事思想

中国古代军事思想，是指在中国奴隶社会、封建社会时期各阶级、各政治集团的军事家、军事论著者对战争、军队和国防的基本问题的理性认识，是他们长期从事军事实践的经验总结和理论概括。从总体上看，中国古代军事思想孕育于传说时期，产生于夏、商、西周时期，成熟于春秋战国时期，发展于清朝前期。

一、中国古代军事思想产生于夏、商、西周时期

原始社会末期，私有制出现，阶级社会形成。公元前21世纪，夏王朝建立，国家和军队出现，奴隶社会确立。这个时期战争更频繁，战场更广阔，战法更多样，战争性质也发生了变化。"作为具有阶级性质、完整意义的战争，当以夏禹伐三苗和夏启与有扈氏的战争为始。"其军事思想的特征主要有：一是王为军队最高统帅的观念；二是用兵有因的观念；三是用兵伐罪的观念；四是先德后兵的观念；五是兵农结合的观念；六是重视战具的观念。

商王盘庚迁都于殷之后，商代也称殷代。殷代是中国古代军事思想胚芽进一步发育成长时期。《尚书·多士》记载："惟殷先人，有典有册。"这里所说的"殷先人"，是指殷的先人，即商时代的人。这里所说的"典"和"册"，是指甲骨文和简书，之后又产生了金文。这些"典""册"和金文，记载了一些战争和军事方面的内容，也涉及了当时统治者对战争和军事问题的看法。

西周时代，统治者继承并在一定程度上改造了殷代笃信天神的思想。他们在信奉天神的过程中，逐步加深了对人在战争中的地位和作用的认识，逐步引进了人的"德"的范畴，逐步增多了对战争的理性认识，对军事思想的完全形成起了重要作用。

二、中国古代军事思想成熟于春秋战国时期

春秋时期是中国社会奴隶制逐步衰亡、封建制逐步产生的时期，是周天子失去统治

力量，但尚保持周朝国号与年号、诸侯相互争夺和兼并的大动荡时期，也是中国古代军事思想基本成熟的时期（基本成熟的主要标志是《孙子兵法》的产生）。这个时期的战争主要有两种：一是奴隶制国家分封的诸侯国之间的兼并与争霸的战争；二是新兴的封建势力推翻奴隶主统治的战争。在社会大动荡、大变革的历史条件下，战争的胜负关系到各阶级、各国家、各政治集团的生死存亡，因此对军事问题的研究得到了社会广泛的重视，军事思想和军事学术异常活跃，不但军事家谈兵论战，政治家、外交家以及各种流派的思想家也在研究军事问题，大量的军事理论著作应运而生。这时，"学在官方"的大一统局面被打破，"私学"蓬勃兴起。

战国时期是中国封建社会的开端，也是中国古代社会思想大解放、各种观念形成、多种学派林立、百家争鸣并逐渐走向融合的时代。其间，军事思想空前活跃，兵书大量问世，军事思想经历了交锋与融合的过程。从《汉书·艺文志》的记载看，从西汉之前到西汉传世的53家790部兵书中，大部分是战国时代的著作。其中，流传至今的，大部分也出自战国。

战国时期的争鸣与融合，奠定了中国古代军事思想理论体系的基础。继《孙子兵法》之后，战国时期的兵书中具有代表性的还有《吴子》《司马法》《孙膑兵法》《尉缭子》等。它们在继承《孙子兵法》军事思想的同时，又有所发展和创新，大致涉及战争观、谋略、战法、阵法、将帅修养和军队组织、训练、纪律、奖惩制度、指挥、侦察、通信等方面的内容。

三、中国古代军事思想的发展于秦—清前期

（一）秦、汉、晋、隋、唐时期的军事思想

从公元前3世纪末至公元10世纪中叶，中国经历了秦、汉、晋、隋、唐五个大的封建王朝。这是封建社会发展的上升时期。从总体上看，先秦的军事思想对这个时期的军事斗争仍然起着重要的指导作用。同时，由于社会经济、政治、文化以及战争的发展，军事思想也得到了进一步的丰富和发展。这个时期的战争类型主要有四种：一是农民战争，二是封建王朝更替的战争，三是封建割据与封建统一的战争，四是国内各民族之间的战争。其中汉唐两代，历史上称为盛世。这个时期造就了许多著名的军事家和将领，如张良、韩信、曹操、诸葛亮、李世民、李靖等。

（二）宋、元、明、清（前期）的军事思想

从960年至1840年，中国经历了宋、元、明、清（前期）四个王朝。这是封建社

会的后期，也是中国古代军事思想继续发展的重要时期。在这个时期，由于武器装备的发展、军队和作战指挥等方面所发生的相应变化，大规模的战争频繁发生，迫使统治阶级改变禁锢兵书的状态。从北宋中叶以后，人们开始重视武学，撰写、汇编和著录的军事理论著作层出不穷，军事思想得到了较大的发展，宋、元、明时代出现了春秋战国以后中国兵学发展的第二个高潮。这个时期的著名兵书有《武经总要》《虎钤经》《何博士备论》《守城录》《历代兵制》《百战奇略》《续武经总要》《武备志》《阵纪》《纪效新书》《练兵纪实》《海国图志》《续史方舆纪要》《三十六计》等。

必须特别指出的是，中国两千多年的封建社会还伴随着农民起义的农民战争。农民起义军们不但建立了自己的军队，而且在战略战术方面也常常让封建统治阶级闻风丧胆，而且他们的军事思想也占有一席之地。农民战争通常是在人数少、装备差、训练不够、供给不足的条件下发展起来的。他们在各自所处的条件下，从无到有、从小到大，创造了许多以少胜多、以弱胜强的奇迹。总结农民战争的经验，对于正确认识战争规律，正确指导战争，有重要的借鉴意义。

第四节　当代中国军事思想

当代中国军事思想是指以毛泽东、邓小平、江泽民、胡锦涛、习近平为代表的中国共产党人关于战争、军队和国防等基本问题的理性认识，是马克思主义基本原理与中国革命及建设的具体实践相结合的产物，是中国共产党人集体智慧的结晶。

一、毛泽东军事思想

毛泽东是一位伟大的无产阶级革命家、战略家、军事家和理论家，是中国共产党、中国人民解放军和中华人民共和国的主要缔造者和领导者。在长达半个世纪的军事实践活动中，以毛泽东为代表的中国共产党人，不断探索中国革命战争的规律，全面总结我军建设和作战的丰富经验，并运用马克思主义基本原理将其系统化、理论化，形成了一个完整的军事思想体系——毛泽东军事思想。

（一）毛泽东军事思想的科学含义

毛泽东军事思想这一科学概念，有其特定的内涵，即毛泽东关于中国革命战争、人民军队和国防建设以及军事领域一般规律问题的科学理论体系，是毛泽东思想的重要组成部分。它是马克思列宁主义普遍原理与中国革命战争和国防建设实际相结合的产物，是中国共产党领导中国人民及其军队长期军事实践经验的科学总结和集体智慧的结晶，同时也多方面汲取了古今中外军事思想的精华，是中国共产党领导中国革命战争、军队建设、国防建设和反侵略战争的指导思想。

（二）毛泽东军事思想的主要内容

毛泽东军事思想是一个内容十分丰富的科学体系，是由关于中国革命战争和国防问题的基本原理、原则构成的具有不同功能、不同作用，又相互联系、相互制约的有机整体。

1. 战争观和方法论

以毛泽东为代表的中国共产党人，在指导中国革命战争的伟大实践中，创造性地运用马列主义的辩证唯物论和历史唯物论，观察和分析战争的基本问题，认识和运用军事领域的辩证规律，阐明了无产阶级的战争观和方法论。主要包括以下几方面：对战争的起源、战争的本质、战争的目的、现代战争的根源的认识及对待战争的态度；对战争与政治、经济，战争与革命，战争与和平等诸因素相互关联的看法；从研究战争规律入手，运用规律于自己的行动；从战争全局出发，关照全局，掌握关节；掌握认识战争情况的辩证过程，使主观指导始终同战争客观实际相一致；着眼其特点，着眼其发展，实现作战指导上的主动性、灵活性和计划性等。

2. 人民军队思想

以毛泽东为代表的老一辈无产阶级革命家、军事家，把人民军队建设问题作为进行武装革命的首要问题提出来。毛泽东同志把马列主义的建军学说和中国实际相结合，创造性地提出了一整套建军理论和原则。主要包括以下几方面：人民军队是执行革命的政治任务的武装集团；全心全意为人民服务是人民军队的唯一宗旨；人民军队必须置于中国共产党的绝对领导之下；建立健全政治工作制度，开展强有力的政治工作；执行战斗队、工作队、生产队三大任务；坚持官兵一致、军民一致、瓦解敌军的三大原则；贯彻群众路线，实行政治、经济、军事三大民主；遵守三大纪律八项注意，实行自觉基础上的严格纪律；加强军队革命化、现代化、正规化建设；严格训练，严格要求，不断提高战斗力；发扬勇敢战斗、不怕牺牲和艰苦奋斗的优良作风；努力提高军事、政治、科学、文化水平，加强战备，增强作战能力，随时抵御外敌入侵，维护国家安全。

3. 人民战争思想

人民战争思想是我党历来坚持的指导战争的根本路线,是我党唯一正确的战争指导思想,是毛泽东军事思想的核心内容,是我军战略战术的基础。它的基本内容是:革命战争是群众的战争,人民群众是战争伟力之最深厚的根源;兵民是胜利之本;人是战争胜负的决定因素,只有依靠、动员、武装人民群众,才能实行全面、彻底的人民战争;坚持党的绝对领导,是实行人民战争的根本保证;依靠和动员人民群众,是实行人民战争的坚实基础;强大的人民军队,是实行人民战争的骨干力量;坚持"三结合""一配合"是实行人民战争的正确组织形式和斗争形式;建立巩固的革命根据地,是实行人民战争的战略基地;运用灵活机动的战略战术,是实行人民战争的正确战争指导。

4. 人民战争的战略战术思想

人民战争的战略战术,体现了毛泽东人民战争思想的战略指导原则和作战方法,是毛泽东同志高超的战争指导艺术的总结,它揭示了中国革命战争的指导规律,是毛泽东军事思想中最精彩的部分,内容十分丰富。人民战争的战略战术思想,是建立在人民战争的基础之上,立足于以劣势装备战胜优势装备之敌的灵活机动的战略战术。主要内容有以下几方面:把唯物辩证法运用于作战指导,从实际出发,不拘一格;有什么枪打什么仗,对什么敌人打什么仗,在什么时间、地点打什么时间、地点的仗;你打你的,我打我的,打得赢就打,打不赢就走;消灭敌人,保存自己;实行积极防御,反对消极防御;在战略上藐视敌人,在战术上重视敌人;集中优势兵力,各个歼灭敌人;运动战、阵地战、游击战三种作战形式紧密结合;执行有利决战,避免不利决战;进攻时防止冒险主义,防御时防止保守主义,退却时防止逃跑主义;每战力求有准备,不打无准备无把握之仗;慎重初战,不打则已,打则必胜;灵活运用兵力和变换战术;适时地实行战略转变;重视后勤保障和军队的适时休整等。

5. 国防建设思想

中华人民共和国成立后,毛泽东等老一辈无产阶级革命家,创立了国防现代化建设理论。其主要内容是:动员全国人民,保卫、建设新中国;国防不可没有,国防必须实现现代化;要建设一支现代化国防军;加强国防建设,首先是一定要加强国家经济建设;国防建设要根据国家安全利益的需要,以积极防御的战略方针为指导;国防建设必须坚持独立自主的方针;在世界大战可能避免的相对和平的时期,要坚持精干的常备军与强大的后备力量相结合;要充分发挥我们自己的优势与国防威慑的重大作用等。

毛泽东军事思想,是一个完整的科学体系,各个组成部分互相联系、互相依存。

在这个体系中,无产阶级的战争观和方法论是整个科学理论体系的理论基础,人民战争思想是毛泽东军事思想的核心,人民军队思想是建设人民军队的理论指南,灵活机动的战略战术是进行人民战争的方式和方法,国防现代化建设理论是进行国防建设、保卫国家安全、防止外敌入侵的指导方针和原则。

(三)毛泽东军事思想的历史地位和现实意义

毛泽东军事思想是具有中国特色的无产阶级军事理论,它创造性地发展了马克思主义军事理论,指导中国革命取得了彻底胜利,中华人民共和国成立之后又继续指导中国的国防建设、抗美援朝战争和边境自卫反击战,是国防现代化建设和未来反侵略战争的理论指南。

1. 毛泽东军事思想是当代最先进的无产阶级军事理论

毛泽东、朱德、周恩来和邓小平等老一辈无产阶级革命家,在领导中国人民进行长期的革命战争和国防建设实践中,创造性地把马列主义普遍原理与中国革命战争和国防、军队建设具体实践相结合,继承发展了古代、近代和现代的中外优秀军事理论,形成了内容极其丰富的毛泽东军事思想。毛泽东军事思想源于实践,指导实践,并接受了中国革命战争和国防、军队建设实践的检验,是迄今最完整、最系统的无产阶级军事理论。毛泽东军事思想不仅是我党我军的宝贵财富,而且在世界军事理论中也占有极为重要的地位,其重大作用和影响已经远远超越了时空界限,成为世界军事理论宝库中的璀璨明珠。

2. 毛泽东军事思想是我军克敌制胜的根本法宝

毛泽东军事思想运用辩证唯物主义和历史唯物主义的原理,批判地吸收了古今中外的优秀军事思想遗产,揭示了中国革命战争的特殊规律,又反映了现代战争和国防建设的一般规律,是经过实践检验的科学真理。尽管国际形势日新月异,我国综合国力大幅攀升,但对我军未来打赢信息化战争仍然具有普遍适用性,无论过去、现在和将来,毛泽东军事思想始终是我军克敌制胜的法宝。

3. 毛泽东军事思想是国防和军队现代化建设的科学指南

毛泽东军事思想的基本原理,不仅在以往战争年代是指导我们战胜国内外强大敌人的锐利武器,而且在当代仍是国防、军队建设和夺取未来战争胜利的指南。我国、我军发展建设的环境虽然发生了巨大变化,但仍然离不开毛泽东军事思想的科学指导。坚持把毛泽东军事思想的基本原理、我军建设和国防建设的优良传统同现代武器装备、现代军事技术有机结合起来,这是我国现代国防和军队建设所具有的中国特色的体现和根本要求。

4. 毛泽东军事思想创造性地丰富和发展了马克思主义军事理论

毛泽东军事思想对马列主义军事理论的丰富和发展做出了重大而独特的贡献，并将其发展到一个崭新的高度，极大地丰富了马列主义军事科学的理论宝库。毛泽东军事思想的主要贡献在于：开创了一条农村包围城市、武装夺取政权的革命道路；创建了一支新型的人民军队；丰富和发展了马列主义的人民战争思想；创造了适合中国特点的人民战争的战略战术；科学阐明了关于研究和指导战争的战争观和方法论。

5. 毛泽东军事思想在世界上有广泛而深远的影响

毛泽东军事思想从产生到丰富发展，一直受到世界各国的关注，中国革命取得胜利后，毛泽东军事思想更是受到世界各国各方面人士的重视，对它的研究和学习，已经超越了国界。20世纪六七十年代，毛泽东军事思想在第三世界广泛传播，成为许多国家被压迫民族和人民争取民族独立和解放的强大思想武器。许多发达或较发达国家，对毛泽东军事思想也很重视，如美国前总统肯尼迪，要求美军陆军都要研究毛泽东有关游击战问题的论著。《纽约时报》称毛泽东是当代的"革命战略家"，基辛格在《核武器与外交政策》一书中指出："毛泽东基于大家熟悉的列宁主义学说，即战争是斗争的最高形式，研究出一套军事理论。""这套军事理论表现出高度的分析能力，罕见的洞察能力。""善于将列宁主义原理运用于中国的实际情况。"柯林斯在《大战略》中，把毛泽东视为"具有革新思想的战略家之一""是民族解放战争和人民战争的主要理论家"。毛泽东军事著作，已被几十个国家翻译出版、学习、研究和运用。不少国家，包括美国的一些军事院校，还专门规定了学习毛泽东军事思想的内容，开设了相应的课程。第三世界一些国家还专门请我国派专家去讲授或派留学生到我国来学习毛泽东军事思想。毛泽东军事思想在世界军事思想史上占有十分重要的地位。

二、邓小平新时期军队建设思想

邓小平新时期军队建设思想，是以邓小平同志为代表的中国共产党人关于新时期国防和军队建设问题的科学理论体系，是发展了的毛泽东军事思想。它科学地总结了党的十一届三中全会以来国防和军队建设的新经验，创造性地回答了新形势下国防和军队建设面临的许多重大现实问题。邓小平新时期军队建设思想概括起来主要有以下几方面。

（一）国防和军队建设指导思想要实行战略性转变

邓小平同志认为，和平和发展是时代主题，战争的威胁依然存在，但推迟或制止世界战争的爆发已成为可能，世界大战在一定条件下可以避免，但霸权主义仍然是对世界和平的最大威胁，局部战争已成为主要战争形态。我国周边安全环境发生了根本性好转，但仍然存在着各种现实的和潜在的威胁。稳定世界局势，实现和平与发展，要有新的途径和新的方法，即用"和平方式"和"共同开发"的办法解决国际争端。

（二）军队建设要服从国家建设的大局

军队建设以国民经济为基础，国防和军队建设要与国家经济建设协调发展。一是国防建设指导思想要从长期以来立足于"早打，大打，打核战争"的临战状态，转变到和平时期现代化建设的轨道上来；二是要正确处理国防建设和经济建设的关系；三是要实现国防建设与国家经济建设的协调发展。

（三）实行积极防御的军事战略方针

贯彻积极防御的战略方针，是维护国家主权和安全的需要，也是由我国社会制度决定的。邓小平同志指出："我们未来反侵略战争，究竟采取什么样的战略方针？我赞成就是'积极防御'四个字。"我国对战争问题的基本原则是：人不犯我，我不犯人，人若犯我，我必犯人。实行积极防御的战略方针，要把立足点放在遏制战争的爆发上，注重研究现代战争。军事战略要从维护国家安全利益出发，用和平方式解决对抗性争端和矛盾，注重发展综合国力，从根本上增强军事实力，提高威慑能力。

（四）建设一支强大的现代化正规化革命军队

革命化、现代化、正规化是新时期我军建设的总目标。其中，以现代化为中心，是解决军队建设主要矛盾、适应世界新军事变革潮流和打赢现代战争的迫切需要，因此，邓小平同志指出：军队建设要以革命化为前提、现代化为中心、正规化为重点，全面建设现代化正规化革命化的军队；要把教育训练摆到战略地位，努力提高部队战斗力；要搞好体制改革和精简整编，建立科学的体制编制；实现军队正规化，要依法治军，科学管理；要加强和改进新时期军队政治工作，保证党对军队的绝对领导，保证军队高度稳定和集中统一。

（五）现代战争条件下要坚持和发展人民战争思想

邓小平同志根据现代战争的特点和规律，结合我国的实际情况，在继承毛泽东人民战争思想的基础上，提出了"现代条件下人民战争"的思想。围绕这一思想，邓小平同志特别强调人民战争的形式要与现代战争的特点相吻合；强调现代条件下从事人民战争的人必须具有很高的素质；强调在军队精简的情况下，尤其要搞好民兵和预备役的建设；要研究现代战争条件下人民战争的战略战术；要保持和发扬我党我军的优良传统，发挥人民战争的政治优势。

三、江泽民国防和军队建设思想

江泽民同志担任中央军事委员会主席期间，深刻洞察和把握国内外形势的重大变化和世界新军事变革的发展趋势，对加强国防和军队现代化建设提出了一系列新论断新举措，丰富和发展了毛泽东军事思想和邓小平新时期军队建设思想，创立了江泽民国防和军队建设思想，领导国防和军队现代化建设取得了巨大成就。江泽民国防和军队建设思想主要包括以下几方面：

（1）坚持国防建设与经济建设协调发展的方针，加强人民军队革命化、现代化、正规化建设。

（2）按照政治合格、军事过硬、作风优良、纪律严明、保障有力的总要求，紧紧围绕打得赢、不变质两个历史性课题，全面推进人民军队建设，毫不动摇。

（3）坚持党对人民军队的绝对领导，始终把思想政治建设摆在我军各项建设的首位，永葆人民军队性质、本色、作风。

（4）贯彻积极防御的军事战略方针，推进中国特色军事变革，按照建设信息化军队、打赢信息化战争的目标，坚定不移走中国特色的精兵之路，实现我军现代化跨越式发展。

（5）实施科技强军战略，坚持从严治军、依法治军、勤俭建军，探索新的历史条件下治军的特点和规律，与时俱进推进我军各项建设。

（6）深化国防科技工业体制改革，增强自主创新能力，加快国防科技和武器装备发展，走出一条投入较少、效益较高的军队现代化建设路子。

（7）按照平战结合、军民结合、寓军于民的方针，提高国防动员能力，发展高技术条件下人民战争的战略战术，巩固军政军民团结。

江泽民国防和军队建设思想，对于加强国防和军队现代化建设具有长远指导意义。

四、胡锦涛国防和军队建设思想

胡锦涛同志关于国防和军队建设思想着眼新的形势和任务，总结国防和军队建设的特点规律，对国防和军队建设提出了新要求。胡锦涛国防和军队建设思想是一个有机的整体，主要内容包括以下几方面。

（1）正确认识时代特征和国家安全形势的发展变化。

（2）在全面建设小康社会进程中实现富国和强军的统一。

（3）在国防和军队建设中落实科学发展观。

（4）围绕"三个确保"时代课题加强军队思想政治建设。

（5）坚持不懈地拓展和深化军事斗争准备。

（6）加快转变战斗力生成模式。

（7）加快全面建设现代后勤。

（8）实现武器装备的自主发展、跨越发展、可持续发展。

（9）加紧培养大批高素质新型军事人才。

（10）把依法治军、从严治军作为全局性、基础性、长期性工作紧抓不放。

（11）积极稳妥进行国防和军队改革。

五、习近平强军思想

党的十八大以来，以习近平同志为核心的党中央，把握强国强军时代要求，与时俱进创新党的军事指导理论，形成习近平强军思想。习近平强军思想是习近平新时代中国特色社会主义思想的重要组成部分，是党的军事指导理论最新成果，是坚持走中国特色强军之路、全面推进国防和军队现代化的行动纲领。这一思想是在中国特色社会主义进入新时代、世情国情军情发生深刻变化的历史条件下形成发展的，是从新时代强军事业全部实践中产生的理论结晶。

（一）习近平强军思想的指导地位

2017年10月，党的十九大在北京隆重召开。这次大会确立习近平强军思想在国防和军队建设中的指导地位，并郑重写入党章，实现了党的军事指导理论的与时俱进。在波澜壮阔的强军实践中，习近平强军思想彰显出巨大威力。这一思想指明了新时代人民军队的前进方向，对于建设巩固国防和强大人民军队具有重大政治意义、理论意义、实践意义。

1. 习近平强军思想开辟了马克思主义军事理论发展新境界

勇于在军事实践基础上推进军事理论创新，是我们党建军治军的重要优势。从毛泽东军事思想，到邓小平新时期军队建设思想、江泽民国防和军队建设思想、胡锦涛国防和军队建设思想，都极大地丰富了马克思主义军事理论的思想宝库，引领人民军队不断发展壮大。习近平强军思想，既坚持马克思主义关于战争和军事问题的基本观点，坚持我们党一以贯之的建军治军指导思想和方针原则，坚持人民军队特有的光荣传统和优良作风，又紧密结合新的时代特征和实践发展，深入回答强军兴军的重大理论和实践问题，深刻阐明人民军队如何赓续传统、保持本色，朝着什么目标奋进、建成什么样子，打什么仗、怎么打仗等一系列重大问题，为发展马克思主义军事理论作出了重大原创性贡献。习近平强军思想把我们党对国防和军队建设规律、军事斗争准备规律、战争指导规律的认识提升到新高度，实现了马克思主义军事理论中国化的新飞跃。

2. 习近平强军思想塑造了新时代英雄人民军队的样子

我们党在领导实现民族复兴伟大进程中，高度重视建设和掌握一支英雄的人民军队。党的十八大以来，在党中央、中央军委和习主席的坚强领导下，在习近平强军思想的科学引领下，我军恢复和发展了一些带根本性的东西，破除了许多沉疴积弊，强军事业取得历史性成就、发生历史性变革。全军在党的旗帜下铸牢军魂，坚定不移推进政治整训，全面深入贯彻军委主席负责制，严明政治纪律和政治规矩，确保在政治上永远过硬；全面加强练兵备战，以整风精神纠治"和平积弊"，坚决归正备战打仗工作重心，有效遂行重大军事任务，威慑和实战能力不断增强，以顽强斗争精神和实际行动捍卫了国家主权、安全、发展利益；自觉传承红色基因，大力弘扬我党我军光荣传统和优良作风，强力推进正风肃纪、反腐惩恶，老红军的本色得到回归。这些年，我军实现整体性革命性重塑、重整行装再出发，英雄的人民军队展现出新的时代风采，赢得了党和人民的高度信赖。

3. 习近平强军思想擘画了全面建成世界一流军队的方向路径

科学的军事理论历来对军事实践具有重大先导作用。习近平强军思想既扎根中国大地，又面向世界军事发展潮流，既坚守初心、不忘来路，又开拓创新、开辟未来，把全面推进国防和军队现代化纳入强军复兴大战略大布局，对实现党在新时代的强军目标、全面建成世界一流军队作出系统谋划。从战略安排看，提出确保到2027年实现建军一百年奋斗目标，力争到2035年基本实现国防和军队现代化，到21世纪中叶把人民军队全面建成世界一流军队；从基本任务看，要求我军全面推进军事理论现代化、军队组织形态现代化、军事人员现代化、武器装备现代化；从实现路径看，强调以机械化为基础、信息化为主导、智能化为方向，加快机械化信息化智能化融合发展。这样的战略设计，使未来几十年我军建设发展的图景更加清晰，为我军向着世界一流军队转型跨越提供了行动纲领。

4. 习近平强军思想立起了全军官兵奋斗强军的精神旗帜

列宁指出，从革命理论中能取得一切信念。推进强军事业，精神力量是最内在的支撑。习近平强军思想彰显中国特色社会主义信念，强固了共产党人、革命军人的精神支柱，给我们以强大信念和内在定力；贯穿爱党、忧党、兴党、护党的政治品格，立起了绝对忠诚的标准要求，奠定了广大官兵铁心向党、听从指挥的精神底色；饱含坚定的革命意志和强烈的历史担当，激发了敢于斗争、敢于胜利和强大精神力量，提振了新时代革命军人的精气神。坚持不懈用习近平强军思想铸魂育人，就能培养担当强军重任的时代新人，就能凝聚全军共同意志、汇聚形成磅礴力量，我们应对各种风险挑战、夺取新的伟大胜利就有了主心骨和定盘星。

（二）习近平强军思想的科学内涵

从整体上来认识马克思主义理论，才能更好地认清理论"整纲"、把握理论真谛。习近平强军思想立足新时代国防和军队建设实践，提出一系列新思想新观点新论断新要求，通篇贯穿马克思主义立场观点方法，以系统思维丰富发展了党的军事指导理论。

1. 习近平强军思想贯穿着强军兴军的鲜明主题

习近平强军思想形成的历史方位是强国强军的新时代，回答的时代课题是新时代建设一支什么样的强大人民军队、怎样建设强大人民军队，引领的军事实践是坚定不移走中国特色强军之路，把人民军队全面建成世界一流军队。可以说，强军兴军是党的十八大以来国防和军队建设全部理论和实践的主题。

这一主题，反映我们党建设强大人民军队的不懈追求，从建设强大的国防军，到建设一支强大的现代化正规化革命军队，再到建设巩固国防和强大人民军队，强军的决心意志一以贯之，强军的事业接续奋斗。这一主题，反映以强军支撑强国的时代呼唤，国防和军队现代化进程必须同国家现代化进程相适应，军事能力必须同实现中华民族伟大复兴的战略需求相适应。这一主题，反映赶上时代、比肩超越的雄心壮志，无论是抢抓世界新军事革命加速发展的机遇，还是解决我军存在的突出矛盾和问题，都迫切需要转型重塑、跨越发展。抓住了强军兴军这个主题，就抓住了理解把握习近平强军思想的魂和纲。

2. 习近平强军思想提出一系列原创性重大战略思想

这一战略思想,强调强国必须强军,巩固国防和强大人民军队是新时代坚持和发展中国特色社会主义、实现中华民族伟大复兴的战略支撑;强调党在新时代的强军目标是建设一支听党指挥、能打胜仗、作风优良的人民军队,必须同国家现代化进程相一致,确保到2027年实现建军一百年奋斗目标,力争到2035年基本实现国防和军队现代化,到21世纪中叶把人民军队全面建成世界一流军队;强调党对军队绝对领导是人民军队建军之本、强军之魂,必须全面贯彻党领导军队的一系列根本原则和制度,确保部队绝对忠诚、绝对纯洁、绝对可靠;强调军队是要准备打仗的,必须聚焦能打仗、打胜仗,创新发展军事战略指导,构建中国特色现代作战体系,全面提高新时代备战打仗能力,有效塑造态势、管控危机、遏制战争、打赢战争;强调作风优良是我军鲜明特色和政治优势,必须加强作风建设、纪律建设,坚定不移正风肃纪、反腐惩恶,大力弘扬我党我军光荣传统和优良作风,永葆人民军队性质、宗旨、本色;强调推进强军事业必须坚持政治建军、改革强军、科技强军、人才强军、依法治军,全面提高革命化现代化正规化水平;强调改革是强军的必由之路,必须推进军队组织形态现代化,构建中国特色现代军事力量体系,完善中国特色社会主义军事制度;强调创新是引领发展的第一动力,必须坚持向科技创新要战斗力,统筹推进军事理论、技术、组织、管理、文化等各方面创新,建设创新型人民军队;强调人才是推动我军高质量发展、赢得军事竞争和未来战争主动的关键因素,必须推动军事人员能力素质、结构布局、开发管理全面转型升级,锻造德才兼备的高素质、专业化新型军事人才;强调现代化军队必须构建中国特色军事法治体系,推动治军方式根本性转变,提高国防和军队建设法治化水平;强调必须坚持发展和安全兼顾、富国和强军统一,促进国防实力和经济实力同步提升,构建一体化的国家战略体系和能力。

这些重要论述深刻回答了新时代强军兴军的使命任务、奋斗目标、根本原则、根本指向、根本保证、战略布局、必由之路、强大引擎、根本大计、法治保障、重要路径等重大问题,涵盖新时代军队建设、改革和军事斗争准备各领域各方面,贯通军事力量建设和运用全过程,构成了习近平强军思想的主要内容。

3. 习近平强军思想蕴含强军打赢的科学方法论

习近平强军思想深刻揭示新时代人民军队的强军胜战之道,是辩证唯物主义和历史唯物主义在军事领域的生动运用。这一思想,丰富拓展了马克思主义战争观军事观,围绕战争与和平、军事与政治、发展与安全、威慑与实战、人与武器等重大关系,作出一系列创造性阐发,反映了军事领域普遍性矛盾的新变化,为我们认识把握军事规律、观察处理当代军事问题提供了科学思想武器。这一思想,生动运用人民战争战略战术和军事斗争艺术，丰富完善积极防御战略思想内涵，创新发展"你打你的、我打我的"、"灵活、机动、自主"、"充分发挥人民战争的整体威力"等军事原则，在领导我军重大军事斗争实践中形成了敢于斗争、善于斗争的谋略策略。这一思想，坚持完善我们党的科学思想方法和工作方法，坚持求实务实、问题导向、系统观念、底线思维、改革创新、强基固本，既部署"过河"的任务，又指导解决"桥"和"船"的问题，为认识、分析和解决问题提供了"金钥匙"。

习主席力倡力行的这些科学方法，贯穿着我们党实事求是的思想路线，体现了崇严尚实、担当任事的精神作风，展现出独具特色的理论品质和富有感召力的思想力量。

第四章
现代战争

学习目标

- 了解战争的内涵、特点、发展历程。
- 理解新军事革命的内涵和发展演变。
- 掌握机械化战争、信息化战争的形成、特征和发展趋势。

人类历史也是一部战争史,从人类历史演进的角度看,人类社会的更迭总是伴随着战争,战争与和平深刻影响着人类社会发展。马克思、恩格斯把这种暴力现象形象地比喻为"孕育着新社会的旧社会的助产婆"和"社会运动借以为自己开辟道路并摧毁僵化的垂死的政治形式的工具。"

第一节 战争概述

战争与和平问题是人类社会最大的问题。如何认识战争、遏制战争，实现人类的永久和平，是全人类共同奋斗的目标。

一、战争

战争是国家或政治集团之间为了一定的政治、经济目的，使用武装力量进行的大规模激烈交战的军事斗争，是解决国家、政治集团、阶级、民族、宗教之间矛盾的最高形式。

战争的根源问题，是战争观的基本问题之一。在西方国际关系理论中，现实主义者将战争的原因归结于权力，认为利益依靠权力界定，安全需要权力保障。无政府状态导致争夺权力的无序进行，所以战争爆发。自由主义者认为是威权主义或者说极权主义本身导致了战争。马克思主义战争观明确指出，阶级社会的战争根源于私有制和阶级利益冲突。马克思和恩格斯早在1845年共同创立唯物史观时就指出，那种把暴力、战争、掠夺、抢劫等"看作是历史的动力"的观点，"是同这种历史观完全矛盾的"。他们阐述说："按照我们的观点，一切历史冲突都根源于生产力和交往形式之间的矛盾。"从而揭示了战争产生的深刻的社会历史原因。他们在《共产党宣言》等著作中一再申明，人类社会的一切历史冲突，归根到底都根源于社会经济的矛盾运动之中，即根源于生产力和生产关系的矛盾运动之中；暴力关系归根到底根源于经济关系，而这些经济关系是不能通过政治途径被简单排除掉的。

概言之，战争的深刻根源，就在于对抗性的经济利益冲突。在以私有制为基础的阶级社会中，阶级与阶级、民族与民族、国家与国家、政治集团与政治集团之间发生的战争，尽管有政治斗争、意识形态矛盾等复杂原因，但体现为阶级对立的经济利益的对抗性冲突则是最根本的原因。阶级社会战争，归根到底是由对立阶级之间的对抗性经济利益的冲突引发或派生的。

二、战争的本质特征

战争作为一种特殊的人类社会历史现象，具有自身独特的本质特征，主要表现为战争的暴烈性、从属性、集团性和概然性或偶然性等。

（一）暴烈性

战争是残酷的武装冲突，是互相残杀的怪物，它是"以剑代笔"的政治，"流血"是战争的一个显著特征。普鲁士军事理论家卡尔·冯·克劳塞维茨认为战争具有暴烈性，他指出："战争本身就不是什么仁慈的行为"，"如果说流血的屠杀是残酷可怕的，这只能使我们更加严肃地对待战争"。战争这种显而易见的暴烈性是历史上所有战争反映出的一种共同属性。原始社会氏族部落之间的战争虽然规模小、时间短，但残酷性不亚于现代战争。恩格斯指出："在这以前人们不知道怎样处理战俘，因此就简单地把他们杀掉，在更早的时候甚至把他们吃掉。"在原始社会里，胜利的一方将失败的一方全部杀掉或吃掉是结束战争的一种方法。随着经济的发展，武器装备的变化，武器杀伤威力的增大，战争的暴烈性就更突出了，两次世界大战就反映出这一点。最近发生的几场局部战争，使用精确制导武器减少了附带伤亡，但也不可能避免人员和财产的损失。只是做到不该打的尽量不打，应该打的尽量做到要准、要狠。因此，不管过去、现在或将来，只要有战争就是残酷的暴烈性行为，这是战争区别于其他事物的显著特征。

（二）从属性

战争是政治斗争发展到非常时期所出现的一种特殊阶段，并以排除政治发展的最严重的障碍为职能，所以，战争是政治斗争发展的一种极端形式。政治斗争发展到战争，就其形式而言，已经发展到了极端的状态，再没有比这种形式更能体现斗争的剧烈程度。然而，这种形式的极端状态正是以政治斗争的尖锐或剧烈程度为内容的。所以，这种形式的极端性说明了政治内容本身发展极端性，以及战争形式和政治内容联系的特殊性，战争并没有因此而使自己独立。克劳塞维茨把"作为政治工具的从属性"作为战争性质的基本特征。这种"从属性"再精辟不过地概括出了战争的社会本质。明确战争的"从属性"，就要反对战争问题上的形而上学或绝对主义，正如毛泽东同志指出："一句话，战争一刻也离不了政治。抗日军人中，如有轻视政治的倾向，把战争孤立起来，变为战争绝对主义者，那是错误的，应加纠正。"

（三）集团性

战争不是单个人或少数人的暴力行为，而是社会集团为了一定目的而采取的有严格组织的行为。战争就是民族、阶级、国家或政治集团（包括国家联盟）的暴力行为。在各个不同的历史时期，战争为不同的社会集团的利益和目的服务。共同的利益和目的是形成社会集团的基础。战争的集团性是进行战争或谈论战争最起码的条件。如果离开了社会集团性来论述战争问题，就会抹杀战争的社会性和阶级性，把战争的概念弄得面目全非。单个人或少数人，甚至动物界都会发生暴力行为，其形式都具有战争暴烈性的特点，但这不是战争。例如，有的国家少数人采取暴力行为把国家首脑逮捕，夺取了政权，这种使用暴力手段迫使对方服从自己意志的行为，与战争有着严格的区别。主要的区别之处，就是这种暴力行为不是社会集团之间的暴力行为。战争的集团性特征是区别于一般暴力行为的一个重要标志。

（四）概然性或偶然性

在现实世界中偶然事件发生的可能性也是有规律的，根据大量现象可以估计偶然性事件发生的可能性的大小，这样的可能性称为概然性。偶然性是指有可能但又不是必然的性质，可能出现也可能不出现，并非必定如此的不确定趋势。18世纪，时任法国元帅萨克森指出："战争是蒙着一层阴影的科学，在这样的阴影之下，人们每走一步都如履薄冰，如临深渊……一切科学都有自己的原理，唯有战争还毫无原理。"克劳塞维茨指出："在战争中获得的大部分信息都是相互矛盾的，另外一部分则是错误的，而且剩下的那一部分也是让人充满怀疑的。"我们常说"战争中的偶然性""战争结果的不可重复性""战争中的迷雾""兵无常势，水无常形"，不确定性是战争的本质属性。因为战争的胜负关系到你死我活，必然要有意地隐蔽己方的意图和行动去破坏规律、破坏平衡，不会按照常规出牌，而得到出其不意的效果。

三、战争形态的演变

人类在有文字记载的5 000多年历史中，经历的大大小小的战争近15 000次。纵观人类战争史，战争形态和作战样式，总是随着时代和社会生产力的发展而不断变化。

（一）冷兵器战争

冷兵器，是一个时间概念。它指的是从军队和战争产生时起，直到黑火药发明并被广泛应用于战场的这一历史阶段。时间跨度大约从公元前21世纪到公元18世纪，大致跨越了人类社会发展过程中的奴隶社会和封建社会两大社会形态。冷兵器时代战争主要有以下几方面的特点。

首先是兵器从生产工具中分离出来，成为专门从事战争的工具（见图4-1）。在金属出现以后，随着社会分工的发展和生产技术的改进，不仅兵器的制造日益精良，性能有了大幅提高，而且兵器的分类也开始细化，每种兵器各具某种特定的功能。例如，弓箭强调射程、准确度和穿透力，刀剑强调锋锐度，铠甲强调防护力。随之而来的是军队内部出现专业分工，产生了不同的兵种，例如主要担任射击的弓箭手、肉搏格斗的重步兵、冲锋陷阵的车兵，以及主要负责突击和侧翼包抄的骑兵。从此，军队开始编组成不同的阵式投入战斗，而不再是一拥而上进行混战，早期诸兵种协同作战方式由此出现。总之，随着金属兵器的出现和发展，军队的作战手段、作战方式和部队编制都出现了革命性的变化。

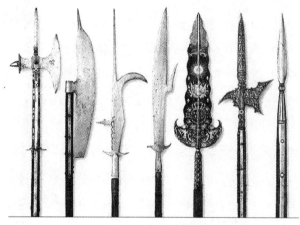

图4-1　各种冷兵器

其次是出现了独立的军事组织。人类进入金属时代之后，由于生产力的提高，生产关系也随之发生变化，出现了私有制。原始社会由此解体，人类进入了奴隶制社会，并大致经历了从奴隶制城邦到封建诸侯领地，最终走向中央集权的君主制国家的发展道路。统治者为了对内镇压奴隶或平民的反抗，对外扩张领土或抵御侵略，迫切需要一个组织完善、能有效执行其意愿的暴力工具。于是，军队作为一种独立于生产领域之外的特殊社会组织出现了，并逐步从奴隶制社会初期兵民合一的民军，发展演变成封建社会主要由自由农民组成的封建军队。

由于军队的出现及其不同兵种的诞生，对军事指挥提出了越来越高的要求。世界各国逐渐形成了文武分设的官僚体制。在古代中国，还对军队的管理权和指挥权进行了区分。军队中出现了如十人队、百人队（西方）或行、什、伍（中国）这样的早期编制。于是，军队中的组织结构、建制关系和作战指挥体系便初具雏形。此外，各国的军事家、史学家还通过撰写回忆录、战史著作和兵书，对战争经验进行总结提炼，在此基础上，古代兵学也随之发展起来。

（二）热兵器战争

热兵器战争，主要指使用以火药能释放为机理的枪、炮等火器所进行的战争。火器时期，大约发端于10世纪的中国，兴盛于14世纪的欧洲，延续到19世纪的世界各国。唐朝末年的10世纪初，中国首先将火药用于军事，开始利用火药制造一种全新的兵器——火药兵器（简称火器）。宋代，先后制造出燃烧性火器、爆炸性火器和管形火器，以及利用火药燃气反作用力推进的火箭。管形火器的发明，是火器史上的一大进步。南宋开庆元年（1259年），制造出能发射子窠的竹制管形射击火器，即突火枪。元代，发明了金属管形射击火器，即火铳，开始了火器发展的崭新阶段。明代初期，火箭技术迅速提高，出现了种类繁多的火箭兵器。除制造大量手铳和大口径碗口铳外，开始制造大口径铜炮、铁炮，把火炮制造技术提高到一个新的水平。

自13世纪中国的火药和火器技术传入欧洲以后，欧洲国家对黑火药的成分、配方进行研究，使火药技术得到改良，制造出威力更大、使用更安全的火药。火药技术及数学、几何学、力学和冶铁、制造等科学技术的不断发展，使火枪等武器诞生。同时，数学、力学的研究成果，又促使射击理论和射击技术不断发展，使火枪、火炮的实战性能大幅度提升并得到广泛应用。14世纪中叶，欧洲研制出从枪管后端火门点火发射的火门枪；15世纪，研制出最早采用机械点火装置的火绳枪，火炮制造技术也得到迅速发展，研制出发射铸铁弹的火炮；16世纪，创制了利用"火石"与铁器撞击点火发射的燧发枪；17世纪，研制出身管内壁有膛线的火炮，即线膛炮；17世纪末，欧洲燧发枪已普遍装上了刺刀，既可用于刺杀，也可用于射击，从而使冷兵器逐渐退出战场，主战兵器代之以火药能释放为主要机理的枪、炮等武器，以此进入热兵器战争时期。

化学能和士兵的技能成为热兵器战争制胜的主导因素。火药技术的发明将战争由冷兵器战争推进到热兵器战争。科学技术的发展，化学能开始取代机械能成为武器投送的主要方式，通过将火药的化学能转换成瞬间爆发的热能，实现了能量形式质的突破，使热兵器的杀伤力得以数倍、数十倍地提高。火枪、火炮成为战争使用的关键性武器。热兵器战争从近战开始转入远战，实现了从兵力搏杀向火力突击的转变。与冷兵器不同的是，热兵器威力的充分发挥，不是取决于士兵的体能，而是如何控制操作武器的技能。因此，热兵器时期敌对双方较量的重心由士兵的体能过渡为士兵的技能。这一时期战争的战略目标为制城权，火力打击构成了敌对双方作战能力的主导因素，火力优势、火力射程和火力打击的效能成为战争制胜的关键。

机械化战争和信息化战争仍是我们这个时代发生的战争形态，本书在本章的第三节和第四节将详细介绍。

第二节 新军事革命

当今世界，在以信息技术为核心的现代技术推动下，军事领域正在发生着一场新的军事变革，即新军事革命。这场军事变革的实质，是一场以信息化为主要特征的军事信息化革命。其产生的主要动因与现代技术的发展密切相关。随着现代技术的进一步发展，当前这场新军事变革已进入到一个新的质变阶段，并将发展成为一场遍及全球、涉及所有军事领域的深刻革命，将对世界军事形势、国际战略格局乃至战争形态的演变产生深刻影响。

一、新军事革命的概念

新军事革命，亦称新军事变革，是指在人类社会从工业时代走向信息时代的变革过程中，在以信息技术为核心的现代技术迅猛发展推动下，将信息化武器系统、创新的军事理论和变革的体制编制有机地结合在一起而形成的能彻底改变旧作战方式，极大地提高军事效能的军事革命。简单地说，新军事革命是指世界军事由工业时代的机械化军事形态向信息时代的信息化军事形态的全面转型。理解新军事革命的含义，可以从以下三个方面把握。

1. 新军事革命是整个社会变革的重要组成部分，必须从社会整体变化来认识新军事革命

社会是军事的母体，军事是社会的重要领域。一定的军事形态是一定的技术社会形态在军事领域的反映。任何作战方式，都可以在相应人类社会生产方式中找到自己的影子。如美国著名未来学家阿尔文·托夫勒就认为："新文明向旧文明挑战，整个社会转变，促使武装力量从技术和文化到编制、战略、战术、训练和后勤等方面都发生变化，这就出现了军事变革。"在人类历史上，技术社会形态完成过两次变化，一次是由游牧社会向农业社会过渡，另一次是由农业社会向工业社会转变。随着这两次技术社会形态的转型，也出现了三次全面军事革命，即冷兵器军事革命、热兵器军事革命和机械化军事革命。现在，技术社会形态正在发生第四次大革命，世界正处于由工业社会向信息社会的过渡时期,因此也必然出现第四次世界性的全面军事革命。也就是说,这次军事革命是由信息社会孕育出来的,是信息社会的产物。

2. 新军事革命是科学技术发展和应用的必然结果,必须从现代科学技术的发展来认识新军事革命

总结来看,人类历史上每一次军事变革都是由关键技术的突破引发的。作为知识经济时代的特征和标志,当今世界,信息技术无处不在、无时不有,达到了空前普及的程度。信息已经成为现代社会最重要的战略资源之一。以色列学者马丁·范·克里沃尔德认为:"把技术发展适当地用于装备、训练、编制和学说中时,提供了一个决定性的优势,这就是军事革命。"美国战略和国际问题研究中心的分析报告指出:"一场真正的军事革命是把先进的技术与正确的学说、编制结合在一起,使武器发挥最大效果。"事实也是如此,特别是以信息技术为核心的现代技术在军事技术领域的广泛运用,直接带动了精确制导技术、遥感和探测技术、卫星通信和卫星预警技术、全球定位导航技术、隐身技术、激光技术、夜视技术、电子对抗技术等一系列军事高技术的出现和迅猛发展。以此为基础,精确制导武器、高能激光武器、粒子束武器、隐身武器、自动化指挥控制系统、红外传感装置、全球联合定位攻击系统等一大批高新技术武器装备大量涌现。这些崭新的技术武器装备的出现,彻底改变了现代战争的面貌。毋庸置疑,现代科学技术是新军事革命的物质基础,新军事革命是现代科学技术在军事领域广泛应用的结果。

3. 新军事革命是军事领域的整体变革,必须从军事发展的全局来认识新军事革命

美国前国防部长威廉·佩里指出:"军事革命是采用新技术同创新的作战理论和组织体制改变相结合,是从根本上改变军事行动特点和进行方式的过程。"总的来看,新军事革命包括三个基本要素:先进的武器系统、创新的军事理论和变革的体制编制。每个要素都是军事革命的必要条件,但不是充分条件。它们各自并不能独立地导致军事革命的真正实现,只有当它们同时出现并有机地结合在一起时,军事革命才能真正地发生。其中,先进的技术及武器系统是军事革命的前提条件和物质基础,是军事革命的"硬件"。没有这些硬件,军事革命就无从谈起。创新的军事理论是军事变革的灵魂,是军事变革的"软件"。它不但决定先进的技术和武器系统这些"硬件"如何运行,发挥其具体功能,而且决定其如何相互作用,以发挥其最大的效能。变革的体制编制是先进的武器系统、创新的军事理论的具体体现,是把军事变革的"硬件"和"软件"有效地结合在一起,并发挥出最佳功能的关键。总之,新军事革命不是一个孤立的事件,而是一个整体的过程。只有当先进的技术和武器系统与创新的军事理论以及变革的体制编制正确、及时地结合在一起时,新的军事革命才会出现。

二、新军事革命的主要内容

新军事革命是人类文明由工业时代向信息时代转变的产物,是当代国际综合国力竞争在军事领域的反映,是以夺取并保持绝对军事优势为目标,以现代技术特别是信息技术的飞速发展为动力,通过"系统集成"和"虚拟实践",最终实现军事体系由机械化向信息化转变的过程。新军事革命的本质与核心是信息化。其目的是建设信息化军队,打赢信息化战争。

(一)创新军事技术,实现武器装备的信息化

武器装备的断代性发展,是军事领域出现革命性变化的重要标志。现阶段,主要是应用信息技术成果对现有武器装备进行改造,同时研制和发展新型信息化武器系统,从而实现武器装备的网络化、一体化和智能化。目前,发达国家军队已经实现了高度机械化和部分信息化。同时,在战争中大量使用经过信息化制造和改造的精确制导武器(见图4-2)。2003年5月,伊拉克战争结束不久,时任美国副总统切尼就宣布:"从战场投放的精确制导弹药占总投弹量的比例看,海湾战争是9%左右,这次伊拉克战争则占到68%。"信息化武器装备已成为现代战争的主战装备。

图4-2 美军飞机投掷精确制导弹药

(二)创新体制编制,重组军队组织结构

一场军事革命的完成,是以军队组织结构调整的最终实现为标志。调整改革军队的体制编制,是实现人与武器有机结合,最终完成军事变革的关键。世界各国为适应

世界新军事革命的发展，高度重视优化军队的内部结构，使军队的体制编制向着精干、高效、合成的方向发展。总的趋势是，压缩常备军规模，裁减一般部队，增编技术密集型军兵种部队，使军队向小型化、多能化、一体化方向发展。现阶段，主要是建设便于灵活组合的中小型模块式部队，建立适合信息快速流通的扁平式作战指挥体制。伊拉克战争中，美军在指挥上，改变了以往各军兵种分别指挥的方式，由联合作战中心实行一体化指挥；在保障上，改变了以往逐级实施的方式，由后方基地统供，直接投送到前沿部队和分队，这就是所谓的"聚焦后勤"。

（三）创新军事理论，推动军队建设转型

随着高新技术武器装备的发展，传统的战争理论、作战原则以及战略、战役、战术之间的关系等都随之发生变化，出现了一些建立在新的物质基础之上的军事理论。例如，信息化战争理论、联合作战理论、精确化作战理论、非对称作战理论、空间作战理论、非接触作战理论和网络中心战理论等。在伊拉克战争中，美军所使用的"快速决定性作战"理论，就是一种全新的作战理论。它强调作战行动必须充分利用信息化装备优势，采取"远程精确打击＋小规模地面快速突击"的新战法，尽快由有限规模的战役行动达成战略目的。通过实战检验，这一理论得到了充实验证，说明适应信息化战争要求的创新军事理论是完全必需的，并要根据新的军事理论完成军队由机械化向信息化转型。

（四）创新作战方式，适应新的战争形态

20世纪90年代以来，非接触、非线式、非对称作战日益成为重要作战方式，网络中心战、太空攻防战等也开始登上实战舞台。美军在伊拉克战争中所采用的基本作战方式就是非接触、非线式、非对称作战。这种作战方式不再是逐次突破推进，而是一开始就超越防御地带和自然地理屏障，直接对敌战役和战略纵深目标实施中远程精确打击，通过瘫痪对方的整个作战体系、摧毁对方的战争潜力和国家意志来达成战略目的。2003年3月20日凌晨伊拉克战争一打响，美军第3机步师就从科威特出动，第二天便深入伊拉克腹地160千米，5天内急进400多千米，直插巴格达外围。不少人认为，这样用兵是孤军冒险。其实，这正是为了以最快的速度推翻萨达姆政权。这种"闪电"行动，使伊拉克军队来不及纵火油田、炸毁桥梁、设置交通障碍，更来不及组织坚强有力的巴格达防御战。因此，创新作战方式是适应战争形态发展的需要，必须灵活多变。

三、新军事革命的发展趋势

科技创新永无止境,军事革命也不会停止脚步。目前,世界新军事革命仍在深入发展之中,在可以预见的未来将呈现以下发展趋势。

(一)人工智能技术发展将催生智能化战争

人工智能,是一种机器智能,是由机器来仿真或者来模拟人智能的系统或者学科。人工智能可以部分或全部替代人类进行推理、认知、规划、学习、交流、感知、移动、操作等。1996年和1997年,IBM公司开发的"深蓝"计算机两度战胜世界象棋棋王卡斯帕罗夫。2016年和2017年,由谷歌公司研发的阿尔法狗分别战胜世界围棋高手韩国的李世石和中国的柯洁。在人工智能技术打造的武器装备支撑下,智能风暴将席卷军事领域的一切,强制性地构建起以人工智能为核心的战争体系,形成一种新的、与智能时代相适应的战争形态——智能化战争。智能化战争的基本特征有:智能化首先表现为无人化,智能化作战的本质是自主化作战,智能化作战的内在是能够实现作战体系的快速重构,智能化作战强调以巧制胜。

(二)高超音速武器发展将改写传统战争规则

高超音速武器,是指飞行速度超过5倍声速(5马赫)的武器,将是继螺旋桨、喷气推进器之后航空史上的第三次革命性成果。高超音速飞行器本身,具有飞行高度高、航程远、突防性强等多种优势。常言道:"天下武功,唯快不破。"目前现役的防空系统配备的计算机难以追踪时速超过5 000千米(5马赫以上音速)的超高音速飞行物,而且无法预算不断变化的飞行弹道,现役的防空反导武器的雷达均不能连续、稳定地跟踪高超音速武器,也就谈不上有效地拦截、抗击。因而,高超音速武器被称为战争规则的改写者。代表性的高超音速武器有:俄罗斯的"先锋""匕首""锆石"高超音速巡航导弹、"萨尔玛特"战略导弹等,中国的"东风-17"弹道导弹等。

(三)信息技术新突破将全方位提升体系作战能力

大数据技术提升战场的"透明度"。大数据是指无法在一定时间范围内用常规软件工具进行捕捉、管理和处理的数据集合;是需要新处理模式才能具有更强的决策力、洞察发现力和流程优化能力的海量、高增长率和多样化的信息资产;表现为规模巨大、种类多样、内在关联的数据集,趋向于接近真实世界。美军积极提高数据分析智能化、自动化水平、大幅压缩"发现——决策——打击——评估"周期，显著加快作战节奏。

物联网助力战场"万物互联"。物联网是一个基于互联网的基础上，通过各种高科技传感器实时采集需要连接的物体的过程，并在过程中采集物体的光、电和位置等信息，让所有能行使独立功能的普通物体实现互联互通的网络。军事物联网通过多种信息传感器系统，将天基、空基、陆基、水面和水下传感器平台与信息网络链接，为实现战场实时监控、目标探索定位和战场态势评估提供支撑，从而达成战场的透明感知。

量子技术和区块链技术颠覆传统探测及通信手段。量子雷达是基于量子力学基本原理，主要依靠收发量子信号实现目标探测的一种新型雷达。量子雷达具有探测距离远、可识别和分辨隐身平台及武器系统等突出特点，未来可进一步应用于导弹防御和空间探测，具有极其广阔的应用前景。作为洞察未来战场的"千里眼"，量子雷达技术势必掀起各军事强国变革雷达技术的时代潮流。量子通信是指利用量子纠缠效应进行信息传递的一种新型的通讯方式，是量子论和信息论相结合的新研究领域，主要涉及量子密码通信、量子远程传态和量子密集编码等，几乎是不可破译的，可为军事通信提供全新手段。量子计算是一种遵循量子力学规律调控量子信息单元进行计算的新型计算模式。从计算的效率上，由于量子力学叠加性的存在，远超传统计算能力，为解决信息化战争的各类复杂问题提供了技术途径。区块链技术是利用块链式数据结构来验证与存储数据、利用分布式节点共识算法来生成和更新数据、利用密码学的方式保证数据传输和访问的安全、利用由自动化脚本代码组成的智能合约来编程和操作数据的一种全新的分布式基础架构与计算范式的新兴网络应用模式，可在"去中心化"网络环境下，提供安全的数据处理、存储和传输。

（四）生物工程技术发展将开辟微观作战空间

生物工程，一般认为是以生物学（特别是其中的微生物学、遗传学、生物化学和细胞学）的理论和技术为基础，结合化工、机械、电子计算机等现代工程技术，充分运用分子生物学的最新成就，自觉地操纵遗传物质，定向地改造生物或其功能，短期内创造出具有超远缘性状的新物种，再通过合适的生物反应器对这类"工程菌"或"工程细胞株"进行大规模的培养，以生产大量有用代谢产物或发挥它们独特生理功能的一门新兴技术。

一旦掌握了人的生理、心理功能与微观世界的基因、蛋白质、细胞、激素等确定性关系，从微观领域发动攻击将成为现实可能。以往的生化武器杀伤巨大、后果难控，使用价值有限，而现代生命科技发展能够赋予生物武器以精确杀伤、有限杀伤和可逆杀伤等能力，使其作战运用精准可控。未来生物作战的目标也将由杀伤敌人转为瘫痪、控制敌人，即以可控的生物武器令敌方丧失抵抗意志或能力，而不是夺其性命。基因工程以实现人工改造基因、人工定向合成基因，并能够研制针对特定人种的基因武器为目的。生物领域的斗争与其他领域相比，具有以下突出的特点：作用机理特殊，斗争样式复杂，后果影响深远，技术手段科技含量高，有效防御艰巨。

（五）空间技术发展将促使太空军事竞争愈演愈烈

早在20世纪60年代空间技术的发展还处于萌芽状态，时任美国总统约翰逊就断言："比起任何终极武器（核武器），还有更重要的东西，那就是终极位置（外太空），谁取得了这一终极位置，谁就能控制——完全控制——地球"。

随着空间技术的发展，太空除了为联合作战提供侦察、监视、通信、定位、导航、预警和指挥等作战保障作用之外，太空攻击武器将逐渐走向实战化，太空已经成为新的军事"高地"。环绕在地球轨道上的太空武器，不仅可以摧毁处于太空的敌方卫星，还能够对地面目标进行攻击。太空攻击武器主要包括动能武器、定向能武器（激光、微波、粒子束武器）、空天飞机等。

第三节 机械化战争

机械化战争开始于20世纪初，贯穿于整个20世纪，它开创了世界军事史上的新纪元，其规模之大，程度之激烈，史无前例。机械化战争深刻影响了近现代世界军事发展，人类历史上的两次世界大战都爆发在机械化战争时代。

一、机械化战争内涵

机械化战争，是指主要使用机械化武器装备及相应作战方法进行的战争。机械化武器装备，是以机械动力为主要驱动力，以火力、机动力、防护力为主要战术技术指标的各种装备的统称，如工业化生产的坦克、自行火炮、水面舰艇、潜艇、战斗机、轰炸机等。

主要依托建制内装甲战斗车辆等机械化装备实施机动和作战的部队，以机械化步兵或坦克兵等为主体的诸兵种合成部队，被称为机械化部队。机械化部队的典型作战方法是大规模集群作战、远距离快速机动作战、大范围纵深攻击作战等。交战双方往往构筑阵地，沿着一定的作战线，进行密集的火力交锋。为了打击一个目标，具有机械化作战能力的部队通常使用大量飞机、坦克、火炮等武器，投射大量弹药，进行猛烈轰炸，实施大范围的火力覆盖。

机械化战争是随着工业时代来临而产生和发展的。自19世纪末20世纪初，人类科学技术获得新的进步，以重工业为重点，以大机器生产为特征的新工业革命发展迅速。相应的，军事科技也获得同步的发展，速射机枪、坦克、飞机、潜艇、航空母舰、无线电设备等一大批机械化武器装备相继问世。与此同时，坦克兵、化学兵、潜艇部队等新的兵种出现，空军诞生并逐步发展为独立军种，军队编制体制走向大型化、合成化和摩托化，坦克战、化学战、电子战以及空中作战等迅速成为重要的作战方式。所有这些，都使得战争面貌发生重大变化，人类由此步入了机械化战争时代。

在20世纪初世界上发生的战争中，已经带有较为明显的机械化战争的特点。第一次世界大战中，机械化战争形态获得飞速发展，到第二次世界大战时期，机械化战争已经逐渐发展至成熟阶段。自20世纪中叶以后，机械化战争形态仍然继续向前发展演变。不同的战争形态，在时间上不是截然分开的，而是有一个相互交叉的历史过程。虽然近几十年来，在机械化战争形态的"母体"中，信息化战争形态被孕育出来，并不断趋于成熟，但在许多战争实践中，仍然表现出较强的机械化战争的特征。21世纪的今天，人类的许多战争活动，仍然受到机械化战争的影响。

二、机械化战争的基本特征

机械化战争在战争史中只有百年历史，但却是具有重要历史地位，对军事发展产生深远影响的战争形态。机械化战争是工业时代战争的基本形态，相比较其他时代的战争形态，表现出以下特点。

1. 科技革命是机械化战争形成和发展的根本动力

18世纪中期的第一次工业革命，出现了蒸汽动力船，造就了现代海军；蒸汽机车和铁路的实际运营，增强了军队的战略机动能力。19世纪下半叶，以重工业为重点，以大机器生产为特征的第二次工业革命，推动了速射机枪、坦克、飞机、潜艇、航母、无线电等自动化、机械化武器的竞相问世。20世纪中叶，以人类对微观世界的认识以及对核能的掌握和利用为特点的新一轮科技革命，使核战争以及核威慑条件下的常规战争成为机械化战争的重要阶段。与以往的火器、火炮等热兵器相比，机械化兵器构造更加复杂，火力毁伤性能更加强大，机动性能大幅度提高。

2. 战争规模无限扩大

机械化时代的战争已不仅仅是军队的事情，而是将整个国家、整个社会都卷入了。人们把第一次世界大战看作是人类进入总体战争或称"无限战争"时代的开始，而第二次世界大战则把这种战争推到了顶点。在总体战争时代里，人类以空前的规模和速度把最先进的科学技术全都用于作战，把整个国家的人力、物力全都投入到战争之中，战争已经没有前后方之分，并成为整个国家和民族在军事、政治、经济、科技、思想、文化等诸多方面的全面较量，机械化战争中人、财、物的直接消耗和间接消耗非常大。因此，机械化时代的战争不仅具有空前的规模，也具有空前的毁灭性。

3. 战争影响深远

在军事理论方面，总体战、大战略、空军制胜论、大纵深作战理论以及人民战争思想等一系列新的军事思想随着机械化战争形态的发展而产生。它们为多个国家、多个军种参加的大规模战争提供了战略指导，为新型作战样式的实施提供了理论依据。在经济和技术发展方面，机械化战争的巨大需求一定意义上推进了工业化的发展，增强了有关国家的经济实力。同时，在机械化战争需求的刺激下，控制论、概率论、弹道学、空气动力学、雷达、航天技术、火箭制造等基础理论和先进技术发展起来。电子计算机、集成电路、卫星、因特网都是因为军事需要而产生并首先在军事领域得到了应用。在国际格局方面，机械化战争，特别是两次世界大战以及第二次世界大战后的局部战争（如朝鲜战争、越南战争），促进了国际政治格局的形成与变化。

4. 作战编成合成化

相对而言，冷兵器、热兵器时代军兵种数量较少，军队构成较为简单。而在机械化战争条件下，由于空军、装甲兵部队等新的军兵种的出现，军队的构成比以往更加复杂。在战争过程中，也往往需要多个军兵种共同行动。而电报、电话、无线电等通信工具的使用，使得军队指挥也比以往更加便捷，战争指导者可以更加快速有效地对各军兵种进行指挥。于是，军队体制编制得到重新调整，在一个作战集团内往往合成编配多个军兵种，空地协同、步坦协同等合同战斗方式得到普遍应用。

两次世界大战是机械化战争形态发展进程中的重要实践，同时也促进了机械化战争形态的发展成熟。在战争中，新型的机械化武器装备层出不穷，技术不断进步，作战性能得到迅速提升；军队构成发生重要变化，体制编制合成化程度不断提高，尤为突出的是战场范围空前扩大，破坏和消耗是以往任何战争都不能比拟的。战争在客观上促进了科学技术的进步，但也对人类社会造成巨大的伤害。法西斯分子利用军事科技的进步，组建装甲集群等机械化部队，通过闪击战等方式发动侵略性战争，给其他国家带来巨大的战争灾难。尤其是第二次世界大战后期原子弹研制成功并用于实践，产生了令全世界人民为之震撼的影响。这些都使人们对军事科技进步的后果产生深刻的反思，从而对战争形态的发展走向起到了重要的影响。

第四节　信息化战争

科学技术的快速发展及其在军事领域的广泛应用，推动了武器装备的发展和作战方式的演变，一种充分利用信息资源并依赖于信息的战争形态逐渐形成，这就是信息化战争，逐步取代了机械化战争，成为现代战争的基本形态。

一、信息化战争的内涵

目前，中外学者对信息化战争有几种不同的说法。例如，美国社会预测学家托夫勒从人类社会文明演进的角度，将信息化战争称之为"第三次浪潮战争"；俄罗斯著名军事理论家斯里普琴科从战争所使用的武器装备发展的角度，将信息化战争称之为"第六代战争"，即"非接触战争"。美国国防大学前校长认为，信息化战争是以夺取决定性军事优势为目的，以实施信息管理和使用为中心而进行的武装斗争，具体内容包括：夺取信息优势，反信息获取，利用信息优势摧毁、破坏、瘫痪敌信息基础设施等。我军信息战理论研究的著名学者沈伟光认为，信息化战争广义上是指对垒的军事集团抢占信息空间和夺取信息资源的战争，狭义上是指战争中的交战双方在信息领域的对抗。2011年版的《中国人民解放军军语》中对信息化战争的定义是：依托网络化信息系统，使用信息化武器装备及相应作战方法，在陆、海、空、天和网络电磁等空间及认知领域进行的以体系对抗为主要形式的战争，是信息时代战争的基本形态。

作为一种全新的战争形态，目前军事学术界一般认为，信息化战争是指发生在信息时代，以信息技术为基础并以信息化武器装备为主要战争工具和作战手段，以系统集成和信息控制为主导，在全维空间内通过精确打击、实时控制、信息攻防等方式进行的瘫痪和震慑作战。简要地说，广泛使用信息化的武器装备，通过夺取信息优势和信息权取得胜利的战争，就可以称为信息化战争。

二、信息化战争的演变和发展

纵观人类战争形态的任何变化,都是发轫于军事技术和武器装备的变革。20世纪70年代以来,现代科学技术的迅猛发展及其成果在军事领域的广泛应用,信息化战争将经历作战单元的数字化、作战体系的网络化和战争过程的智能化三个阶段。

(一)作战单元的数字化阶段

所谓数字化,就是将各种文字、图形、图像、声音等信息首先转为"0"和"1"二进制数序电信号,经计算机编码处理,由数字信息设备转送到用户后,再由计算机还原成所需要的文字、图形、图像、声音、数据或控制指令的信息处理过程。计算机是对数字化的信息进行处理、存储和传递,用离散的数字量表现现实世界的模拟量。因此,信息化在某种意义上就是将信息数字化。在军事体系中,数字化是信息化的必备条件,利用这一技术改造非数字化作战单元,或研制开发数字化作战单元,使各作战单元具有介入作战体系化的功能。这是实现作战体系网络化的基础。

数字技术在计算机、通信系统、软件系统、传感器系统、定位系统等多方面广泛应用,使战争中武器的控制能力显著增强,反应速度明显加快,精确度大幅度提高,从而把战争推向了精确作战的新时代。这是信息化战争发展的第一阶段,时间上大致从1959年第一代野战数字化炮兵计算机问世到海湾战争结束。

(二)作战体系的网络化阶段

所谓网络化,就是利用信息技术和计算机技术,把若干个数字化作战单元联成网络,实现局部的一体化,通常称之为局域网,是信息化的结构形态和物质基础,是实现作战体系化的中间环节和必备条件。随着网络系统集成程度的提高,各局域网之间的"篱笆"被不断拆除,越来越深入地融入更大的体系,即通过对众多作战子体系实施综合集成,实现各数字化单元之间到各子体系的无缝链接和信息顺畅流动,形成一体化的作战体系,从而最大限度地发挥所有作战力量的整体效能。网络化的最终结果是实现整体作战体系的网络一体化,战争的对抗将真正变成交战双方体系与体系的对抗。

在科索沃战争、阿富汗战争和伊拉克战争中,美军的电子战系统、卫星通信系统、机动用户设备和全球定位系统,都显示了非凡的功能,使这几场局部战争因此而显示出鲜明的网络化特征。信息化战争走向网络化阶段,最突出的特征是被标记就意味着被摧毁。

（三）战争过程的智能化阶段

所谓智能化，是数字化和网络化的延伸、信息化的高级阶段，实质是在数字化和网络化的基础上，通过加入智能化因素，使作战体系实现自动化。智能化阶段，在武器单元、指挥决策、作战行动等方面都将具有较高的智能化水平。

智能化武器装备，除能自动寻找攻击目标外，还有一定的逻辑分析、对比和识别能力，在实施攻击时，不仅可以进行威胁判断、多目标选择和自适应抗干扰，能自动选择最佳命中点、自动寻找目标最易损、最薄弱的部位，以获取最高作战效能。智能化阶段，机器具有一定的决策和思维功能，战争将具有"作战单元的数字化＋作战体系的网络化＋体系联动的自动化＋作战行动的无人化"。在智能化技术的支持下，拥有优势的一方，能在任何时间、从任一空间，使用最便捷、最有效的方式，向已经确定攻击的任何目标实施高精确的攻击。

由于科学技术的发展没有终点，战争形态也不会有终结。科学技术在智能化技术的基础上还将继续向前发展，还将沿着社会发展所提供的技术条件前进，战争也将向更高水平的形态演变。

三、信息化战争的主要特征

人类社会进入信息时代，战争形态也随之由机械化战争向信息化战争转变。作为一种全新的战争形态，信息化战争具有自己独特的特征。

（一）信息化武器装备成为战场主导

武器装备是作战体系的物质基础，是军队作战时直接凭借的物质手段。信息化战争这一新的战争形态出现的根本原因，是大量信息化武器装备在战争中的广泛应用。信息化武器装备，是指信息技术含量高，信息技术对武器装备性能的提高及其使用、操作、指挥起主导作用，具有信息探测、传输、处理、控制、对抗等功能的作战装备和保障装备。主要包括指挥信息系统、信息化弹药、信息化作战平台、信息战武器和单兵数字化装备等。信息化武器装备已是各军兵种武器装备的主体，成为主干的作战力量。例如，陆军信息化装备达67%，海军信息化装备达70%，空军信息化装备达70%，太空信息化装备达85%。

（二）信息成为战斗力的倍增器

在信息化战场上，军队通过信息快速、高效、准确的传递，大大地提高了指挥控制、火力打击、后勤保障、毁伤评估等方面的能力，极大地提高了综合作战效能。如指挥控制效能的提高依赖于指挥信息系统对整个战场态势的感知和掌握，信息化武器装备效能的提高主要依靠信息技术对目标的探测识别和精确指导。作为信息化战争的构成作战要素，信息已超过物质和能量，成为信息化战争中最重要的要素，起主导作用。根据试验测算，如果武器的爆炸威力提高一倍，武器的杀伤力仅提高40%；如果武器的命中精度提高一倍，武器的杀伤力就可以提高400%。

（三）战场网络化、一体化

信息化战场，将情报侦察、信息传递、指挥控制、部队机动、精确打击、毁伤评估等各种作战要素紧密联成有机整体，各级各类作战人员实时共享战场信息，各作战单元协调一致地实施一体化联合作战行动。武器装备的一体化包括：过去由几件单独的装备来遂行的作战职能，现在由一个武器系统来完成；通过各级指挥信息系统，把整个战场上武器平台、保障平台联成一体。指挥控制系统的一体化包括：战略、战役、战术三级指挥控制系统纵向联网，各军兵种指挥控制系统实现横向互联、互通、指挥、控制、通信、情报等系统功能的综合集成。

（四）一体化联合作战成为基本作战形式

信息化战争中，诸军兵种高度协同的一体化联合作战，是与信息时代相适应的基本作战形式。所谓一体化联合作战，是指依托信息网络系统，使用信息化武器装备及相应作战方式方法，在陆、海、空、天和网络电磁等空间及认知领域进行整体联动的作战。根据战场态势的变化灵活组织实施作战，把分散的、局部的战场连接成为一个有机整体，实施战场感知、机动、打击、防护等行动的同步和无间歇联动，最大限度地缩短观察（Observe）、调整（Orient）、决策（Decide）、行动（Act）的周期，即OODA环。作战行动由以往的按顺序打击转变为全纵深、全维度同时打击，由以火力摧毁为主的概略打击转变为"软杀伤""硬摧毁"相结合的精确打击，可以综合运用国家的军事和非军事能力，发挥非对称优势，在所有时间、空间和领域达成"快速主宰"，最迅速、最便捷、最经济地实现战争目的。

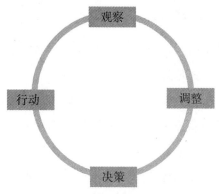

图4-3 简化版OODA循环

（五）制信息权成为战场争夺制高点

制信息权，是指在一定的时空范围内控制战场信息运用的主动权，是夺取制空权、制海权、制太空权及军队行动自由权的先决条件。信息化战争中，制信息权是获得战场主动权的核心，夺取了制信息权，就意味着己方获得了使用信息的自由权，并限制和剥夺了敌方控制、使用信息的能力，从而为掌握战场主动权提供有力态势。

信息化战争中信息的核心作用超过以往任何战争形态。军事行动能否有效地组织与准备、战略战术计划能否顺利实施、兵力兵器的部署是否合理、各种软硬杀伤是否准确有效，都将取决于信息的获取、处理和使用的速度、数质量及准确性。能否获得制信息权，直接影响到战争进程和战争的最终结局。因此，围绕制信息权的斗争空前激烈，成为战争双方对抗的焦点。

四、信息化战争发展趋势

随着人工智能、大数据、云计算、生物交叉、无人系统等高新技术的迅速发展及其与传统技术的深度融合，带动以知识、共享、泛在为特征的智能产业的形成，创造新的经济和社会形态，也加速了武器装备、作战方式、作战能力、作战编成和作战理论等战争要素发生深刻的变革。

一是以"人工智能、云、网、群、端"为代表的全新作战要素将重构战场生态系统，战争的制胜机理完全改变。在上述作战要素当中，基于模型和算法的人工智能系统是核心的作战能力，贯穿于各个方面、各个环节，起着倍增、超越和能动的作用。平台由人工智能控制、集群由人工智能引导、体系由人工智能决策，算法战将在战争中起到决定性的作用，作战体系和进程最终以人工智能为主导，制智权成为未来战争的核心制权。

二是虚拟空间在战争体系中的地位作用逐步上升，并逐渐与实体空间实现深度融合和一体化。战争空间逐步从实体空间拓展到虚拟空间，一方面，虚拟空间通过网络信息系统，把分散的作战力量和作战要素连接成为一个整体，形成网络化、体系化作战能力；另一方面，虚拟空间是网电、情报、心理、意识等认识对抗的主战场。

三是多域与跨域作战将从任务规划、实体联合、松散协同为主，向异构融合、数据交链、战术互控、跨域攻防一体化拓展。面对多域复杂环境及作战样式，跨域多源感知、异构信息融合、作战数据交链、跨域联合打击、跨域协同防御、多域一体化保障、作战力量相互调配与指挥控制、多域行动规划与全程关联、武器装备互操作等，将通过人工智能与多学科交叉融合分类、分层、分段解决，在人工智能体系和人机混合智能支持下，形成一域作战、多域联合支援的效果。

四是无中心、弱中心、有中心以及相互之间的混合兼容成为发展趋势，将彻底改变以人为主的指挥控制和决策模式。分布式、网络化、扁平化、平行化是智能化作战体系的重要特征，有中心、以人为主单一的决策模式，逐步被基于人工智能的无人化、自主集群、有人无人协同等无中心、弱中心所改变，相互之间的混合兼容成为发展趋势。作战层次越低、任务越简单，无人化、无中心的作用越突出；层次越高、任务越复杂，人的决策、有中心的作用越重要。

五是智能化条件下人与武器的关系发生根本性改变，在物理上越来越远、在思维上越来越近。人的思想和智慧通过人工智能与武器装备深度交链，在装备发展阶段充分前置，在使用训练阶段优化迭代，在作战验证之后进一步升级完善。无人系统将把人的创造性、思想性与机器的精准性、快速性、可靠性、耐疲劳性完美结合起来，从辅助人作战转向代替人作战，人进一步退居到后台。武器装备逐步成为后台云端支撑、前台功能多样的赛博实物系统和基于人工智能技术的人机交互系统。

六是智能化的作战体系将逐步具备自适应、自学习、自对抗、自修复、自演进等能力，成为一个可进化的类生态和博弈系统。随着作战仿真、虚拟现实、数字孪生、智能软件、仿脑芯片、类脑系统、仿生系统和机器学习等技术的发展应用，未来作战系统，将逐步迭代、优化、升级和完善，单一任务系统将具备类似生命体的特征和机能。多任务系统就像森林物种群那样具备相生相克、优胜劣汰的循环功能和进化机制，具备复杂环境条件下的博弈对抗和竞争能力。

第五章
信息化装备

学习目标

· 了解信息化装备的概念、分类、发展及对现代作战的影响。

· 熟悉世界主要国家信息化装备的发展情况。

信息技术在军事领域的广泛应用,引起军事理论、作战样式和战争形态的根本性变化。信息技术对武器装备系统的改造,推动战斗力生成模式突破传统的束缚,实现跨越式发展。武器装备的信息化是信息化战争的物质基础,也是信息化战争最重要的标志。

第一节　信息化装备概述

信息技术广泛渗透到军事的各个领域，尤其是对武器装备系统的改造，推动战斗力生成模式突破传统的束缚，实现跨越式发展。武器装备的信息化是信息化战争的物质基础，也是信息化战争最重要的标志。

一、信息化装备的概念

装备在军事上一般是武器装备的简称，是用于作战和保障作战及其他军事行动的武器、武器系统、电子信息系统和技术设备、器材的统称，主要指武装力量编制内的舰艇、飞机、导弹、雷达、坦克、火炮、车辆和工程机械等，分为战斗装备、电子信息装备和保障装备。

一般认为，信息化装备是指信息技术在装备技术构成中占主导地位，信息要素在作战行动中支配物质要素和能量要素的效能发挥，具有较高信息获取、传输、处理、存储、共享、管理、分发、对抗能力及数字化、智能化、网络化和一体化的武器、武器系统和军事技术装备的统称。

二、信息化装备的特征

（一）智能化

所谓智能化，是指信息化装备采用计算机、大规模集成电路及相应软件，使其部分具有人类大脑的思维功能，能利用自身的信号探测和处理装置，自主地分析、识别和攻击目标。例如，现代化的导弹，与传统武器的一个根本区别，就是部分地具有了人的思维功能。以往武器打击力、机动力的提高，都不过是对人的体力的增强，只有信息化装备才开始对人的脑力加以延伸。

（二）网络化

所谓网络化，是利用信息网络将单件装备连接成为一个具有互联、互通、互操作能力的大系统。这个信息网络，把分散在世界各地，部署于陆、海、空、天的所有武器系统和指挥体系连接在一起，将各种武器系统综合集成为作战大系统。无论坦克、飞机、舰艇和卫星怎样分散部署，无论这些武器、装备身在何处，只要想用其来进行作战，随时调用都能做到"指哪打哪"，实施精确打击。

（三）一体化

所谓一体化，包括两个方面的内容：一是功能上的一体化，即过去由几个装备遂行的作战职能，现在由一个装备系统来完成；二是结构上的一体化，即依托网络化信息系统，把战场上各军兵种的武器、装备联为一体，使各种作战力量紧密配合、协调行动，提高整体作战。

第二节 信息化作战平台

信息化作战平台是指安装有大量电子信息设备，如一体化传感器、高性能弹药、自动导航定位设备等，集成了光电技术、新材料技术、新能源技术等众多高新技术，可通过 C^4ISR 系统联结，具有高智能化水平和综合作战能力的武器载体。

一、陆上作战平台

陆上作战平台，是指担负陆上作战任务的各种武装载体的总称。主要包括自行火炮、装甲车辆等，是衡量陆军战斗力的主要物质因素。

（一）自行火炮

由于火炮可以在任何地形、全天候、昼夜条件下提供猛烈而持久的火力，所以在数百年的发展历史中一直备受青睐，陆军炮兵也成为影响战争进程和结局的极其重要的技术兵种，在传统的地面战争中被称为"战争之神"。现代火炮已经基本实现自行化，作为地面进攻和防御火力的基本手段仍将占有重要的地位，并继续发挥重要作用。

目前，世界上典型的自行火炮系统主要有美国的"帕拉丁"M109A6 型 155 毫米自行火炮、俄罗斯 2S19 型 152 毫米自行火炮、法国"凯撒"155 毫米轮式自行火炮（见图 5-1）等。

图5-1 法国"凯撒"155毫米轮式自行火炮

(二) 装甲车辆

装甲车辆是具有装甲防护和机动能力的战斗车辆和保障车辆的统称。战斗车辆主要有主战坦克、步兵战车、装甲侦察车、装甲指挥车、装甲通信车、装甲输送车等。装甲车辆是现代化陆军的重要装备。其中装甲战斗车辆是最主要的装甲车辆,而坦克实际上是装甲车辆中的基本车种。具体来说,坦克就是具有强大直射火力、高度越野机动性和坚强装甲防护力的装甲战车。由于坦克的发展和改进对其他装甲战车有决定性影响,为突出坦克在装甲战车中的重要地位,常常就把装甲车辆又称为坦克装甲车辆。目前,世界上先进的坦克主要包括美国的M1A2、俄罗斯的T-90、英国的"挑战者-2"、法国的"勒克莱尔"、德国的"豹"2、中国的99A等,俄罗斯近年来还开发了新一代的T-14主战坦克。

经典武器:99A式坦克(见图5-2)是我军最先进且完全信息化的主战坦克,实现了火力、机动力、防护力和信息力的有效融合,体现了陆战装备的新水平。99A式坦克装备有125毫米火炮,主要用于压制、消灭反坦克武器,摧毁坚固防御工事,歼灭敌有生力量。

图5-2 99A式坦克

99A式坦克奠定了我国第一代陆军装备信息采集、传输、处理、显示与综合的基础,实现了战场态势共享、协同攻防、状态监测、系统重构等功能,而且软件、元器件全部自主可控,是我国真正意义上的首台信息化坦克。外媒评价其"作战能力可以与当前世界上风头最盛的主战坦克媲美"。

二、海上作战平台

海上作战的主要武器平台是舰艇。舰艇根据作战使命的不同，分为战斗舰艇和勤务舰船两类。战斗舰艇分为水面战斗舰艇和潜艇。水面战斗舰艇的标准排水量在 500 吨以上的，通常称为舰；500 吨以下的，通常称为艇。潜艇，则不论排水量大小，统称为艇。舰艇（包括其他海船）的速度单位通常用"节[①]"表示。

（一）航空母舰

航空母舰是以舰载飞机为主要作战武器的大型水面战斗舰艇，主要用于攻击敌舰船、袭击敌海岸设施和陆上目标，夺取作战海区的制空权和制海权，支援登陆、抗登陆作战。航空母舰是海军水面作战力量的核心，拥有航空母舰的海军通常围绕航空母舰进行作战编成。航空母舰一般有重型、中型、轻型三类。

大型航空母舰是指满载排水量在 6 万吨以上的航空母舰，舰载机数量为 60～100 架，以重量在 20～30 吨级的常规起降飞机为主，作战范围在 800～1 000 千米。大型航空母舰可进行远洋作战，在全球范围内部署，执行防空、反舰、反潜、预警、侦察及对地攻击任务。大型航空母舰的典型代表是美国海军的"尼米兹"级。该航空母舰长 332 米，飞行甲板宽 76.4 米，采用核动力推进，满载排水量超过 10 万吨，拥有各型飞机约 80 架，是名副其实的超级航空母舰。

中型航空母舰的满载排水量在 3～6 万吨，舰载机数量为 20～60 架，以重量在 10～20 吨级的常规起降飞机或垂直/短距起降飞机为主，作战范围在 400～800 千米。中型航空母舰可作中远海部署，执行舰队防空、反舰、反潜及对地攻击任务。中型航空母舰的典型代表是法国海军的"戴高乐"号航空母舰。该航空母舰甲板长 261 米，宽 64.3 米，采用核动力推进，满载排水量约 4.2 万吨，可搭载各型飞机约 40 架。

小型航空母舰的满载排水量在 1～3 万吨，舰载机数量为 15～30 架，以垂直/短距起降飞机和直升机为主，作战范围在 200～400 千米。小型航空母舰可作近中海部署，执行防空、反舰、反潜、预警等任务。小型航空母舰的典型代表是意大利海军的"加富尔"号航空母舰。该航空母舰甲板长 235 米，宽 39 米，采用常规燃气轮机推进，满载排水量约 2.7 万吨，采用滑跃起飞，可搭载各型飞机约 22 架。图 5-3 所示为中国

[①] 1 节 =1 海里/小时 =1.852 千米/小时。

海军航空母舰福建舰。

图5-3　中国海军航空母舰福建舰

（二）驱逐舰

驱逐舰是一种具有多种作战功能的中型水面作战舰艇，是大多数国家海军的主力舰种。驱逐舰的吨位一般为3 000～8 000吨，目前海上大国也列装了排水量超过1万吨的驱逐舰。按照用途，驱逐舰分为多用途驱逐舰、防空型驱逐舰和反潜型驱逐舰。目前，世界上较先进的导弹驱逐舰为美国"阿利·伯克"级驱逐舰、英国45型驱逐舰和中国的052D型、055型导弹驱逐舰。

经典武器：美国"朱姆沃尔特"（DDG-1000级）驱逐舰（见图5-4）是一型侧重于对陆攻击和对海打击能力的多用途战舰，它还具备一定的水下作战能力，包括反潜作战和建制水雷战能力。该型舰满载排水量14 564吨，舰长182.8米，宽24.6米，吃水8.4米。动力系统采用全新的综合电力系统，配备4部燃气轮机、2部功率为36兆瓦的推进用电机，总功率78兆瓦，双轴推进，最大航速30节；舰首部有2座155 mm隐身型先进舰炮系统，配备增程对陆制导炮弹；机库上方装2座57 mmMK-110近防武器系统。上层建筑前后两舷有4座MK-57舷侧导弹垂直发射装置，共80个发射筒，可装载"标准"-2/3/6舰空导弹、"战斧"巡航导弹、"阿斯洛克"反潜导弹。可搭载2架MH-60R反潜直升机，或是1架直升机和3架RQ-8B"火力侦察兵"无人直升机，另外还搭载有2艘RIB无人艇。电子设备包括SPY-3多功能雷达和VSR广域搜索雷达、舰壳声呐、拖曳阵声呐。

图5-4　美国"朱姆沃尔特"驱逐舰

（三）护卫舰

护卫舰是另一类主要的战斗舰艇，又被称作巡防舰，较小型的护卫舰也被称为巡逻舰，主要用于为大型舰艇护航、近海警戒、巡逻、护渔等。其排水量从500吨至4 000吨不等，其中，500～1 500吨的被称为轻型护卫舰，1 500～3 000吨的被称为中型护卫舰，3 000吨以上的是大型护卫舰。根据装载的武器不同，护卫舰又可分为通用型、反潜型和防空型等型号。图5-5为中国海军054A型护卫舰。

图5-5　中国海军054A型护卫舰

（四）两栖舰艇

两栖舰艇是专门用于登陆作战的舰艇的统称。两栖舰艇的主要任务是输送登陆兵、登陆工具、战斗车辆、武器装备和物资，指挥登陆作战，并可为两栖作战提供火力支援。两栖舰艇包括两栖攻击舰、两栖作战指挥舰、登陆舰、运输舰等。各种两栖舰艇都有其专门功能和登陆专用装备，两栖舰艇的船型也较为特殊。目前世界上典型的两栖舰艇有美国的"美国"级两栖攻击舰、法国的"西北风"级两栖攻击舰、中国的075型两栖攻击舰（见图5-6）等。

图5-6　中国海军075型两栖攻击舰

（五）潜艇

潜艇是在水下进行作战活动的舰艇，有常规动力和核动力之分，主要用于攻击敌大中型水面舰船和反潜作战，攻击敌陆上重要目标，破坏敌海上运输线，并能执行侦察、布雷、救援和遣送特种人员登陆等任务。配载的武器有巡航导弹、鱼雷、水雷等，有的潜艇还配有防空导弹。目前世界上拥有核潜艇的国家只有美、俄、英、法、中等国家，著名的核潜艇有美国的"俄亥俄"级、"弗吉尼亚"级，俄罗斯的"台风"级、"北风之神"级，英国的"前卫"级，法国的"凯旋"级等。

经典武器：美国"弗吉尼亚"级核动力攻击潜艇（见图5-7）长149米，宽10.4米，吃水9.3米，排水量约7 800吨，水下最高航行速度34节，额定艇员134名。由艇身、动力装置、艇载武器、艇载电子设备等构成。该级艇采用单壳体形式，艇型呈超细长型，便于施工建造，利于降低费用，利于水面航行，同时也利于在浅水域执行任务时浮出水面与水面战斗群联系。"弗吉尼亚"级核潜艇装备了一座通用电气公司的S9G自然循环压水堆，两台总功率达2 984兆瓦的蒸汽轮机；一台辅助推进潜水电机，堆芯寿命30年，能量密度高，安全性好，可避免发生失水事故，燃料无须更换，辐射噪声低，环境影响小。该级艇上装有4具533毫米鱼雷发射管，12具巡航导弹垂直发射管。艇载"战斧"巡航导弹、"鱼叉"反舰导弹、MK48先进自航水雷等共38枚。"弗吉尼亚"级核潜艇拥有先进的艇载电子系统，极大提高了潜艇在"网络中心战"环境下的作战能力。

图5-7 美国"弗吉尼亚"级核动力攻击潜艇

三、空中作战平台

空中作战平台可以装载各种导弹、航弹、制导炸弹和电子战装备，能完成空中作战任务的各种航空器。主要包括各种作战飞机，如战斗机、轰炸机、军用直升机；也包括保障勤务飞机，如预警机、侦察机、电子战飞机、军用运输机和加油机。

(一)轰炸机

轰炸机是一种专门用于向地面、水面、地下、水下目标投放大量弹药的飞机,它具有突击力强、航程远、载弹量大等特点,是航空兵实施空中突击的主要机种。现代轰炸机装备的武器系统包括机载武器如各种炸弹、航弹、空地导弹、巡航导弹、鱼雷、航空机关炮等,可在敌防空火力圈外实施轰炸突击。机上装备先进的火力控制系统,以保证轰炸机具有全天候轰炸能力和很高的命中精度。轰炸机按遂行任务范围分为战略轰炸机和战术轰炸机。战略轰炸机一般是指用来执行战略任务的中远程轰炸机,主要用于攻击的是敌方城市和工厂等战略目标,以消灭敌方的作战能力。战术轰炸机一般是指用来执行战术任务的体型较小的轰炸机,主要用于攻击武装部队和辎重。目前世界著名轰炸机包括美国的B1-B、B-2、B52-H,俄罗斯图-95MS、图-160、图-22M以及中国的轰-6K等。

经典武器:B-2是美国空军重型隐身轰炸机(见图5-8),它能从美国本土或前沿基地起飞,无须支援飞机护航的情况下穿透敌复杂防空系统,攻击高价值、强防御、最急迫的目标。其代号为"幽灵"。美国空军共生产了21架B-2,2008年2月23日,一架美军B-2轰炸机在关岛空军基地内坠毁。B-2轰炸机的单价高达20亿美元,是世界上迄今为止最昂贵的飞

图5-8 美国B-2隐身轰炸机

机。B-2轰炸机机身长20.9米,高5.1米,翼展52.12米,实用升限1.524万米,正常起飞重量152.635吨,机组人员2名。飞机在不进行空中加油的情况下,作战航程可达1.2万千米,空中加油一次则可达1.8万千米。每次执行任务的空中飞行时间一般不少于10小时,美国空军称其具有"全球到达"和"全球摧毁"能力。B-2轰炸机无外挂点,有两个机内武器舱,每个武器舱装备有一个旋转发射架和两个炸弹架。B-2轰炸机可以携带18.16吨弹药,包括常规弹药、核武器、精确制导弹药。B-2轰炸机可以携带的核武器有:16枚B61钻地核弹,可以打击深埋和加固目标;16枚B83战略自由落体核弹;16枚AGM-129高级巡航导弹;16枚AGM-131"斯拉姆"导弹。

(二)预警机

预警机是空中预警飞机或空中预警与指挥飞机的简称,是用于搜索、监视空中、地面或海上目标,主要指挥引导己方飞机遂行作战任务的飞机。安装在地面或海面的雷达由于受地球曲率的影响,其探测范围极其有限。如果将雷达安装在空中平台上,显然能有效扩大雷达对地面和海面目标特别是低空与超低空飞行目标的探测范围。因此,在第二次世界大战中,美国开始发展预警机,并于1944年研制出世界第一架海军用舰载预警机 TBM-3W。第二次世界大战后,美国、英国、苏联等国相继研制出多种预警机。在1982年英阿马岛战争中,英国舰队没有装备预警机,不能发现远距离的低空飞机,因此1982年5月4日阿根廷的两架攻击机携带"飞鱼"导弹低空飞行,击沉了英国"谢菲尔德"号驱逐舰。同年的6月,在以色列与叙利亚的戈兰高地之战中,以色列空军在 E-2C 预警机的指挥下,动用90架飞机,在两天的时间内击落了叙利亚79架飞机,摧毁了19个导弹营,以方仅损失少量飞机。这两场战斗结局的对比有力地证明了现代作战中预警机具有重要作用。目前世界上的预警机主要有美国的 E-3A、E-2C,俄罗斯的 A50,以色列的"费尔康",中国的空警-2000,空警-500(见图5-9)。

图5-9 中国空军空警-500预警机

(三)战斗机

战斗机主要用于夺取制空权,多用于执行空战任务,兼有一定的对地攻击打击能力。战斗机配备的武器以空空导弹为主,航空机关炮为辅,并装备有先进的综合火力与飞行控制系统。机载火控雷达具有远距离探测目标的能力;在电子干扰条件下,还应配备光电搜索跟踪系统;火力系统同时还承担着对空空导弹的制导任务;夜间作战的战斗机还装有红外夜视导航、瞄准设备。战斗机一直是各国空军重点装备的机种,其性能水平和作战方式是不断演变的。随着航空技术的不断发展,现代战斗机已经发展到第四代,能执行制空作战、防空截击、纵深遮断和近距空中支援等多种任务。

经典武器：F-22A"猛禽"战斗机（见图 5-10）是美国空军在 20 世纪 90 年代研制的全面采用高新技术成果的新一代战斗机，也是世界上第一款"第四代战斗机"，是名副其实的信息化主战平台。美空军对 F-22A 战斗机提出的要求是：低可探测性，高机动性和敏捷性，超声速巡航，较大的有效载荷，具有飞越所有战区的足够航程。

图5-10　F-22A"猛禽"战斗机

与第三代战斗机相比，F-22A 战斗机最具里程碑意义的技术特性是：采用全隐身与气动综合布局，持续的超声速巡航能力，过失速机动，短距起降，先进的机载综合航空电子系统设备和武器系统等。它担负的作战任务包括：夺取制空权，向美军作战提供空中优势；在战区空域有效实施精确打击；防空火力压制和封锁、纵深遮断；近距空中支援。在美国空军进行的模拟空中战演习中，F-22A 战斗机曾取得击落 14 架 F-15C 战斗机而本身的损失为零的惊人战果。

F-22A 战斗机机长 18.9 米，机高 5.08 米，翼展 13.56 米，机翼面积 78 平方米，尾展 5.74 米，水平尾展 8.84 米，轮距 3.23 米；装备两台 F119-PW-100 涡扇发动机，推力 155 千牛；内部燃油 8.323 吨；净起飞重量 14.365 吨，最大起飞重量 27.216 吨；最大飞行马赫数 1.8，超声速巡航马赫数 1.5；最大使用过载 9g；最大攻角 60°；作战半径 2 170 千米，实用升限 1.8 万米。F-22A 战斗机采用大量钛合金与复合材料制造，是使用这两类材料最多的机型。其中钛合金约 36%，热定型复合材料约 24%，铝合金约 16%，钢约 6%，其机身蒙皮全都是高强度、耐高温的 BMI 复合材料。主起落架使用合金钢制造，武器舱门与起落架舱门使用热塑复合材料。据称，由于采用隐身外形设计技术和隐身材料技术，F-22A 战斗机的雷达反射截面面积约为 0.1 平方米，生存能力比目前的常规飞机提高 18 倍，作战效能是 F-15 战斗机的 3 倍、F-16 战斗机的 10 倍。

（四）武装直升机

直升机是指依靠发动机带动旋翼产生升力和推进力的一种航空器，直升机是现代陆战的重要武器装备之一。为适应作战需要，人们给直升机装有机载武器系统，这就形成了武装直升机。它主要用于攻击地面、水面和水下目标，为运输直升机护航，有的还可与敌方直升机进行空战。它具有机动灵活、反应迅速、适于低空、能在运动和悬停状态开火等特点。现代武装直升机通常是指用来突击地面目标的直升机，多配属于陆军航空兵，是陆军航空兵实施直接火力支援的主要航空器。现役典型直升机有美国的S-70/UH-60"黑鹰"、AH-64"阿帕奇"，俄罗斯的米-28、卡-52，法国的SA-365"海豚"，意大利的A-129"猫鼬"等型号。

经典武器：AH-64D"阿帕奇"直升机（见图5-11）是一种采用先进制造技术、设备精良、生存能力和综合作战能力极强的世界先进武装直升机。该机旋翼直径14.63米，尾桨直径2.77米，机长17.76米，机高3.52米，空重5.092吨，最大起飞重量9.525吨，最大外挂载荷771千克，最大允许速度365千米/小时，最大平飞速度与巡航速度293千米/小时，最大爬升率4.32米/秒，实用升限6 400米，悬停高度为有地效4 570米、无地效3 505米，航程482千米，最大续航时间3小时。AH-64D直升机旋翼顶部有一部"长弓"毫米波雷达；装备M230"大毒蛇"链式机关炮一门，最大携弹量1 200发，正常射速625发/分，能够击穿目前几乎所有主战坦克的顶装甲和侧装甲；两短翼下能够携带16枚"海尔法"反坦克导弹或4具"九头蛇"19管70毫米火箭发射巢。此外，AH-64D直升机还新增了两个外挂点，可带4枚"毒刺"、4枚"西北风"或2枚"响尾蛇"导弹。在海湾战争中，美军一个武装直升机营一次战斗出动就击毁伊军坦克84辆、防空系统4个、火炮8门、轮式车辆38辆，充分证明AH-64D直升机是当今世界技术最先进、火力最强的武装直升机之一，现在最新的改进型号为AH-64E。

图5-11　AH-64D"阿帕奇"直升机

（五）侦察机

侦察机是专门用于从空中获取情报的军用飞机，是现代战争中主要侦察工具之一。侦察机上装有各种侦察设备，如航空照相机、雷达、摄像机、红外侦察设备、电子侦察设备等。有的还装有实时情报处理设备与传递装置。部分侦察机上还装有武器，用于自卫和进行攻击。侦察机可进行目视侦察、成像侦察和电子侦察。其中，成像侦察是侦察机实施侦察的重要方法,包括可见光照相、红外照相与成像、雷达成像、微波成像、电视成像等。为提高生存能力,侦察机上还装有电子干扰系统。侦察机按遂行任务范围可分为战略侦察机和战术侦察机。战略侦察机是为战略决策而搜集敌方战略情报的专用飞机。其特点是飞行高度高、航程远,能从高空深入敌方领空对军事目标、核设施、导弹基地等重要目标实施战略侦察。战术侦察机是对战场和战区目标实施侦察的飞机,多利用战斗机加装侦察设备而成。其主要任务是对敌纵深300～500千米范围内的兵力布置、火力配置、地形地貌以及对敌攻击效果等进行侦察,获取战役战术情报,以协助战役指挥员了解敌情和制定作战计划。典型的侦察机有美国的U-2高空高速侦察机(见图5-12)、SR-71"黑鸟"战略侦察机(已退役)、俄罗斯的米格-25R侦察机等。

图5-12 美国U-2高空高速侦察机

第三节 综合电子信息系统

综合电子信息系统强调全局观念、整体观念,更强调从装备体系建设角度,综合各种局部力量,为获得体系对抗的全局最佳效果提供技术支撑。

一、综合电子信息系统概述

综合电子信息系统,主要是指在信息时代的军事斗争环境下,为满足诸军种联合作战任务,利用综合集成方法和技术将多种电子信息系统整合为一个有机的大型信息军事系统。其内涵主要包括对各种武器力量的综合、对各种电子信息系统手段的集成,主要目的是全面提高军队的信息作战能力、信息业务支持能力、武器装备体系集成能力,建立整体最优的大系统,显著提升整体作战效能。

(一)综合电子信息系统的整体作用

综合电子信息系统在信息化战争中主要起到以下作用。

1. 作战部队"大脑"作用

综合电子信息系统中的指挥控制系统能进行威胁分析、态势评估和作战决策，并指挥部队进行作战，发挥作战部队的"大脑"作用。

2. 兵力倍增器作用

综合电子信息系统为所有参战部队提供及时、准确和完整的信息，提高部队指挥员和战斗员的主动性和积极性，在正确的决策下，使作战部队的作战能力成倍增加。

3. 作战部队黏合剂作用

综合电子信息系统通过作战信息、作战命令和作战行动将所有参战人员、武器装备和保障系统等黏合在一起，形成整体作战力量。

4. 信息武器作用

一方面，综合电子信息系统中的信息战系统、电子战系统、超强功率雷达、高能激光武器和微波炸弹等将是信息化战争中软杀伤和硬摧毁，将发挥传统武器装备不可替代的作用。另一方面，综合电子信息系统将发挥体系对抗的整体优势作用。

（二）综合电子信息系统的作战能力

综合电子信息系统的作战能力是作战人员、信息系统和武器系统综合作用的结果，主要具有以下几种能力。

1. 夺取信息优势能力

夺取信息优势能力包括搜集、处理和分发信息能力，并使己方信息不受干扰，同时剥夺或阻止敌方进行信息搜集、处理和分发的能力。

2. 获取决策优势能力

决策优势的基础是信息优势，为获取决策，己方指挥员需及时获取完全及正确的作战信息。

3. 指挥控制能力

指挥控制能力是基于信息优势和决策优势，对武装力量、信息系统、武器系统和保障系统进行指挥、协调和控制的能力。

4. 互操作和端对端能力

互操作和端对端能力不仅是军事信息基础设备的能力，也是所有信息系统、保障系统和武器系统的能力。

5. 电子战和信息战能力

电子战和信息战能力是信息化战争的重要作战方法，不仅支持信息优势，并与多种武器系统协同作战，还贯彻整个战争过程而显得更加重要。

二、指挥控制系统

指挥控制系统是军队各类指挥所的自动化系统（以下简称指控系统），既可指单一指挥所，也可指兼职系列指挥系统。信息化指挥控制系统，是军队指挥体系中，采用以计算机为核心的技术设备与指挥人员相结合、对部队和武器实施指挥与控制的"人—机"相融合、实现"全域实时动态"的高效指挥控制。信息化指挥控制系统是一种重要的高科技军事装备体系，是军队信息化的主要标志之一，其基本功能是实现战场指挥的自动化、实时化和精确化。

（一）指挥控制系统功能

指挥控制系统功能取决于指挥控制系统的应用背景及应用需求。尽管不同类型的指挥控制系统功能不尽相同，但指挥控制系统功能应具有以下基本功能。

1．信息获取功能

信息获取功能，是指挥控制系统借助信息采集、接受设备或手段从外界得到信息的功能。信息获取通常包括信息采集和信息接收，采集是主动获取，接受是被动获取，对采集或接收的信息进行识别、分类、存储、输出等处理，获取的信息有敌情、我情、友情、气象、水文、地理等。

2．信息传输功能

信息传输功能，是指利用多种传输手段，按照一定的传输规程和代码格式，将各种形态（文字、图形、图像、话音等）信息从发送端传到接收端的功能。对信息传输的基本要求是快速、准确、可靠、保密和不间断等。

3．信息处理功能

信息处理功能，是指指挥控制系统按一定规则和程序对信息进行加工的功能。信息处理主要包括信息登录、格式检查、属性检查、综合/融合、挖掘、质量评估、威胁评估等的分析和处理，以及分类、存储、检索、分发（显示/打印/报出）等。

4．辅助决策功能

辅助决策功能，是指指挥控制系统协助指挥人员分析判断情况、定下作战决心、确定作战方案的功能。辅助决策以人工智能和信息处理技术为工具，以数据库、专家系统、数学模型为基础，通过计算、推理和仿真等手段辅助指挥人员制定作战方案和保障预案，组织实施作战指挥，完成作战模拟，支持部队训练等。

5. 作战指挥功能

作战指挥功能，是指根据指挥员的作战决心，生成作战计划、命令、指示等作战文书，迅速、准确地传达到作战与保障部队，并监督执行情况、跟踪作战进程、掌握打击效果、进行作战评估、调整作战方案，直至作战结束的功能。

6. 指挥对抗功能

指挥对抗功能，是指利用各种方式及手段攻击和破坏敌方的指挥控制系统，使其陷入瘫痪或推迟决策过程；同时保护己方的指挥控制系统的功能。指挥控制对抗具有破坏效果显著、作用范围广和攻击隐蔽性强等特点，为掌控战场的主动权，夺取作战的胜利创造有利的条件。

（二）指挥控制系统组成

按信息流程区分系统的组成，可以分为信息获取分系统、信息传输分系统、信息处理分系统、信息显示分系统、决策监控分系统、执行分系统。

按技术设备区分系统的组成，可分为传感器分系统、通信分系统、数据处理分系统、显示控制分系统、技术保障分系统。

按基本功能区分系统的组成，可分为指挥控制分系统、情报获取分系统、通信分系统、电子对抗分系统、监测控制分系统、综合保障分系统。

（三）指挥控制系统发展趋势

以美国、俄罗斯为代表的世界军事强国，其军事指挥信息系统经过50多年的发展、完善，具备了较高的自动化程度，并表现出更为迅猛的发展势头。在新军事思想和作战理论指导下，美俄等军事强国的军事指挥信息系统的发展呈现出如下较为明显的趋势。

1. 加快系统一体化建设，实现三军联合作战

美军认为，未来的作战是在自动化系统的统一指挥控制下实施的系统对系统、体系对体系的全面对抗。因此，只有军事指挥信息系统本身构成了一个完备而严密的整体，才能快速、灵活、高效地组织协调各种作战力量，以形成整体作战优势。为此，美军进一步调整了军事指挥信息系统建设的组织领导体制，加强了统一规划、统一标准和统一管理，通过系统硬件和软件的标准化，逐步解决各系统之间的兼容性问题，使各级各类在地理上分散的指挥机构和业务部门，甚至相关的民用系统，能够紧密地连接在一起，从而大大提高作战指挥的及时性和有效性，最终实现各军兵种指挥信息系统之间的网络互联、信息互通和用户互操作，以及陆、海、空、天、电一体化的联合作战行动。

2．采用多种先进技术，提高系统综合对抗能力

由于军事指挥信息系统在现代作战中发挥着中枢神经的作用，已不可避免地成为各种软杀伤和硬摧毁的首选目标。信息化程度较高的美军对指挥信息系统的依赖程度更大，他们强烈地意识到，一旦某些关键的节点被干扰或破坏，整个系统受到的影响会更大，后果可能会不堪设想。因此，美军在大力开发电子战装备、反辐射导弹等进攻性信息武器的同时，也想方设法采取措施确保己方的军事指挥信息系统不受侵害。俄军认为未来战争以及洲际核冲突中，军事指挥信息系统在战争初期就会遭受多次攻击，因此非常注重提高系统的生存能力，并主张通过隐蔽、分散、加固、机动、冗余备份和通信保密等手段提高系统的生存能力。预计今后美俄军队将更加重视研制开发雷达对抗、通信对抗、计算机网络对抗和情报密码对抗等电子对抗新技术，积极发展光纤通信、极高频卫星通信和自适应高频通信等抗干扰能力强、保密性能好、机动灵活的信息传输手段，并采取加固、隐身、机动、分散配置、滤波和屏蔽等防护措施提高军事指挥信息系统的抗毁、抗扰能力。

3．加强与作战系统交联，各层次系统协调发展

近些年来的局部战争已使人们充分地认识到，缺乏军事指挥信息系统的支援，拥有再先进的武器装备也将一事无成。为此，美俄将在大力推进战略级指挥信息系统的同时更加积极发展战术指挥信息系统，并努力实现与作战武器系统的有效交联，以提高作战武器系统的作战效能和攻击精度。这种发展趋势表现为两个方面：一是战术指挥信息系统向作战单元和火力单元延伸；二是主战武器依托指挥信息系统向信息化平台扩展，最终实现指挥控制系统与作战武器系统的综合化和一体化。例如，作战单元或主战装备的信息设备将构成一个小的指挥信息系统，可随时进行侦察探测、目标识别、定位导航等信息处理活动，并通过通信设备加入上级指挥控制中心乃至全球军事指挥信息系统上，及时接收各种作战命令和控制指令，发送各种战场信息和执行结果。

4．扩展系统作用空间，增强太空开发利用

太空是未来信息化战争的制高点，控制和利用太空已成为21世纪美军指挥信息系统发展的重点。在卫星通信方面，美军将继续部署和完善军事战略、战术和中继通信系统，用于指挥控制战略和战术部队，转发从卫星和其他信息源来的情报信息。在预警和侦察卫星方面，继续研制和部署新一代红外遥感系统、光学成像系统、雷达探测系统等，不断增加系统功能以及监视的范围和精度，提高战术预警和攻击评估能力。

俄军认为，建立和保持太空优势是未来战争的一个发展趋势，太空、空中、地面已成为不可分割的一个整体，因此，必须加强太空的攻防能力。近几年，俄军又提出研制"往返式航天系统"，可实施战略与战术空间侦察，也可实施太空战，以高精度武器装备打击敌地面目标。可以预言，未来太空军事指挥信息系统的发展速度将更加迅猛，数量和质量也将大幅度提高。

三、预警侦察系统

孙子曰："知彼知己者，百战不殆。"现代战争中，随着现代技术特别是信息技术的飞速发展，信息的作用越来越重要，获取及时、准确、全面的预警信息是实施正确指挥并最终赢得战争的前提条件，预警侦察系统也已成为夺取战争胜利的必要手段。

（一）预警侦察系统的功能

预警侦察系统既有保障功能又有作战功能，是信息获取、传输、融合与分发的重要手段，是夺取战场信息优势的关键，同时也是未来陆、海、空、天、电一体化作战的重要武器和取得战争胜利的基础。近几场局部战争充分表明，预警侦察系统已成为作战行动的先导并贯穿于战争全过程，对改变敌对双方力量对比、作战进程乃至战争的结局都具有极其重要的作用。随着 21 世纪探测技术和信息技术的发展，世界各国的预警侦察系统将进入一个崭新的发展时期。

1．情报信息侦察、搜集功能

现代战争对情报信息侦察、搜集能力提出了更高的要求。战场环境复杂、侦察范围扩大、情报种类繁多、保障对象差异大，依靠单一的侦察、搜集手段已无法完成情报保障任务。必须具备多层次、全方位、分布式的情报信息侦察、搜集的能力，具有对敌方进行立体、全天候、全天时的侦察、搜集功能，以满足现代战争对情报信息的需求。

2．情报信息融合、处理功能

预警侦察系统应具有将各种情报系统构建成有机的综合处理功能。无论平时还是战时，均能接收上级的命令，向下级下达侦察任务和作战指令，并接收上、下级的情报信息，运用数据融合技术进行融合分析和综合判明处理，使之迅速形成准确、完备、有价值的情报信息，及时上报和分发。

3．情报信息传输、保障功能

要将获取的各种情报信息通过传输网络进行情报信息交换形成情报信息共享，相应的情报信息分发给获得授权的情报用户,还可以通过数据链及时传递给武器系统。同时预警侦察系统还要满足遂行各种作战对情报信息的需求,确实保障作战单位和单元完成自己的作战任务。

(二)预警侦察系统的组成

现代预警侦察系统主要包括陆基、海基、空基和天基四大类预警侦察系统。

1. 陆基预警侦察系统

陆基预警侦察系统主要由各种地面固定和机动式雷达、电子侦察装备、光电探测装备和声呐系统等组成,包括地面弹道导弹相控阵雷达、超视距雷达、监视雷达、固定信号情报侦察站、车载无线电侦察/测向系统、战场侦察雷达、战场光学侦察系统、战场传感器侦察系统、装甲侦察车等各种侦察装备。

2. 海基预警侦察系统

海基预警侦察系统主要由各种舰载雷达系统、声呐系统、电子侦察设备、水声侦察仪、磁异探测仪、潜望镜等观察设备,以及红外、微光、激光、电视等光电侦测设备组成。舰载预警侦察系统可不受国界限制,远航持续抵近目标侦察,弥补了空中和地面侦察的不足。

舰载雷达又可分为对空警戒雷达和对海警戒雷达,与敌我识别系统及声呐系统相配合,用于发现和监视海面、水下及空中目标。一般舰艇上都装有多种监视雷达、电子侦察与对抗设备、光学侦察设备、声呐系统等。典型的舰载预警探测系统是美国的"宙斯盾"作战系统,主要由相控阵雷达系统、指挥和决策系统、显示系统、武器控制系统、电子战系统、垂直发射系统等组成。

3. 空基预警侦察系统

空基预警侦察系统主要由各种预警机、气球吊载雷达、预警飞艇、反潜巡逻机、各种类型的侦察机等组成。空基预警侦察系统具有获取侦察探测范围广、灵活机动、信息时效性强、目标影像直观等特点。

预警机是重要的空基预警侦察系统,一般由客机或者运输机改装而成,机身上大多装有圆盘形雷达天线和天线罩,机舱内装有预警雷达、敌我识别、情报处理、指挥控制、通信、导航、电子侦察及电子对抗等设备。一架预警机的侦测范围相当于20部平均高度300米或100部平均高度5米的地面雷达。预警机对飞机的最大探测距离可达400～700千米,且一般可同时跟踪数百批目标,引导拦截数十批目标。

固定翼侦察机一般是专门设计或者由各种作战飞机改装而成,此外,还有一类是兼具侦察与指挥功能的战术侦察指挥机,如美国的E-8"联合监视与目标攻击雷达系统（JSTARS）"，P-8A"海神"反潜机。侦察直升机起降方便，可实施超低空侦察、悬停侦察，特别适用于搜集战场情报及敌战术防御纵深情报。无人侦察机具有结构简单、造价低、机动灵活等优点，美、俄、英、德等国已发展了可实施战略、战役、战术多层次侦察的多种无人侦察机，如美国的"捕食者""猎人"和"先锋"等。

4. 天基预警侦察系统

天基预警侦察系统侦察范围广、速度快，且不受地理、国界限制，已成为获取军事情报信息的重要装备。天基预警侦察系统是战略情报的主要来源，目前世界主要军事大国70%的战略情报都是通过卫星获得。该系统主要包括导弹预警卫星、照相侦察卫星、电子侦察卫星和海洋监视卫星等。天基预警侦察系统由星载侦察设备和地面信息接收处理系统组成。卫星上载有光电遥感器、雷达/无线电接收机等侦察设备，从轨道上对目标实施侦察、监视、跟踪。侦察设备记录目标反射或辐射的电磁波、可见光、红外信号，用胶卷、磁带将信息通过返回舱回收，或者用无线电传输方式实时或延时传到地面接收站。信号经处理、判读，有价值的情报最终被提取。导弹预警卫星由多颗卫星组成预警网，卫星上装有高灵敏度的红外探测器、电视摄像机等，可监视、发现和跟踪敌方发射的导弹，对主动飞行段导弹实施早期预警。典型的预警卫星系统有美国的国防支援计划(DSP)系统。卫星上装有双色中短波红外、可见光探测器以及核爆炸探测装置。成像侦察卫星装有星载照相机、多光谱扫描仪、电视摄像机和雷达等侦察设备，可获取目标影像信息。电子侦察卫星主要使用星载电子侦察接收机和磁带记录器，一般运行在高500～1 000千米的近圆轨道上，用于侦察、搜索和截获各种电磁波信号，并以快速通信方式将信息传回。其主要任务是获取雷达的性质和位置、秘密通信、战略武器发射等信息。

（三）预警侦察系统的发展趋势

未来战争对军事信息的时效性、准确性的要求将越来越高，要求预警侦察系统具备全空域监视、快速的反应能力和精确的目标分类和识别能力，不断提高对超低空目标、高空目标和隐身目标的探测能力，以及对目标特别是对运动目标、隐身目标、伪装目标、地下目标的识别和分辨能力。预警侦察系统发展趋势主要有以下几个方面。

1. 发展机载与星载大空域多功能相控阵雷达预警侦察系统

相控阵雷达集探测、跟踪、武器控制等多种功能于一体，与升空平台（飞机、卫星）相结合，具有监视全空域能力。同时通过增大雷达波的频带宽度和采用合成孔径体制，可进一步提高距离分辨率和角度分辨率。

2. 智能化程度不断提高

未来战争中，预警侦察系统所搜集的信息量将不断扩大，必须要通过信息融合、处理等技术的发展，改善预警侦察系统的信息处理范围、速度、精度及情报的可信度。特别是人工网络理论的发展将促进预警侦察系统向智能化发展。

3. 发展隐身目标预警系统

隐身武器的不断发展，对预警系统是一种严重的挑战。在现有雷达技术基础上，提高对隐身目标的探测能力主要有以下措施：增大雷达的有效辐射功率，提高雷达接收机的灵敏度；针对现有隐身技术主要是对抗微波雷达的特点，采用频率较低、波长较长的宽频带雷达探测隐身目标；发展多基地雷达，即把雷达发射机与接收机分开，合理设置多个接收站，总有一个接收站能收到隐身目标反射的雷达波。

4. 增强系统的抗干扰和生存能力

在未来战争环境中，预警侦察系统面临着电子干扰威胁、反辐射导弹及精确制导武器等的攻击，必须提高系统的抗隐身、抗干扰、抗辐射和抗摧毁能力。例如，为了防止反卫星武器的破坏，美国 KH-12 卫星就采取了防核效应加固手段和防激光武器保护手段，增加了防碰撞探测器，增强了机动变轨能力。为提高航空情报侦察系统的生存能力，空基侦察系统将向高高空或超低空、高速、隐身方向发展。

5. 发展一体化探测系统

一体化探测系统集雷达、激光、红外、毫米波等多种探测器于一体，集有源探测与无源探测于一体，可大大提高对多种目标的探测能力。

四、卫星导航系统

导航，是指实时测定运动载体或人员的位置和速度，并引导其沿一定的航线到达目的地的方法。导航技术最先被用于海上航行。因为在茫茫的海上，根本不可能像在陆地那样找到可供利用的参考物。随着科学技术的发展，导航技术的应用对象又被扩大至飞机、导弹、飞船、坦克、车辆和单兵等，导航过程中应能够随时提供反映载体运动状态的位置、速度、姿态以及相对于航行目的地的其他一些参数，以便于载体沿着航行安全、用时较短、费用经济的路线到达目的地。

（一）卫星导航系统概述

卫星导航系统，是把导航台设置在人造卫星上的一种导航系统，从卫星上连续发射无线电信号，为地面、海洋、空中和空间用户导航定位的人造地球卫星。由于卫星离地高度很高，因此其辐射的无线电波的覆盖区域很大，只要有一定数量的导航卫星，即可为全球提供不受天气、时间变化影响的导航服务。与利用恒星进行导航的天文导航不同，天文导航只能进行测角，而卫星导航由于可在人造卫星上装备无线电发射机，因此可以对用户与卫星之间的距离及距离变化率进行测量，并由此确定用户的位置。

（二）卫星导航系统构成

以 GPS 为例，卫星导航系统一般由空间控制部分、地面控制部分和用户装置部分组成。

1. 空间控制部分

导航卫星装有专用的无线电导航设备，用户接收导航卫星发来的无线电导航信号，通过时间测距或多普勒测速分别获得用户相对于卫星的距离或距离变化率等导航参数，并根据卫星发送的时间、轨道参数，求出在定位瞬间卫星的实时位置坐标，从而定出用户的地理位置坐标（二维或三维坐标）和速度矢量分量。由数颗导航卫星构成导航卫星网（导航星座），具有全球和近地空间的立体覆盖能力，实现全球无线电导航。导航卫星按是否接收用户信号分为主动式导航卫星和被动式导航卫星；按导航方法分为多普勒测速导航卫星和时差测距导航卫星；按轨道分为低轨道导航卫星、中高轨道导航卫星、地球同步轨道导航卫星。

2. 地面控制部分

由主控站（负责管理、协调整个地面控制系统的工作）、地面天线（在主控站的控制下，向卫星注入寻电文）、监测站（数据自动收集中心）和通讯辅助系统（数据传输）组成。

3. 用户装置部分

主要由 GPS 接收机和卫星天线组成。GPS 接收机，根据型号分为测地型、全站型、定时型、手持型、集成型；根据用途分为车载式、船载式、机载式、星载式、弹载式。

现有的卫星导航系统有美国的 GPS、俄罗斯的 GLONASS、欧洲的伽利略和中国的北斗四个全球卫星导航系统。因此，地球上任何地方、任何时候都可以至少看到任何一个系统的 5 颗卫星，最多时可看到 11 颗。所以，用任何一个系统都能求得自己的准确位置和准确时间。目前，GPS 系统运行正常，应用技术发展较充分，用户设备普及，在军事和民用方面成效巨大，已经逐步占据了全球定位于时间基准（时间基准，就是在当代被人们确认为是最精确的时间尺度，长期以来人们一直在寻求着这样的时间尺度）的位置。

(三) 卫星导航系统的特点

1．覆盖区域广

卫星导航系统能为全球任何地点和近地空间提供连续的导航能力，是其他任何导航系统无法比拟的。

2．测量精度高

卫星导航系统能连续地为各类用户提供三维位置、三维速度和精确的时间信息。

3．观测时间短

卫星导航系统用于快速静态相对定位测量时，当每个流动站与基准站相距在15千米以内时，只需观测1～2秒；用于动态相对定位时，流动站开始作业前先观测1～2秒，然后可以随时定位，每站观测仅需几秒钟。

4．造标费用低

卫星导航系统测量不需要测站之间互相通视，只需测站上空开阔即可。因此，可以节省大量的造标费用。

5．抗干扰能力强

卫星导航系统导航信号是用导航电文和伪随机码去调制高频载波而得到的，使导航信号的宽度被扩展，进而调制高频载波，实现码分多址，从而使卫星导航信号具有码分多址抗干扰性强的基本特点。

6．操作简便

卫星导航系统测量的自动化程度很高，在观测中观测员的主要任务是安装并开关仪器、量取仪器高、监视仪器的工作状态和采集环境的气象数据，其他的观测和数据记录等均由仪器自动完成。此外，卫星导航系统测量设备的体积小、重量轻，携带和搬运方便，大大减轻了测量者的劳动强度。

第四节　信息化杀伤武器

信息本身不具有杀伤敌人的能力。为更加高效地实现消灭敌人的目标，赢得信息化战争的胜利，信息化杀伤武器走上了前台。信息化杀伤武器是复杂的技术系统，是当前武器装备发展的最高级形态，它着眼于武器装备系统的整体功能，本身具有体系之义。目前，信息化杀伤武器主要包括各种精确制导武器和正在发展中的新概念武器等。

一、精确制导武器

精确制导武器是指采用精确制导技术，直接命中概率在50%以上的武器。精确制导技术是在复杂的战场环境中，利用目标的特征信号，发现、识别和跟踪目标，并将武器直接引导至目标实施有效打击的技术。直接命中是相对于爆炸破片对目标的间接命中而言的，一般是指武器战斗部与目标有效部位的直接接触命中。

精确制导武器可分为导弹和精确制导弹药两大类。导弹与精确制导弹药的主要区别在于前者依靠自身的动力系统和导引控制系统飞向目标，后者自身无动力装置，需借助火炮、飞机投放，也没有全程制导装置，仅有在飞行末段起作用的寻的装置或传感器。

（一）导弹

导弹是指依靠自身的动力装置推进，由制导系统导引，控制其飞行路线并导向目标的武器（见图5-13）。导弹是精确制导武器中研究最早、类别最多、生产和装备量最大的一类。导弹可从多种角度分类。

按导弹发射点和目标位置分类，可分为地地导弹、地空导弹、岸舰导弹、潜地导弹、空地导弹、空空导弹和空舰导弹等。

按作战任务分类，可分为战略导弹和战术导弹。战略导弹是用于完成战略任务的导弹，通常使用核战斗部，由国家最高统帅部直接掌握，用于摧毁敌方纵深重要战略目标。战术导弹是用于完成战术任务的导弹，主要用于打击敌方战役战术纵深的战役战术目标。亦可用于直接支援地面部队作战。

图5-13　导弹

按导弹射程分类，可分为近程导弹（射程在1 000千米以内）、中程导弹（射程在1 000～3 000千米）、远程导弹（射程在3 000～8 000千米）及洲际导弹（射程在8 000千米以上）。

按导弹的弹道特征分类，可分为飞航式导弹（如"战斧"巡航导弹）和弹道式导弹。

按攻击的目标分类，可分为反坦克导弹、反舰导弹、反雷达（反辐射）导弹、反卫星导弹、反导导弹等。但精确制导武器发展趋势之一是通用化、多功能化，因此这种分类方法仍有一定局限性。

（二）精确制导弹药

精确制导弹药根据不同的作用原理可分为末制导弹药和末敏弹药两类。

1．末制导弹药

末制导弹药有寻的器和控制系统，在其弹道末段能根据目标和弹药本身的位置自行修正或改变弹道，直至命中目标。其类型主要有制导炮弹、制导炸弹等。

制导炮弹是用地面火炮发射，弹丸带有制导装置的炮弹的总称。它能够在火炮的最大射程内以很高的单发命中概率攻击目标，主要有激光制导炮弹、毫米波制导炮弹和红外寻的制导炮弹等。

制导炸弹也叫灵巧炸弹，是指有制导装置和空气动力操纵面的航空炸弹。其类型主要有激光制导炸弹和电视制导炸弹。制导炸弹是航空炸弹的新发展，通常是在制式航空炸弹上加装制导装置和气动力装置，靠飞机投弹时给予的初速滑翔飞行，其制导系统同一般空对地导弹的导引头相似，有的甚至就是直接移植而来的。精确制导技术使航空弹药"长了大脑"，一定程度上已具有"发射后不用管""同时攻击多个目标""指哪打哪"和能在数十、数百乃至上千千米之外全天候攻击任何目标的能力。精确制导的航空炸弹圆概率误差为 0～3 米，命中概率是第二次世界大战时普通航弹的 25～50 倍，弹药的消耗量降低到原来的 1/50～1/10，效费比提高 25～50 倍。

2．末敏弹药

末敏弹药不能自动跟踪目标，也不能改变飞行弹道，只能在被撒布的范围内利用其自身的探测器（寻的器）探测和攻击目标。

末敏弹药通常由一些子弹药组成。子弹药被抛撒后，立即用其自身携带的探测器开始在小范围内探测目标，发现目标后，即可沿探测器瞄准的方向发射弹丸，对目标进行攻击，既有较大的毁伤面积，又有较高的命中精度。它是子母弹技术、爆炸成型弹丸技术和先进的传感器技术相结合的产物。末敏弹药探测范围较窄，一般仅为末制导弹药探测范围的 1/10 左右。

二、新概念武器

新概念武器是指与传统武器相比，在基本原理、杀伤破坏机理和作战方式上都有本质区别，尚处于研制或探索之中的一类新型武器。新概念武器的出现和陆续实用化，必将对未来的军事理论、作战方式、军队体制编制等产生一系列革命性的影响。

(一)激光武器

激光武器是利用激光的能量直接摧毁目标或使其失去战斗力的定向能武器。根据激光功率大小和用途的不同,激光武器可分为激光干扰与致盲武器、战术激光武器、战区激光武器和战略激光武器。激光干扰与致盲武器是低能激光武器,在武器装备的分类中属光电对抗装备。后三者为高能激光武器,也就是通常意义上的激光武器。高能激光武器又叫强激光武器或激光炮。高能激光武器的杀伤破坏效应主要是烧蚀效应、激波效应、辐射效应。

激光干扰与致盲武器采用中小功率器件,平均功率在万瓦级以下,但脉冲峰值功率可达10万至百万瓦级;战术防空激光武器的平均功率需10万瓦以上,射程在10千米左右;战区防御激光武器的平均功率需百万瓦以上,有效射程大于100千米;战略反导激光武器功率需10^7万~10^8万瓦,射程在数百公里到数千公里之间;战略反卫星激光武器的作用距离一般为200千米,最高平均功率需达到几百万瓦。

激光武器具有许多独特的性能:一是反应迅速,光速以近每秒30万千米传输,打击战术目标不需要计算射击提前量,瞬发即中。二是可在电子战环境中工作,激光传输不受外界电磁波的干扰,目标难以利用电磁干扰手段避开激光武器的射击。三是转移火力快,激光束发射时无后坐力,可连续射击,能在很短的时间内转移射击方向,是拦截多目标的理想武器。四是作战效费比高,化学激光武器仅耗费燃料,每次发射费用为数千美元,远低于防空导弹的费用。

激光武器的研制始于20世纪60年代末,经过几十年的发展,美国、俄罗斯、英国、德国、法国、以色列等国在激光武器研制方面均已取得长足进步。目前,强激光武器以发展高能氟化氢化学激光武器技术和高能氧碘化学激光武器技术为主,现已形成战术、战区和战略多层次防空、反导及反卫星激光武器技术体系。战术激光武器技术基本成熟,已研制出武器样机。战区防御机载激光武器关键技术已突破,激光器单模块功率已达30万瓦,光束主动跟踪系统已经能锁定住30~50千米远处飞行速度为1 000米/秒的助推段导弹。美空军正在大力推进大型机载激光器(ABL)计划(见图5-14),美国"阿尔法"激光器现已将输出功率提高到500万瓦天基激光武器所需要的所有关键技术都通过了验证,并成功地进行了兆瓦级高功率激光器与光束控制、瞄准子系统的地面集成综合试验。其他国家也在大力发展强激光武器技术,俄罗斯的战术防空激光武器已具备实现武器化的技术能力,其天基激光武器系统的核心部件也正在接近百万瓦级的武器化技术指标。

图5-14　美国ABL机载激光器

当前各国正在发展的第一代强激光武器因体积和重量大，机动性和灵活性比较差。下一代强激光武器技术将向二极管泵浦固体激光武器技术、激光二极管相控阵列技术和自由电子激光武器技术等方向发展，器件将实现小型化，可实现在战斗机等小平台上使用。

（二）粒子束武器

粒子束武器是以电子、质子、离子或中性粒子为弹丸，通过高能加速器将其加速到接近光速，聚集成密集的束流射向目标，以束流的动能或其他效能杀伤破坏目标的定向能武器。粒子束武器具有快速、高能、灵活、干净、全天候使用等特点。射击不用提前量，千分之一秒就能改变射向，在极短的时间内从容地对付多批目标，是打击空间飞行器、洲际导弹和其他高速运动点状目标的理想武器。

高能粒子束武器主要有三种破坏作用：一是使目标物质结构材料汽化或融化。二是提前引爆目标中的引爆炸药或破坏目标中的热核材料。三是使目标的电路被破坏、电子装置失灵。根据研究结果，粒子束武器在现代战争中的应用主要是识别和拦截洲际导弹。这是因为洲际导弹在飞行中段除了释放弹头之外，还释放出大量的诱饵假弹头，只有中性粒子才能有效地对真假弹头进行识别，由此可见，粒子束武器是识别和拦截洲际导弹的最佳选择。

（三）电磁武器

电磁炮（见图5-15）是利用运动电荷或载流导体在磁场中切割磁力线，产生的电磁力（洛仑兹力）来加速弹丸，是完全依赖电能和电磁力加速弹丸的一种超高速发射装

图5-15　电磁炮

置。电磁炮主要分为电磁线圈炮、电磁轨道炮两类。电磁线圈炮是利用感应耦合的固定线圈产生的磁场与弹丸线圈上的感应电流相互作用产生的电磁力，推动弹丸加速；电磁轨道炮是利用流经导电轨道和滑动电枢的强电流与其所产生的磁场作用的电磁力驱动弹丸。目前国外发展的电磁炮主要是轨道炮，其炮口初速远大于其他类型的电磁发射器，理论上可达几十千米/秒。

与常规火炮相比，电磁炮炮口初速大、质轻型小、隐蔽性好、射击速率高、可控性好。电磁炮独特的优点，使其在未来战场的广泛领域中拥有重要的应用价值。在防空防天与反导方面，电磁炮可广泛用于反飞机、反巡航导弹、反弹道导弹甚至反卫星作战。在反装甲方面，电磁炮将成为侵彻各种新型装甲的有效途径，炮口动能15兆焦以上的电磁炮可以击毁常规火炮难以击毁的装甲目标。此外，在反舰、航天发射等方面也具有非常广泛的应用前景。我国海军舰载电磁炮已试验成功。

（四）环境武器

环境武器是指通过利用或改变自然环境状态所产生的巨大能量来打击目标的武器。战争总是在一定的环境中进行的，随着科学技术的发展，在未来的战争中，交战军队将有能力借助先进技术更大程度地利用自然环境中潜在的巨大能量呼风唤雨，让人工灾难降临到敌人头上。目前，环境武器主要分为以下三种类型。

1. 气象型

气象型环境武器利用云和大气中微粒的不稳定性，人为地制造出洪暴、干旱、闪电、冰雹和大雾；利用大气中的不稳定性人工引起飓风、龙卷风以及台风等自然灾害，进而对人和生物等造成危害。

2. 地震作用型

地壳中隐藏的热应力分布不均，具有极强的不稳定性，因此通过人为激发可以诱发"人造地震"。实验证明，当量为100万吨TNT的核爆炸可能引发里氏6.9级地震。

3. 生态型

生态型环境武器即通过向敌方地区撒播能阻止地球表面热量散发的化学物质，使敌国的大地变成干燥的沙漠，导致生态环境变化；还可以把大量的溴或氯释放到敌方上空，破坏臭氧层，使之形成"空洞"，让大量的紫外线辐射到敌国地面。

下篇

军事技能

★ 共同条令教育与训练

★ 射击与战术训练

★ 防卫技能与战时防护

★ 战备基础与应用训练

第六章
共同条令教育与训练

学习目标

· 了解中国人民解放军三大条令的主要内容。

· 掌握队列动作的基本要领,养成良好的军事素养。

· 增强组织纪律观念,培养令行禁止、团结奋进、顽强拼搏的过硬作风。

第一节 共同条令教育

中国人民解放军的共同条令包括内务条令、纪律条令、队列条令,是军队建设的基本法规。共同条令就是用法规的形式把统一的、行之有效的管理制度、方法和措施固定下来,作为全军部队和军人的行为准则。

2018年5月1日我军新修订的《中国人民解放军内务条令(试行)》《中国人民解放军纪律条令(试行)》和《中国人民解放军队列条令(试行)》颁布施行。明确了共同条令的指导思想和原则,坚持政治建军、改革强军、科技兴军、依法治军,聚焦备战打仗,着眼新体制、新要求,调整规范军队单位称谓和军人职责,充实日常战备、实战化军事训练管理内容要求。

一、《中国人民解放军内务条令(试行)》

《中国人民解放军内务条令(试行)》〔以下简称《内务条令(试行)》〕是为了规范中国人民解放军的内务制度,加强内务建设,根据有关法律和军队建设的实际制定。军队的内务建设,是军队进行各项建设的基础,是巩固和提高战斗力的重要保证。其基本任务是:使每个军人明确和认真履行职责,维护军队良好的内外关系,建立正规的战备、训练、工作、生活秩序,培养优良的作风和严格的纪律,保证军队圆满完成任务。

制定《内务条令》的主要作用是使全军官兵牢固树立战备观念,养成令行禁止的作风,不断提高战斗力;以军事训练为中心,以正规化建设为重点,以建设一支"听党指挥、能打胜仗、作风优良"为目标统筹安排各项工作,建立良好的战备、训练、工作和生活秩序;加强战备物资和军事管理,保证其经常处于良好的状态。

《内务条令(试行)》共十五章,三百二十五条,并附录十项。

第一章 总则。本章是该条令的纲。它阐述了我军的宗旨:"中国人民解放军是中国共产党缔造和领导的,用马克思列宁主义、毛泽东思想、邓小平理论、'三个代表'重要思想、科学发展观、习近平新时代中国特色社会主义思想武装的人民军队,是中华人民共和国的武装力量,是人民民主专政的坚强柱石。紧紧地和人民站在一起,全心全意地为人民服务。"是制定内务条令的基本依据。阐明了我军内务建设必须坚持的指导思想，贯彻新时期军事战略方针和新时代建军总要求，努力建设一支听党指挥、能打胜仗、作风优良的人民军队。总则还规定了我军内务建设所必须遵循的原则和《内务条令》的适用范围。

第二章 军人宣誓。中国人民解放军军人，是在中国人民解放军服现役的中华人民共和国公民。军人宣誓，是军人对自己肩负的神圣职责和光荣使命的承诺和保证。本章规定了军人宣誓的内容和基本要求。

军人誓词是：我是中国人民解放军军人，我宣誓：服从中国共产党的领导，全心全意为人民服务，服从命令，忠于职守，严守纪律，保守秘密，英勇顽强，不怕牺牲，苦练杀敌本领，时刻准备战斗，绝不叛离军队，誓死保卫祖国。〔《内务条令（试行）》第十三条〕

第三章 军人职责。本章规定了士兵、军官、首长和各级主管人员的职责。士兵的一般职责有：努力学习马克思列宁主义、毛泽东思想、邓小平理论、"三个代表"重要思想、科学发展观、习近平新时代中国特色社会主义思想，贯彻党的路线、方针、政策，遵守国家的法律法规，执行军队的法规制度；服从命令，听从指挥，英勇顽强，不怕牺牲，坚决完成任务；刻苦训练，熟练掌握军事技能，努力提高打仗本领；熟练操作使用和认真维护武器装备，使其经常保持良好状态；严守纪律，服从管理，尊重领导，团结同志，爱护集体荣誉，维护良好形象；艰苦奋斗，厉行节约，爱护公物；积极学习科学技术和文化知识，提高科学文化素养；落实安全要求，严格保守国家和军队的秘密。〔《内务条令（试行）》第十九条〕

第四章 内部关系。本章规定了军人之间、官兵之间、机关之间、部队之间的相互关系。中国人民解放军军人，不论职位高低，在政治上一律平等，相互间是同志关系。军官、士兵依行政职务和军衔，构成首长和部属、上级和下级之间的关系。

第五章 礼节。礼节体现了军队内部团结友爱和相互尊重。军人敬礼分为举手礼、注目礼和举枪礼。

第六章 军人着装。本章详细规定了军人着装的具体要求。军人应当配套穿着军服，佩带军衔、级别资历章（勋表）等标志服饰，做到着装整洁庄重、军容严整、规范统一。

第七章 军容风纪。本章详细规定了军人仪容仪表的具体要求。军人应当军容严整，遵守相关规定。

第八章 与军外人员的交往。本章规定了军队单位和人员在与军外人员交往中必须遵纪守法，保持良好形象，坚决维护国家和军队的利益。

第九章 作息。本章规定了一日时间分配，连队一日生活和机关一日生活的具体制度。

第十章　日常制度。主要内容有：行政会议、请示报告、连队内务设置、登记估计、请假销假、查铺查哨、军官留营住宿、点验、交接、接待、证件和印章管理及保密制度。

第十一至第十四章　主要规定了值班、警卫、零散人员管理、日常战备和紧急集合、装备集合、装备日常管理、财务和伙食及农副业生产管理、卫生、营区及房地产管理、野营管理、安全工作以及国旗、军旗、军徽的使用和国歌、军歌的奏唱等有关事项。

第十五章　附则（略）。

二、《中国人民解放军纪律条令（试行）》

《中国人民解放军纪律条令（试行）》（以下简称《纪律条令（试行）》）是用简明条文规定的、通过命令颁布的关于军队纪律及奖惩的法规。它既是维护和巩固纪律的准则，又是部队实施奖惩的基本依据。

现行的《纪律条令（试行）》继承了我军维护和巩固纪律的优良传统，贯彻了依法从严治军的思想，体现了党在新时期的路线、方针、政策和宪法精神，反映了我军现阶段的特点和广大指挥员的要求。纪律条令的主要作用在于通过实施奖惩来保障其他军事法规的各项规定得以落实，各种军事活动得以正常运转。

《纪律条令（试行）》共十章二百六十二条，并附录八项。

第一章　总则。本章指出了"中国人民解放军的纪律，是建立在政治自觉基础上的严格的纪律，是军队战斗力的重要因素，是保持人民军队性质、宗旨、本色，团结自己、战胜敌人和完成一切任务的保证"。（《纪律条令（试行）》第三条）军人在任何情况下都必须严格遵守和自觉维护纪律，不允许有任何违反纪律的现象存在。

中国人民解放军纪律的基本内容有：执行中国共产党的路线、方针、政策；遵守国家的宪法、法律、法规；执行军队的条令条例和规章制度；执行上级的命令和指示；执行三大纪律、八项注意（三大纪律是：一切行动听指挥；不拿群众一针一线；一切缴获要归公。八项注意是：说话和气；买卖公平；借东西要还；损坏东西要赔；不打人骂人；不损坏庄稼；不调戏妇女；不虐待俘虏）。

中国人民解放军的纪律要求每个军人必须做到：①听从指挥，令行禁止；②严守岗位，履行职责；③尊干爱兵，团结友爱；④军容严整，举止端正；⑤提高警惕，保守秘密；⑥爱护武器装备和公物；⑦廉洁奉公，不谋私利；⑧拥政爱民，保护群众利益；⑨遵守社会公德，讲究文明礼貌；⑩缴获归公，不虐待俘虏。

第二章　纪律的主要内容。本章明确了纪律条令的主要内容。

中国人民解放军军人要遵守政治纪律，对党忠诚，立场坚定。坚定不移贯彻执行党的路线、方针、政策，坚持党对军队绝对领导的根本原则和制度，牢固树立政治意识、大局意识、核心意识、看齐意识，坚决维护权威、维护核心、维护和贯彻军委主席负责制，自觉在思想上政治上行动上同党中央、中央军委保持高度一致，在重大政治斗争中立场坚定，在重大原则问题上旗帜鲜明。〔《纪律条令（试行）》第十一条〕

第三章　奖励。本章明确了奖励的目的和原则、项目、条件、奖励的权限和实施奖励的要求、程序和形式。

"奖励的目的在于鼓励先进，维护纪律，调动官兵的积极性、创造性，发扬爱国主义、共产主义和革命英雄主义精神，保证作战、训练和其他各项任务的完成。"（《纪律条令》第21条）奖励以精神奖励为主，物质奖励为辅。个人奖励项目由低到高依次为：嘉奖、三等功、二等功、一等功、荣誉称号、八一勋章。

第四章　表彰。本章明确了表彰的对象、范围和表彰程序。

第五章　纪念章。本章介绍了纪念章的制作及发放标准。

国防服役纪念章颁发给服现役满8年以上的人员，其中，服现役满8年以上、不满16年的，授予铜质纪念章；服现役满16年以上、不满30年的，授予银质纪念章；服现役满30年以上的，授予金质纪念章。〔《纪律条令（试行）》第一百零三条〕

第六章　处分。本章明确了处分的目的和原则、项目、条件、处分的权限和实施处分的具体程序、要求和方法。

对士兵的处分由低到高依次为：警告、严重警告、记过、记大过、降职或降衔(衔级工资档次)、撤职或者取消士官资格、除名、开除军籍。此外，还有对军官和文职干部的处分项目(略)。处分的目的在于严明纪律，教育违纪者和部队，加强集中统一，巩固和提高部队战斗力。处分坚持惩前毖后、治病救人等原则。

第七章　特殊措施。本章规定了各种特殊情况发生的处理原则和方法以及所负责任。

第八章　控告和申诉。本章明确了控告和申诉的目的；控告、申诉的程序和形式；保证控告、申诉权的要求以及控告军外人员的注意事项。实施控告和申诉是军人的民主权利，要求"控告和申诉应当忠于事实"。

第九章　首长责任和纪律监察(略)。

第十章　附则(略)。

三、《中国人民解放军队列条令（试行）》

《中国人民解放军队列条令（试行）》〔以下简称《队列条令（试行）》〕是规定军队队列动作、队列队形与指挥的法规和准则，是军队队列训练和队列生活的依据。

现行《队列条令（试行）》继承了我军"严格要求，严格训练"的传统，使我军队列动作、队列生活得以进一步规范，对培养军人良好的姿态、严整的军容、优良的作风提高部队的组织纪律性，增强我军的战斗力发挥了重要的作用。

《队列条令》共十章八十九条，并附录四项。

第一章　总则。本章阐述了立法目的、适用范围，队列训练的作用与意义，首长、机关的责任，以及队列纪律。

第二章　队列指挥。本章规定了指挥员队列指挥位置、方法和要求。

第三章　队列队形。本章规定了班、排、连、营、团和军兵种分队、部队的基本队形以及军旗位置。

第四章　单个军人的队列动作。本章规定了单个军人分队的队列动作。

第五章　分队、部队的队列动作。本章明确了分队和部队集合、离散、整齐、报数、出列、入列、行进、停止、队形变换等动作要求。

第六章　分队乘坐交通工具。本章规定了分队乘坐汽车的组织程序、实施方法和要求，明确了行车与停车的注意事项和具体规定。

第七章　国旗的掌持、升降和军旗的掌持、授予与迎送。本章规定了国旗的掌持、升降和军旗的掌持、授予、迎送和程序、方法、要求、要领以及队形和队列动作。

第八章　阅兵。本章明确了阅兵的时机和形式，规定了阅兵式、分列式的组织程序和分队的动作要领。

第九章　仪式。本章明确了各个场合的相关规定和要求。

第十章　附则（略）。

第二节　分队队列动作

队列的基本队形为横队、纵队、并列纵队。需要时可调整为其他队形。队列人员之间的间隔（两肘之间）约10厘米，距离（前一名脚跟至后一名脚尖）约75厘米。需要时，可调整队列人员之间的间隔和距离。

一、基本队形

（一）班的队形

班的基本队形，分为横队和纵队。需要时，可成二列横队或二路纵队。步兵班通常按班长、正副机枪射手、步枪手或冲锋枪手、正副火箭筒射手、副班长的顺序列队。必要时可按身高列队。

（二）排的队形

排的基本队形分为横队和纵队。排横队，由各班的班横队依次向后排列组成。排纵队，由各班的班纵队依次向右并列组成。横队时，排长在第一列基准兵右侧；纵队时，排长在队列前中央。

（三）连的队形

连的基本队形，分为横队、纵队和并列纵队。连横队，由各排的排横队依次向左并列组成。连纵队，由各排的排纵队依次向后排列组成。连并列纵队，由各排的排纵队依次向左并列组成。连部和炊事班组成相应的队行，位于本连队队尾。

二、集合、离散

（一）集合

集合是使单个军人、分队、部队按照规范队形聚集起来的一种队列动作。

集合时，指挥员应当先发出预告或者信号，如"全连（或×排）注意"，然后，站在预定队形的中央前，面向预定队形成立正姿势，下达"成××队——集合"的口令。所属人员听到预告或信号，原地面向指挥员成立正姿势；听到口令，跑步到指定位置面向指挥员集合（在指挥员后侧的人员，应当从指挥员右侧绕过），自行对正、看齐，成立正姿势。

1. 班集合

口令："成班横队（二列横队）——集合"。

要领：基准兵迅速跑到班长左前方适当位置，成立正姿势；其他士兵以基准兵为准，依次向左排列，自行看齐。

成班二列横队时，单数士兵在前，双数士兵在后。

口令："成班纵队（二路纵队）——集合"。

要领：基准兵迅速到班长前适当位置，成立正姿势；其他士兵以基准兵为准，依次向后排列，自行对正。

成二路纵队时，单数士兵在左，双数士兵在右。

2. 排集合

口令："成排横队——集合"。

要领：基准班在指挥员前方适当位置，成班横队迅速站好；其他班成班横队，以基准班为准，依次向后排列，自行对正、看齐。

口令："成排纵队——集合"。

要领：基准班在指挥员右前方适当位置，成班纵队迅速站好；其他班成班纵队，以基准班为准，依次向右排列，自行对正、看齐。

3．连集合

口令："成连横队——集合"。

要领：队列内的连指挥员或者基准排，在指挥员左前方适当位置，成横队迅速站好；各排和连部成横队，以连指挥员或者基准排为准，依次向左排列，自行对正、看齐。

口令："成连纵队——集合"。

要领：队列内的连指挥员或者基准排，在指挥员前方适当位置，成纵队迅速站好；各排和连部成纵队，以连指挥员或者基准排为准，依次向后排列，自行对正、看齐。

口令："成连并列纵队——集合"。

要领：队列内的连指挥员或者基准排，在指挥员左前方适当位置，成纵队迅速站好；各排和连部成纵队，以连指挥员或者基准排为准，依次向左排列，自行对正、看齐。

（二）离散

离散是使队列的单个军人、分队、部队各自离开原队列位置的一种队列动作。

1．离开

口令："各营（连、排、班）带开（回）"。

要领：队列中的各营（连、排、班）指挥员带领本队迅速离开原来队列位置。

2．解散

口令："解散"。

要领：队列人员迅速离开原队列位置。

三、整齐、报数

（一）整齐

整齐是使列队人员按照规定的间隔、距离，保持行、列齐整的一种队列动作。整齐分为向右（左）看齐和向中看齐。

口令："向右（左）看——齐"。

要领：基准兵不动，其他士兵向右（左）转头（持枪、炮时，听到口令，迅速将枪、炮稍提起,看齐后自行放下),眼睛看右(左)邻士兵腮部,前4名能通视基准兵,自第五名起,以能通视到本人以右(左)第三人为度。后列人员,先向前对正,后向右(左)看齐。听到"向前看"的口令,迅速将头转正,恢复立正姿势。

口令:"以×××同志为准,向中看——齐"。

要领:当指挥员指定以×××同志为准(或以第×名同志为准)时,基准兵答"到"同时左手握拳高举,大臂前伸与肩略平,小臂垂直举起。听到"向中看——齐"的口令后。其他士兵按照向右(左)看齐的要领实施。听到"向前看"的口令后,基准兵迅速将手放下,其他士兵迅速将头转正,回复立定姿势。

一路纵队看齐时,可以下达"向前——对正"的口令。

(二)报数

口令:"报数"。

要领:横队从右至左(纵队由前向后)依次以短促洪亮的声音转头(纵队向左转头)报数,最后一名不转头。数列横队时,后列最后一名报"满伍"或"缺×名"。连集合时,由指挥员下达"各排报数"的口令,各排长在队列内向指挥员报告人数,如"第×排到齐"或"第×排实到××名"。必要时也可以统一报数。

连实施统一报数时各排不留间隔,要补齐,成临时编组的横队队形。

四、出列、入列

单个军人或分队出、入列通常用跑步(5步以内用齐步,1步用正步),或按照指挥员指定的步法执行;然后,进到指挥员右前侧适当位置或者指定位置,面向指挥员成立正姿势。

(一)单个军人出列、入列

1. 出列

口令:"×××(或第×名),出列"。

要领:出列军人听到呼点自己的姓名或序号应当答"到",听到"出列"的口令后,应当答"是"。

位于第一列(左路)的军人,按照本条上述规定,取捷径出列。

位于中列(路)的军人,向后(左)转,待后列(左路)同序号的军人向右后退1步(左后退1步)让出缺口后,按照本条的上述规定从队尾(纵队时从左侧)出列;位于"缺口"位置的军人,待出列军人出列后,即复原位。

位于最后一列(右路)的军人出列,先退1步(右跨1步),然后按照本条有关规定从队尾出列。

2.入列

口令:"入列"。

要领:听到"入列"口令后,应答"是",然后按照出列的相反程序入列。

(二)班、排出列、入列

口令:"第×班(排),出列(入列)"。

要领:听到"第×班(排),出列(入列)"的口令后,由出(入)列班(排)的指挥员答"到"或"是",并用口令指挥本班(排)按有关规定,以纵队形式从队尾出(入)列。

五、行进、停止

横队和并列纵队行进以右翼为基准,纵队行进时以左翼为基准(一路纵队时以先头为基准)。

行进口令:"×步——走"。

要领:听到口令,基准兵向正前方前进,其他士兵向基准翼标齐,保持规定的间隔、距离行进。纵队行进时,排、连通常成三路纵队,也可以成一、二路纵队。行进中,可用"一二一""一二三四"或唱队列歌曲,以保持步伐整齐和振奋士气。

停止口令:"立——定"。

要领:听到口令,按立定的要领实施,分队的动作要整齐一致。停止后,听到"稍息"的口令后。先自行对正、看齐,再稍息。

六、队形变换

队形变换是一种队形变为另一种队形的队列动作。

(一)横队和纵队的互换

1.横队变纵队

停止间口令:"向右——转"。

行进间口令:"向右转——走"。

2．纵队变横队

停止间口令："向左——转"。

行进间口令："向左转——走"。

要领：停止间，按照单个军人向右（左）转的要领实施。行进间，按照单个军人向右（左）转走的要领实施。分队动作要整齐一致。队形变换后，排以上指挥员应当进到规定的队列位置。

（二）停止间的班横队和班二列横队，班纵队和班二路纵队互换

1．班横队变班二列横队

口令："成班二列横队——走"。

要领：变换前，先报数。听到口令，双数士兵左脚后退一步，右脚（不靠拢左脚）向右跨1步，左脚向右脚靠拢，站到单数士兵之后，自行对正、看齐。

2．班二列横队变班横队

口令："间隔1步，向左离开。成班横队——走"。

要领：听到"间隔1步，向左离开"的口令，取好间距，听到"成班横队——走"的口令，双数的士兵左脚左跨1步，右脚（不靠拢左脚）向前1步，左脚向右脚靠拢，站到单数士兵左侧，自行看齐。

3．班纵队变班二路纵队

口令："成班二路纵队——走"。

要领：变换前，先报数。听到口令，双数士兵右脚右跨1步，左脚（不靠拢右脚）向前1步，右脚向左脚靠拢，站到单数士兵右侧，自行对正、看齐。

4．班二路纵队变班纵队

口令："距离两步，向后离开。成班纵队——走"。

要领：听到"距离两步，向后离开"的口令，取好距离，听到"成班纵队——走"的口令，双数士兵右脚后退1步，左脚（不靠拢右脚）站到单数士兵之后，自行对正。

（三）连纵队和连并列纵队的互换

1．连纵队变连并列纵队

停止间口令："成连并列纵队，齐步——走"。

行进间口令："成连并列纵队——走"。

要领：连指挥员或基准排踏步，其他排和连部逐次进到连指挥员或基准排左侧踏步并取齐，然后听口令前进或停止。

2. 连并列纵队变纵队

停止间口令:"成连纵队——齐步走"。

行进间口令:"成连纵队——走"。

要领:连指挥员或基准排照直前进,其他排与连部停止间和行进间均踏步,待连指挥员或基准排离开原位后,各排按排长、连部和炊事班按司务长的口令依次前进。

七、方向变换

方向变换是改变队列面对的方向的一种队列动作。

(一)横队和并列纵队的方向变换

停止间口令:"左(右)转弯,齐(跑)步——走",或"左(右)后转弯,齐步——走"。

行进间口令:"左(右)转弯——走",或"左(右)后转弯——走"。

要领:一列横队方向变换时,轴翼士兵踏步,并逐步向左(右)转动;外翼第一名士兵用大步行进并同相邻士兵动作协调,逐步变换方向,越接近轴翼者,其步幅越小,其他士兵用眼睛的余光向外翼取齐,并保持规定的间隔和排面整齐;转到90°或180°时踏步并取齐,听口令前进或者停止。

数列横队和并列纵队方向变换时,第一列轴翼士兵停止间用踏步,行进间用小步,外翼士兵用大步行进,保持排面整齐,边行进边变换方向;转到90°或者180°后,听口令前进或停止,后继各列按上述要领,保持间隔、距离,取捷径进到前一列转弯处,转向新方向前进。

(二)纵队方向变换

停止间口令:"左(右)转弯,齐(跑)步——走",或"左(右)后转弯,齐(跑)步——走"。"向后——转,齐(跑)步——走"(按照横队和并列纵队向后转走的方法实施)。

行进间口令:"左(右)转弯——走",或"左(右)后转弯——走"。

要领:一路纵队方向变换时,基准兵在左(右)转时,按单个军人行进间转法(停止间,左转弯时,左脚先向前一步)要领实施;在左(右)后转弯时,用小步边行进边变换方向,转到90°或180°后,照直前进。其他士兵逐次进行到基准兵的转弯处,转向新方向跟进。

数路纵队方向变换时,按照数列横队和并列纵队方向变换的要领实施。

第七章
射击与战术训练

学习目标

- 了解轻武器的战斗性能。
- 掌握射击动作要领,进行体会射击。
- 学会单兵战术基础动作。

第一节　轻武器射击

轻武器通常指枪械及其他各种由单兵或班组携行战斗的武器，其主要作战用途是杀伤有生力量，毁伤轻型装甲车辆，破坏其他武器装备和军事设施。

轻武器的主体是枪械，枪械通常包括手枪、冲锋枪、步枪、机枪和特种枪（霰弹枪、防暴枪、救生枪、信号枪）等。

一、轻武器性能

（一）56式7.62毫米冲锋枪

56式7.62毫米冲锋枪是仿制苏军AK-47 7.62毫米突击步枪而成。1956年仿制定型后命名，直到20世纪90年代初才停止生产。56式7.62毫米冲锋枪的最大特点是火力猛烈，能在特殊的环境、气象条件下作战。全枪较短，便于携带操作；结构简单紧凑，便于训练维修。该枪采用导气式自动原理，可单、连发射击。瞄具是柱形准星，方形缺口双照门，"L"形翻转式表尺，表尺射程0～800米（56式7.62毫米冲锋枪主要参数见表7-1）。

表7-1　56式7.62毫米冲锋枪主要参数

战斗性能	参数
供弹方式	30发弧形弹匣供弹
口径	7.62毫米
全枪总质量	4.03千克（含弹匣）
全长	874毫米（枪刺折叠）；1 100毫米（枪刺展开）
弹头初速	710～730米/秒
发射速率	600发/分
有效射程	400米

56式7.62毫米冲锋枪还有两种改进型，即56-1式7.62毫米冲锋枪和56-2式7.62毫米冲锋枪，它们的诞生增大了56式7.62毫米冲锋枪的使用范围，并使之向小型、轻

量化方向发展。但是，随着现代战争和兵器技术的发展，56式7.62毫米冲锋枪无法满足现代战争条件下新的技术、战术指标的要求。

（二）95式5.8毫米自动步枪

95式5.8毫米自动步枪（见图7-1），是我国自行设计、研制和生产的小口径自动武器，与95式5.8毫米班用机枪组成95式5.8毫米班用枪族，全枪80%的机件及弹匣（弹鼓）可以互换。可发射40毫米系列枪榴弹，还可配装枪挂式防爆榴弹发射器以发射35毫米防爆榴弹，使单兵武器具有全面杀伤和反装甲能力，是步兵分队近战中消灭敌人有生力量的自动武器。对单个目标在400米内射击效果最好，集中火力可射击500米内敌人飞机、伞兵及集团目标。95式5.8毫米自动步枪主要参数见表7-2。

图7-1　95式5.8毫米自动步枪

表7-2　95式5.8毫米自动步枪主要参数

战斗性能	参数
战斗射速	单发40发/分，连发100发/分
供弹方式	弹匣供弹，容量30发，每支枪配5个弹匣。必要时也可使用轻机枪弹鼓供弹，容量75发
枪管寿命	10 000发
口径	5.8毫米
初速	930米/秒
有效射程	400米
表尺射程	500米
瞄准基线长	325毫米
全枪重（含一个空弹匣）	3.3千克
全枪长（不装刺刀）	746毫米
刺刀长（不含刀鞘）	302毫米
刺刀宽	35毫米
刺刀重（不含刀鞘）	360克

95式5.8毫米自动步枪由刺刀、枪管、导气装置、瞄准装置、护盖、机匣、枪机、复进簧、击发机、枪托和弹匣11个部分组成，另有一套附品。

二、简易射击学原理

简易射击学原理是射击的基本理论知识，目的是研究武器在发射过程中的物理、化学变化和外界条件对射击的影响，以提高射手射击技能和命中精度，发挥武器的最大效力。

（一）发射与后坐

1. 发射

火药气体压力将弹头从膛内推送出去的现象叫作发射。

2. 后坐

（1）发射时，武器向后运动的现象，叫作后坐。

（2）后坐对命中的影响。后坐对命中的影响包括以下几个方面。

①后坐对单发（连发首发）射击的命中影响极小，射手感觉到的后坐，主要是弹头在脱离枪口瞬间，火药气体猛烈向枪口外喷出形成的反作用力造成的。此时，弹头已脱离枪口。因此，后坐对单发（连发首发）射击的命中影响极小。

②后坐对连发射击的命中有一定的影响。因为连发射击时，第一发子弹发射后，由于枪的明显后坐，改变了原来的瞄准线，所以后坐对第二发以后的射弹命中有一定的影响。但只要射手据枪要领正确，适应连发武器射击时的后坐规律，就能减少后坐对连发命中的影响，提高射击精度。

（二）弹道形状及其实用意义

弹头在空气中飞行，主要受两个力的作用：一是地心吸引力，二是空气阻力。外弹道学的主要任务之一就是研究弹头在这两个力的作用下的运动规律。

1. 弹道

弹头（火箭弹、炮弹）在运动中，其重心所经过的路线，称为弹道。

2. 弹道的形成

弹头（火箭弹、炮弹）在空气中飞行时，一方面受地心吸引力的作用，逐渐下降；另一方面受空气阻力作用，速度越飞越慢，因此形成了一条不均等的弧线（见图7-2）。升弧较长较直，降弧较短较弯曲。

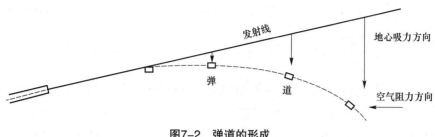

图7-2 弹道的形成

3．低伸弹道和弯曲弹道

（1）**低伸弹道**。用小于最大射程角（各种枪最大射程角为30°～50°）的射角射击时，所获得的弹道称为低伸弹道。各种枪、40火箭筒、82无后坐力炮等射击时所获得的弹道均为低伸弹道。

低伸弹道由于弹道低伸，危险界大，杀伤目标的可能性及杀伤目标的区域纵深也就大，同时还能减小战场上判断距离的误差，提高命中精度。

（2）**弯曲弹道**。用大于最大射程的射角射击时，所获得的弹道称为弯曲弹道。迫击炮射击时所获得的弹道就是弯曲弹道。弯曲弹道武器的最大特点是能够有效地杀伤遮蔽物后的各种目标。既能在自己分队之后随时实施超越射击，以不间断的火力支援步兵分队战斗，又能够在遮蔽物后占领发射阵地，避开敌人正面低伸弹道的火力杀伤，以间接瞄准射击消灭敌人。

4．直射

（1）**直射和直射距离**。瞄准线上的弹道高在整个表尺距离上不超过目标高的射击，叫作直射。这段表尺距离叫作直射距离。直射距离的大小，决定于目标的高低和弹道的低伸程度。目标越高，弹道越低伸，直射距离就越大；目标越低，弹道越弯曲，直射距离就越小（见图7-3）。

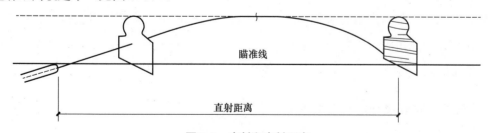

图7-3 直射和直射距离

（2）**直射的实用意义**。对直射距离内的目标射击时，瞄准目标下沿，不变更表尺分划即可进行连续射击，以增大战斗射速，提高射击效果。

直射可以弥补测量距离的误差对命中的影响。如人与目标距离250米，冲锋枪手误测为300米，装定表尺"3"射击，在250米处的弹道高为0.21米，没有超过目标高，目标仍能被杀伤。

指挥员运用直射的原理，组织侧射、斜射、短兵射击和夜间标定射击，均能获得良好的效果。

反坦克火器在直射距离内对敌装甲目标射击，效果更好。

5．危险界、遮蔽界和死角

危险界、遮蔽界和死角如图 7-4 所示。

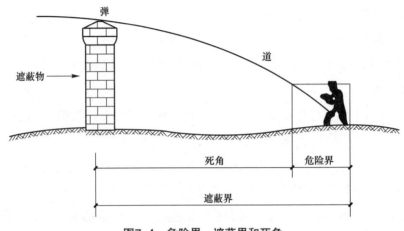

图7-4　危险界、遮蔽界和死角

（1）**危险界**。危险界分为表尺危险界和实地危险界。由于在大多数射击情况下，射击是依靠弹道降弧杀伤目标，即在落点附近杀伤目标（如目标距离不大，就可利用直射距离杀伤目标），这样升弧部分所构成的危险界就没有实用意义。所以，通常把弹道降弧部分在瞄准线上的高度没有超过目标高的一段距离，称为表尺危险界。在实际地形上弹道高没有超过目标高的一段距离，称为实地危险界。

（2）**遮蔽界和死角**。从弹头不能射穿的遮蔽物顶端到弹着点的一段距离，叫作遮蔽界。目标在遮蔽界内不会被杀伤的一段距离，叫作死角。遮蔽界内包括死角和危险界。遮蔽界和死角的大小是由遮蔽物的高低和落角的大小决定的。死角的大小取决于目标的高低。

（三）选定表尺分划和瞄准点

1．瞄准具的设计原理及其作用

（1）**瞄准具的设计原理**。由于地心吸引力和空气阻力的作用，如果用枪管瞄向目标射击，射弹就会打低打近。为了命中目标，必须将枪口抬高，使火身轴线与瞄准线之间形成一定的角度，即瞄准角。

瞄准角的大小，是根据射弹在不同距离上的降落量来确定的。距离越远，降落量越大，所需要的瞄准角也就越大；距离越近，降落量越小，所需要的瞄准角也就越小。

瞄准具就是根据上述原理设计而成的。由于缺口上沿到火身轴线的高度大于准星尖到火身轴线的高度，射击时是通过缺口上沿中央和准星尖的平正关系来对目标进行瞄准的。因此就抬高了枪口，使火身轴线和瞄准线之间构成了一定的瞄准角。表尺位置高，瞄准角就大，相应的射击距离就远；表尺位置低，瞄准角就小。装定表尺分划，就是改变表尺的高低位置，实际上就是装定瞄准角。

（2）**瞄准具的作用**。瞄准具的作用，就是对一定距离上的目标射击赋予武器相应的瞄准角和射向。射击时，只要按照目标的距离装（选）定表尺分划瞄准射击，就能命中目标。因此，正确选定表尺分划，对准确命中目标有决定性的意义。

2．瞄准要素（见图7-5）

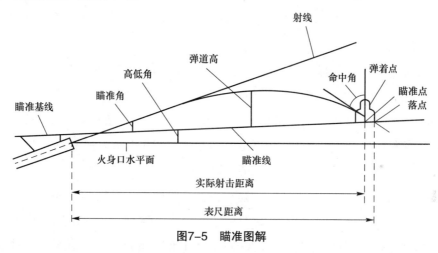

图7-5　瞄准图解

瞄准基线：缺口的上沿中央到准星尖的直线。

瞄准线：视线通过缺口上沿中央和准星尖的延长线。

瞄准点：瞄准线所指向的一点。

瞄准角：射线与瞄准线的夹角。

高低角：瞄准线与火身口水平面的夹角（目标高于火身口水平面时，高低角为"＋"；目标低于火身口水平面时，高低角为"－"）。

瞄准线上弹道高：弹道上任何一点到瞄准线的垂直距离。

落点：弹道降弧与瞄准线的交点。

弹着点：弹道与目标表面或地面的交点。

命中角：弹着点的弹道切线与目标表面或地面所夹的角。命中角通常以小于90°的角计算。

表尺距离：起点到落点的距离。

实际射击距离：起点到弹着点的距离。

3. 选定表尺分划和瞄准点

为了使射弹准确地命中目标，射击时，射手应根据目标的距离大小和武器的弹道高低，正确地选定表尺分划和瞄准点。其方法有以下几种。

（1）选定距离表尺分划，瞄准目标中央。目标距离为百米整数时，可根据目标的距离装定相应的表尺分划，瞄准点选在目标中央。如自动步枪对 100 米距离人胸目标射击时，选定表尺"1"，瞄准目标中央射击，即可命中目标中央。

（2）选定大于或小于实际距离表尺分划，适当降低或提高瞄准点。目标距离不是百米整数时，通常选定大于实际距离表尺分划，根据武器在该距离上的弹道高，相应降低瞄准射击。如 81-1 式自动步枪在 250 米距离上对人胸目标射击时，选定表尺"3"，在 250 米处的弹道高为 21 厘米，这时，瞄准目标下沿中央射击，即可命中目标中央。

（3）选定常用表尺分划，小目标瞄准下沿，大目标瞄准中央。战斗中，对 300 米距离以内的目标射击时，通常选定常用表尺（表尺"3"）分划，小目标瞄准下沿，大目标瞄准中央射击，即可命中。如 81-1 式自动步枪选定常用表尺对 300 米以内人胸目标（高 50 厘米）射击时，瞄准目标下沿，则整个瞄准线上最大弹道高为 33 厘米，没有超过目标高，目标在 300 米距离内，都会被杀伤。

在战场上，目标突然出现，大小暴露不一，且距离不断变化，用此种方法，对 300 米内的目标不需要变更表尺分划即可实施射击。这样可以争取时间，提高战斗射速，增大射击效果。因此，此种方法在实战中有着重要的实用意义，是战斗中常用的一种方法。

三、射击动作

射击动作是实施实弹射击的先决条件，包括验枪、射击准备及据枪、瞄准、击发等动作要领（以 56 式 7.62 毫米冲锋枪为例）。

（一）验枪

验枪是一项保证安全的重要措施，使用武器前、后及必要时均应验枪，认真检查弹膛和弹匣内有无实弹。验枪时严禁枪口对人。

口令："验枪"，"验枪完毕"。

听到"验枪"的口令后，以右脚掌为轴，身体半面向右转，左脚顺势向前迈出一大步（两脚约与肩同宽），同时，右手移握护木，将枪向前送出（背带从肩上脱下），左手接握下护木，左大臂紧靠左肋，枪托贴于右胯，准星约与肩同高。右手掌心向下，虎口向前，右手打开保险，卸下弹匣，弹匣口向后，弯曲部朝上交给左手握于护木右侧，移握机柄。

当指挥员检查时，拉枪机向后，验过后，自行送回枪机，装上弹匣，扣扳机，关保险，移握枪颈。

听到"验枪完毕"的口令后，左手反握护木，将枪倒置于胸前，上背带环约与肩同高，右手挑起背带，身体半面向左转，在右脚靠拢左脚的同时，两手协力将枪送上右肩，恢复肩枪立正姿势。

（二）射击准备

1. 向弹匣内装子弹

左手握弹匣，使弹匣口向上，挂耳向前，右手将子弹放于弹匣口，两手协力将子弹压入弹匣内。

2. 卧姿装退子弹

口令："卧姿——装子弹"，"退子弹——起立"。

动作要领：听到"卧姿——装子弹"口令后，右手移握上护木，使枪口向前（背带从肩上脱下），左脚向右脚尖前迈出一大步（也可右脚顺脚尖方向迈出一大步），左臂伸出，掌心向下，手指稍向右，按照膝、手、肘的顺序顺势卧倒。右手卸下空弹匣（弹匣口朝后）交给左手握于护木右侧，解开弹匣袋扣，换上实弹匣。拇指打开保险，拉枪机向后送子弹上膛，关上保险。然后，右手移握握把，全身伏地，两脚分开约与肩同宽，身体右侧与枪身略成一线，目视前方，准备射击。

听到"退子弹——起立"口令后，拉机柄向后，从膛内退出子弹，关保险，将枪收回，起立后恢复成肩枪姿势。

（三）据枪、瞄准、击发

据枪、瞄准、击发是相互联系和相互影响的动作，稳固持久的据枪、正确一致的瞄准、均匀正直的击发，三者正确地结合，是准确射击的关键。

1. 据枪

（1）有依托据枪：卧姿有依托据枪时，将下护盖前端放在依托物上，使身体右侧与枪身及目标略成一线。右手拇指将保险机扳到所需的位置，右手虎口向前紧握握把，食指第一节靠在扳机上，右肘尽量里合着地外撑。左手握下护盖后端或小握把，左肘里合着地外撑。两肘保持稳固,两手协力均匀正直向后用力带枪,胸部挺起,身体前跟,上体自然下塌,两手用力保持不变,使枪托确实抵于肩窝,头稍前倾,自然贴腮。

(2)无依托据枪:卧姿无依托据枪时,左手托握下护盖后端或小握把,小臂尽量里合于枪身下方,小臂与大臂约成90°角。将枪自然托住,右手握握把,大臂略成垂直。两肘保持稳固,两手正直向后用力,使枪托确实抵于肩窝,头稍前倾,自然贴腮。

(3)跪姿据枪:左手托握下护盖或小握把,左肘平面略过左膝盖前或在膝盖后,尽量使枪、左小臂和左小腿在同一垂直面上。右手握握把,大臂自然下垂。上体稍向前倾,两手正直向后用力,使枪托确实抵于肩窝。

(4)立姿据枪:左手握小握把,大臂紧靠左肋,小臂尽量里合于枪身下方。也可左手托握下护盖,大臂不靠左肋。右手握握把,大臂自然抬起。两手正直向后用力,使枪托确实抵于肩窝外侧。

2.瞄准

正确瞄准:右眼通视缺口和准星,使准星尖位于缺口(觇孔)中央并与上沿(觇孔中央)平齐,指向瞄准点(见图7-6)。

瞄准时,应集中主要精力于准星与缺口(觇孔)的平正关系上。正确的瞄准景况(见图7-7),应是准星与缺口(觇孔)的平正关系看得清楚,而目标看得较模糊。如果集中主要精力于准星与目标上,就会忽略准星与缺口(觇孔)的平正关系,使射弹产生偏差(见图7-8)。

图7-6 准星与缺口的正确位置关系

图7-7 正确瞄准景况

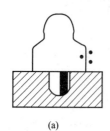 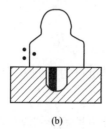 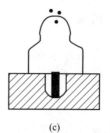 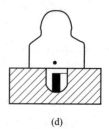

(a) (b) (c) (d)

图7-8 准星与缺口位置关系不正确对命中的影响

(a)准星偏右,弹着偏右; (b)准星偏左,弹着偏左; (c)准星偏高,弹着偏高; (d)准星偏低,弹着偏低

3. 击发

击发时，用右手食指第一节均匀正直地向后扣压扳机（食指内侧与枪应有不大的空隙），余指力量不变。当瞄准线接近瞄准点时，开始预压扳机，并减缓呼吸。当瞄准线指向瞄准点附近轻微晃动时，应停止呼吸，继续增加对扳机的压力，直至击发，击发瞬间应保持正确一致的瞄准，若瞄准线偏离瞄准点较远或不能继续停止呼吸时，待修正或换气后，再继续扣压扳机。

操纵点射时，应稳扣快松。扣到底，松开为2～3发，在击发时应始终保持据枪的稳固性。

（四）据枪、瞄准、击发常犯的毛病及纠正方法

1. 抵肩位置不正确

射击时，射手若不能正确地抵肩，会使射弹产生偏差。在通常情况下，抵肩过低易打低，抵肩过高易打高。纠正时，射手要反复体会正确的抵肩位置，并通过他人摸、推的方法检查位置是否正确。

2. 两手用力不适当

射击时，射手为了命中目标，往往以强力控制枪的晃动，造成肌肉紧张、用力方向不正、姿势不稳，使枪身产生角度摆动，增大射弹散布。纠正时，应强调据枪时正直向后适当用力，使用力方向与后坐方向一致。连发射击时，还应注意保持姿势稳固、操枪力量不变。练习时，可在据枪后由协助者向后推枪、拉枪机或射手自己两手向后引枪等办法，检查用力方向是否正确。发现偏差，及时纠正。自动武器射击应特别注意防止右手上抬、下压或向后引枪等毛病。

3. 击发时机掌握不好

无依托射击时，有的射手常为捕捉瞄准点，造成勉强击发或猛扣扳机。纠正时，应指出瞄准线的指向在瞄准点附近轻微晃动是正常现象，当瞄准线在瞄准点附近轻微晃动时，应达到适时击发。练习时，可让射手反复体会在保持准星与缺口平正关系的基础上，自然指向瞄准点的景况，也可用加强臂力锻炼和采取逐步缩小瞄准区的辅助练习方法，摸索枪的晃动规律，掌握击发时机。

4. 屏住呼吸过早

射击时，屏住呼吸过早，易造成憋气，使肌肉颤动、据枪不稳或猛扣扳机。纠正时，应使射手反复体会在瞄准线指向瞄准点或在瞄准点附近轻微晃动时，自然屏住呼吸的要领。在剧烈运动后，无法按正常情况屏住呼吸时，应进行深呼吸后再屏住。

5．耸肩、眨眼和猛扣扳机

射击时，由于过多地考虑枪响时机、点射弹数、射击成绩等原因，造成射手心情紧张，产生耸肩、眨眼和猛扣扳机等错误动作，影响射弹命中率。纠正时，应强调射手按要领操作，把主要精力、视力集中在准星与缺口的正确位置关系上，达到自然击发。

6．枪面倾斜

瞄准时，如枪面偏左（右），射角减少，枪身轴线指向瞄准点左（右）边，射击时，弹着偏左（右）下。纠正时，强调射手据枪应保持枪面为正。

四、实弹射击

（一）实弹射击的组织

1．实弹射击的组织原则

（1）组织实弹射击，必须在对射手进行武器常识、射击学原理、射击动作和射击预习训练之后方可实施。

（2）组织实弹射击，必须进行周密、细致的准备工作，制定具体、明确的安全措施，防止各种事故的发生。

（3）对射手的射击成绩，应实事求是，不得弄虚作假。

（4）射击终止，严密组织清理场地，收缴剩余弹药及时送回仓库，防止意外事故发生。

2．射击场的组织

严格射击场的组织制度，是保证实弹射击顺利进行、防止各种事故的有效措施。

（1）组织实弹射击的人员编成。组织实弹射击的人员应由射击场指挥员、地段指挥员、靶壕指挥员和警戒、信号（观察）、示靶、发弹、记录、修械、医务等人员组成。

（2）组织实弹射击人员的职责。

①射击场指挥员：负责设置场地、派遣勤务、组织指挥射击、监督全体人员遵守射击场的各项规定和安全规则、处理有关问题。

②地段指挥员：在射击场指挥员的领导下，负责组织本地段的射击指挥。

③靶壕指挥员：在射击场指挥员的领导下，负责组织设靶、示靶、报靶、补靶及处理有关问题。

④警戒人员：负责全场的警戒，严禁任何人员和牲畜进入警戒区。发现险情，应立即发出信号并向射击场指挥员报告。

⑤信号（观察）员：根据射击指挥员的命令发出各种信号，负责警戒区内的观察，发现险情立即报告。

⑥示靶人员：负责设靶、示靶和报靶等工作。

⑦发弹员：根据指挥员的命令，按规定弹种、弹数发给射手子弹，收回剩余子弹。射击终止后，负责清查弹药和收缴弹壳。

⑧记录员：负责记录射手的成绩和统计单位成绩。

3．射击场的安全规则

（1）射击场地的确定及使用时间的规定。确定射击场地时，必须要有可靠的靶档，确保安全的靶壕和掩蔽部，并应避开高压线。在使用时，事先必须仔细搜索靶场警戒区，设置警戒旗。必要时，应预先将射击开始和结束的时间、危险区域及射击场有关信号通知当地有关单位。

（2）对参加实弹射击的各类人员的要求。实弹射击前，射击场指挥员必须向全体人员明确规定各种信号、记号以及与警戒、观察人员的联系方法，并要求全体人员严格执行规定。

射手在使用武器前、后必须验枪，无论枪内有无子弹，都不得将枪口对人，严禁将装有实弹的武器随意乱放或交给他人。

没有指挥员的口令，射手不得向枪内装填子弹。

报靶时，射手严禁在射击地线摆弄武器或向目标区瞄准。

在射击过程中，射击不得超出安全射界，射手在看到靶壕的白旗或听到停止射击的口令时，应立即停止射击，关上保险或双手离枪，听候指挥员的命令。射击中，若是发生枪械故障，射手应立即停止射击，关上保险或双手离枪，举手向指挥员报告，枪械故障由修械员处理。

示靶人员听（看）到准备射击的信号后，应迅速隐蔽，未经射击场指挥员的许可不得随便出靶壕。若靶壕内发生特殊情况，需立即停止射击时，应出示白旗或用其他规定的方法向指挥员报告。

4．实弹射击的一般规定

（1）实施实弹射击时，射手使用的武器必须经过射效矫正方可使用，不合格的武器严禁使用。

（2）射手进到出发地线后，指挥员令发弹员发给射手子弹，接着发出准备射击信号，待靶壕竖起红旗或用其他规定的方法发出可以射击的信号后，下达向射击地线前进的口令。射手进入射击地线后，按指挥员的口令做好射击准备。指挥员按规定时间发出开始射击的口令或显示目标的信号，射手即行射击。

（3）射击完毕后退子弹起立，原地验枪，关上保险。指挥员指挥射手向右翼排头靠拢，再由右翼排头下口令带到指定位置坐好，同时指挥员发出报（检）靶信号。

（二）射击成绩评定

现行的轻武器实弹射击的成绩评定，通常有以下两种评定形式。

1．按命中环数评定

各种步（冲锋）枪实施精度射击时，通常按命中环数评定。射击方式为卧姿有依托；射击距离100米；射击方法为单发射击；射击时间为（5发弹）3分钟，（10发弹）5分钟；目标为胸环靶。

评定标准：

优秀：命中目标环数90%以上。5发弹为45环以上；10发弹为90环以上。

良好：命中目标环数70%以上。5发弹为35环以上；10发弹为70环以上。

及格：命中目标环数60%以上。5发弹为30环以上；10发弹为60环以上。

不及格：命中目标环数60%以下（不含60%）。5发弹为30环以下；10发弹为60环以下。

2．按命中弹数评定

各种步（冲锋）枪对单个目标射击时，通常采用这种形式。射击方式为卧姿有依托；射击距离100米；射击方法为10发弹5次点射；射击时间为3分钟；目标为胸环靶。

评定标准：

合格：命中目标3发弹以上为合格。

不合格：命中目标3发弹（不含3发）以下为不合格。

第二节　战术

战术是各军种、兵种组织和进行战斗的方法。在我国古代，战术常见于兵法、武经之中，通常包含"法"与"术"的含义。其中的"法"，不仅是指具体的方法、办法，还有标准、规范、法则等含义；"术"则有方术、术策、计谋之意。到了近代，通常把战术称之为"战斗之法"，或"运用军队之方术""战场内指挥团队之术策"等。欧美等西方国家,则称战术为"布阵的艺术"或"战斗指挥艺术",并把战斗队形、部署、指挥等作为战术的主要内容。

一、战术基础动作

(一)卧倒、起立

1. 卧倒

口令:"卧倒"。

要领:左脚向右脚尖前迈出一大步,左腿弯曲,上体前倾,两眼注视前方,左手顺左脚方向伸出,掌心向下,手指稍向右,以左膝、左手、左肘的顺序着地,迅速卧倒,左小臂横贴地面上,右手腕压在左手腕上;两手握拢,手心向下,两腿伸直,两脚分开与肩同宽,脚尖向外。卧倒时,也可以右脚向前一大步,左手撑地迅速卧倒。

携枪卧倒时,右手提枪并握背带,其余要领同徒手;卧倒后,右手将枪轻贴身体右侧,枪面向右,枪管放在左手臂上。

2. 起立

口令:"起立"。

要领:转身向右,两眼注视前方,左腿自然微弯,左小臂稍向里合,以左手、左膝、左脚的支撑力将身体支起;同时右脚向前迈出一大步,左脚再迈出一步,右脚靠拢左脚,成立正姿势。

(二)直身、屈身前进

1. 直身前进

直身前进是在距敌较远,地形隐蔽,敌观察、射击不到时采用的运动方法。

口令:"向××——直身前进"。

要领:目视前方,右手持枪,大步或快步前进。

2. 屈身前进

屈身前进是在遮蔽物略低于人体时采用的运动方法。

口令:"向××——屈身前进"。

要领:目视前方,右手持枪,上体前倾,头部不要高出遮蔽物,两腿弯曲(屈身程度视遮蔽物高低而定),大步或快步前进。

（三）跃进、滚进、匍匐前进

1．跃进

跃进是在敌火力下迅速通过开阔地时采用的运动方法。跃进时，要做到跃起快、前进快、卧倒快。跃进前，应先观察前方地形，选择好前进路线和暂停位置，而后迅速突然地前进。

口令："向××——跃进"。

要领：如卧姿跃起时，可先向左（右）移（滚）动，以迷惑敌人，在收枪的同时屈左腿于右腿下，右手提枪，以左手、左膝、左脚的支撑力将身体支起，同时出右脚前进。前进时，右手持枪，目视敌方，屈身快跑。跃进的距离和速度应根据敌火力和地形而定，通常每次跃进的距离为15～30米。当进到暂停位置或遭敌猛烈射击时，应迅速隐蔽或卧倒。

2．滚进

滚进是在卧姿时，为避开敌人观察、射击而左右移动或通过棱线时采用的运动方法。

口令："滚进"。

要领：将枪关上保险，左手握枪标尺上方，右手握枪颈附近或两手上握护木，枪面向右，顺置于胸、腹前抱紧，两臂尽量里合，两脚腕交叉或紧紧并拢，全身用力向移动方向。

3．匍匐前进

匍匐前进是在通过敌步兵火力封锁较短的地段或利用较低的遮蔽物前进时采用的运动方法。根据遮蔽物的高低分为低姿、高姿、侧身匍匐和高姿侧身匍匐四种。

（1）低姿匍匐是在遮蔽物高约40厘米时采用的运动方法。

口令："向××——低姿匍匐前进"。

要领：腹部贴于地面，屈回右腿，伸出左手，用右脚内侧的蹬力和左手的扒力使身体前移。在移动的同时，屈回左腿，伸出右手，用同样的方法交替使身体前进。携枪时，右手掌心向上，枪面向右，虎口卡住机柄，并握住背带，枪身紧靠右臂内侧。也可右手虎口向上，握枪的上背带环处，食指卡住枪管，将枪置于右小臂上。

（2）高姿匍匐，是在遮蔽物高约60厘米时所采用的运动方法。

口令："向××——高姿匍匐前进"。

要领：用两小臂和两膝支撑身体前进。携枪方法同低姿匍匐。

（3）侧身匍匐是在遮蔽物高约60厘米时所采用的运动方法。

口令："向××——侧身匍匐前进"。

要领：身体左侧及左小臂着地，左小臂向前倾斜支撑上体，左腿弯曲，右腿收回，右腿靠近臀部着地，右手握枪，靠左臂的支撑力和右脚跟的蹬力使身体前移。

（4）高姿侧身匍匐是在遮蔽物高 80～100 厘米时所采用的运动方法。

口令："向××——高姿侧身匍匐前进"。

要领：左手和左小腿外侧着地，右手提枪，以左手的支撑力和右脚的蹬力使身体前移。

二、地形的利用

利用地形是战士的基本战斗动作，是单兵战术的基础，是保存自己、消灭敌人的最直接的行为。在利用地形时，应该做到"三便于、三不要、一避开"，即便于观察、射击和隐蔽身体，便于接近、利用与离开，便于防敌地面和空中火力的杀伤；不要妨碍班（组）长指挥邻兵的动作和火器射击，不要几个人拥挤在一起，以免增大伤亡，不要在一地停留过久；尽量避开独立、明显、易燃、易塌的物体和难于通行的地段。利用地形地物的方法如下。

（一）堤坎、田埂的利用

横向的利用背敌斜面或残缺部位；纵向的通常利用弯曲部或顶端一侧，依其高度取适当姿势。堤坎高于人时，应挖踏脚孔或阶梯。

（二）土（弹）坑、沟渠的利用

通常利用其前沿，纵向沟渠利用弯曲部。根据敌情及坑的大小、深度，以跳、滚、匍匐等方法进入，并取得适当姿势。

（三）土堆（坟包）的利用

通常利用独立土堆（坟包）的右侧，若视界、射击受限或右侧有敌火力威胁时，也可利用其左侧或顶端；双土堆（坟包）通常利用其鞍部。

（四）树木的利用

通常利用其右后侧，根据树木的粗细取适当的姿势。树干粗（直径 50 厘米以上）可取各种姿势；树干细，通常采取卧姿。若取立姿时，应尽量将身体左侧、左大臂（或左小臂）、左膝紧靠树木，右脚稍向后蹬。

（五）墙壁、墙脚、门窗的利用

按其高度取适当姿势。矮墙可利用顶端或残缺部；墙高于人体时，可将脚垫高或挖射孔。墙角通常利用右侧，左小臂紧靠墙角，取适当姿势。门通常利用左侧。窗可利用左（右）下角。

三、敌火力下运动

在敌火力下运动时，应按班（组）长的口令，充分利用我军火力掩护和烟雾迷茫的效果，乘敌火力减弱、中断、转移等有利时机，采取不同的姿势和方法，迅速隐蔽地运动。运动前，应根据敌情、任务和地形，选择好前进路线和暂停位置。运动中，应不断观察敌情、地形和班（组）长的指挥，灵活地变换运动姿势，保持前进方向和与友邻战友及支援火器的协同动作。发现目标时，应按照班（组）长的口令或自行射击，将其消灭。要做到运动、火力、防护三者紧密结合，尽量减少或避免横向运动。通过各种地形的动作如下。

（一）通过开阔地

距敌较远时，通常应持枪快速通过。距敌较近，敌火力封锁较严时，应乘敌火力中断、减弱、转移和我火力压制等有利时机跃进通过。

（二）通过道路

通常应选择拐弯处、涵洞、行树等隐蔽地点迅速通过。若敌火力威胁不大，可不停顿地快跑通过；敌火力封锁较严时，应先隐蔽接近，仔细观察道路的情况和敌火力射击规律，而后突然跃起，快速通过。

（三）通过隘路、山垭口

若敌火力威胁不大，可快步通过。敌火力封锁较严时，应隐蔽观察敌人射击规律，趁敌火力间隙或沿隐蔽的一侧快步跑或跃进通过，尽量减少停留时间。

（四）通过冲沟

较大的纵向冲沟应沿一侧的斜坡前进，尽量不要走沟底，以便观察和处置情况；横向的冲沟应尽快通过。若遭敌火力封锁时，应利用冲沟两侧的沟岔、弹坑等跃进通过。

（五）通过乱石地、灌木林、沼泽地等复杂地形

应周密观察，保持前进方向，并与友邻战友协调配合，做好对突然出现的敌人迅速射击的准备。

（六）通过高地

应利用高地两侧运动，尽量避免从顶端通过。

（七）通过街道

应沿街道两侧隐蔽地逐段前进，接近拐弯处之前，应先察看对面街区，再迅速进入拐弯处，观察好下一段的情况后再继续前进。如果需要横穿街道时，应先观察左右和对面街区的情况，然后迅速通过。

（八）遭敌机轰炸、扫射时的动作

当敌机轰炸时，应按照上级命令就地卧倒或快速前进。同时利用地形隐蔽，待炸弹爆炸后继续前进，也可利用敌机投弹间隙迅速前进。

（九）遭敌核、化学、生物武器袭击时的动作

接到敌核武器袭击警报时，应根据命令，迅速隐蔽或继续快速前进，随时做好防护准备；当发现核爆炸闪光时应迅速防护。冲击波一过，视情况穿戴防护器材，迅速前进。接到化学袭击警报或遭敌化学袭击时，应立即穿戴防护器材或利用就便器材进行防护。当敌施放生物战剂气溶胶时，应戴简单防护口罩、自制防护眼镜、风镜等，做好对呼吸道、面部和眼睛的保护。通过染毒地带如图 7-9 所示。

图7-9 通过染毒地带

（十）炮火袭击时的动作

当遭敌零星炮火袭击时，注意听、看，快速前进。当遭敌猛烈炮火袭击时，趁炮弹爆炸的间隙，利用弹坑和有利地形逐次跃进。当通过敌炮火封锁区时，应按炮火封

锁规律，利用敌射击间隙快跑通过。

（十一）遭敌步、机枪火力封锁时的动作

当遭敌步、机枪火力封锁时，应利用地形隐蔽，抓住敌火中断、减弱、转移等有利时机迅速前进；也可采用迷惑、欺骗和不规律地行动，转移敌视线，突然隐蔽地前进，或以火力消灭敌人后再前进。

第八章
防卫技能与战时防护

学习目标

- 了解格斗、防护的基本知识。
- 熟悉卫生、救护基本要领。
- 掌握战场自救互救的技能,提高安全防护能力。

第一节　格斗基础

防卫技能主要包括格斗技能。格斗是一门军事技术，从古至今，人类发明了各种各样的格斗技能。大学生学习和掌握格斗技术，可将其用于健身强体、护身自卫。格斗技能主要包括徒手格斗（不用武器）和器械格斗（使用武器）。本节主要介绍格斗的基本功（手型和步型），徒手格斗中的军体拳和捕俘拳。

一、手型和步型

（一）手型

1. 拳

四指并拢卷握，拇指紧扣食指和中指的第二节（见图8-1）。

图8-1　拳

2. 掌

四指并拢伸直，拇指弯曲紧扣于虎口处，分为立掌、插掌和八字掌（见图8-2）。

图8-2　掌

（a）立掌；（b）插掌；（c）八字掌

3. 勾

五指第一节捏拢在一起，屈腕（见图8-3）。

图8-3　勾

（二）步型

1. 马步

两脚平行开立（约为足长的3倍），脚尖正对前方，屈膝半蹲，膝部不超过脚尖，大腿接近水平，全脚掌着地，身体重心落于两腿之间，挺胸、塌腰，两拳握于腰间，拳心向上，目视前方（见图 8-4）。

2．弓步

两拳抱于腰间，拳心向上，左（右）脚向前一步，左（右）腿屈膝半蹲，右（左）腿在后挺直，脚尖里扣，自然挺胸，目视前方（见图 8-5）。左脚在前为左弓步，右脚在前为右弓步。

图8-4　马步

图8-5　弓步

3．虚步

两手握拳于腰侧，右腿屈膝半蹲，左脚向前，微屈膝，脚跟离地，脚尖稍向内扣，虚点地面，重心落于后腿，挺胸、塌腰，目视前方（见图 8-6）。左脚在前为左虚步，右脚在前为右虚步。

4．仆步

两脚左右开立，右腿屈膝全蹲，全脚掌着地，脚和膝外展，臀部接近小腿；左脚挺直仆平，脚尖里扣，全脚掌着地。左掌置于右胸前，右拳抱于腰间，目向左平视（见图 8-7）。左腿伸直为左仆步，右腿伸直为右仆步。

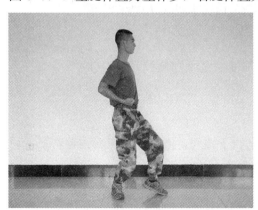

图8-6　虚步

图8-7　仆步

二、军体拳第一套

军体拳是由拳打、脚踢、摔打、夺刀、夺枪等格斗基础动作组成的一种拳术套路。

预备姿势：当听到"军体拳第一套——预备"的口令后，在立正基础上，身体稍向左转，同时右脚向右后撤一步，两脚略成"八字形"，屈膝，体重大部落于右脚。两手握拳，前后拉开，左肘微屈，左拳与肩同高，拳眼向内上，右拳置于小腹前约10厘米处，拳眼向上。自然挺胸收腹，目视前方（见图8-8）。

图8-8　格斗准备姿势

（一）第一段

1. 弓步冲拳（见图8-9）

右拳从腰间猛力向前旋转冲出，拳心向下同时左拳收于腰间，成左弓步。

用途：击面、胸或腹部。

2. 穿喉弹踢（见图8-10）

左拳变掌向前上方猛插，掌心向上，右拳收于腰间，同时抬右腿，大腿略平，屈膝，脚尖向下绷直，猛力向前弹踢，并迅速收回。

用途：掌穿喉，弹裆或小腹部。

(a)   (b)

图8-9　弓步冲拳

(a)   (b)

图8-10　穿喉弹踢

3．马步横打（见图 8-11）

右脚向前落地成右弓步，同时左手前伸变八字掌，右拳自然后摆，左转身成马步的同时，左手抓拉收于腰间，右拳向前猛力横击，臂微屈，拳与肩同高，拳心向下。

用途：击头或腰部。

图8-11　马步横打

4. 内拨下勾（见图 8-12）

右转身成右弓步，同时右臂内拨后摆，左拳后摆并由后向前上方猛击，拳与下颌同高，拳心向里，左脚自然向左移动。

用途：击下颌、腹部或裆部。

图8-12　内拨下勾

5. 交错侧踹（见图 8-13）

右转身，右脚尖外摆，左大腿抬平，屈膝、脚尖里勾，两臂在胸前交错，左脚向左侧猛踹，并迅速收回，同时两臂上下外格，屈右肘，拳与头同高，拳眼向后。左臂自然后摆，拳心向后。

用途：踹膝关节或肋部。

(a)

(b)

图8-13 交错侧踹

6. 外格横勾（见图 8-14）

左脚向前落地，左转身成左弓步，同时左臂上档、外格、后摆。右拳以扭腰送胯之合力由后向前猛力横击，拳与鼻同高，拳心向下。

用途：击头、面部。

(a)

(b)

图8-14 外格横勾

7．反击勾踢（见图 8-15）

左脚尖外摆，起右脚，脚尖里勾，两手在胸前交错。右脚由后向左猛力勾踢，同时两臂猛力外格，左臂屈肘，拳与头同高，拳眼向后，右臂自然后摆，拳心向下。

用途：勾踢脚跟或脚腕部。

(a)

(b)

图8-15　反击勾踢

8．转身别臂（见图 8-16）

右转身，右脚尖外摆并猛力下踏，上左脚成左弓步，同时右手向前上挑，左手抓握右小臂，右后转体成右弓步的同时右拳变掌屈肘下压，掌心向下，两小臂略平置于腹前。

用途：别臂压肘。

(a)

(b)

图8-16　转身别臂

（二）第二段

1. 虚步砍肋（见图 8-17）

收右脚成右虚步，同时两手变掌，由外稍向里猛砍，大臂夹紧，小臂略平，掌心向上，两掌距离约 20 厘米。

用途：砍肋、腰部。

(a)　　　　　　　　　　　　(b)

图8-17　虚步砍肋

2. 弹裆顶肘（见图 8-18）

两掌变拳收于腰间，拳心向上，同时抬右腿屈膝，脚尖向下绷直，猛力向前弹踢并迅速收回，右脚落地成右弓步。同时右臂屈肘，左手抓握右拳置于左胸前，两手合力将右肘向前推顶，右大小臂夹紧略平，拳心向下，成右弓步。

用途：脚踢裆、腹部，肘顶心窝、头部。

(a)　　　　　　　　　　　　(b)

图8-18　弹裆顶肘

3. 反弹侧击（见图 8-19）

右脚向前右拳向前反弹，拳心向内上，收右脚成右虚步，同时右拳收于腰间，左掌沿右臂下向前猛挑成立掌；右脚向前，左转身成马步，同时左手抓拉变拳收于腰间，右拳向右侧冲击，拳眼向上，拳与肩同高，目视右拳。

用途：反弹面部，左手挑掌解脱，右拳击肋或腹部。

(a)

(b)

图8-19 反弹侧击

4. 弓步靠掌（见图 8-20）

上体左移，体重大部落于左腿，两拳变掌交叉于裆前，右脚微收成后虚步。右转身，起右脚猛力下踏的同时，起左脚自然屈膝，两掌上下反拨，放于右肋前，掌心向前，左脚向前落地成左弓步；同时两掌合力向前推出，左手在上，右手在下，掌心向前，两手腕自然靠拢，目视前方。

用途：推胯、肋，将对方摔倒。

(a)

(b)

图8-20 弓步靠掌

5．上步砸肘（见图 8-21）

右脚向前上步成右弓步的同时，右掌后摆，左手成抓拉姿势，虎口向右。左转身成左弓步的同时，左手抓拉收于腰间，挥动右臂屈肘向左下方猛砸，大臂夹紧，小臂略平，掌心向上。

用途：砸、压肘关节。

(a)

(b)

图8-21　上步砸肘

6．仆步撩裆（见图 8-22）

屈左膝，右腿伸直，右掌变立掌置于左胸前，左拳抱于腰间，上体前倾成左仆步。右手变勾，经右脚面向后搂手外拨后摆，转身成右弓步，同时左手变掌由后向前猛撩，掌心向上，目视前方。

用途：勾手搂腿，撩掌打裆。

(a)

(b)

图8-22　仆步撩裆

7. 挡击绊腿（见图 8-23）

左脚向前上步，左手变拳上挡护头，拳高于头，拳眼向下，身体稍下蹲的同时，右拳向前下猛力冲击，拳心向下，右腿自然跟上屈膝。右脚前扫，左拳变掌前推同时右拳收于腰间，拳心向上。右腿后绊成左弓步，同时右拳变掌下按，掌心向下，虎口向里，同时左掌变拳收于腰间。

用途：击裆、腹部，推胸绊腿。

(a) (b)

图8-23 挡击绊腿

8. 击腰锁喉（见图 8-24）

右掌变拳屈臂上档外，右脚向前上步，同时左拳向前猛力冲击，拳心向下。右拳变掌前插，左手抓握右手腕的同时，右掌变拳，两手合力回拉下压。右肩前顶，成右弓步，目视前下方。

用途：由后击腰锁喉。

(a) (b)

图8-24 击腰锁喉

结束姿势：左转身，右脚靠拢左脚，成立正姿势。

第二节 战场医疗救护

战伤是战斗人员在战场这个特殊环境下遭受的身体损伤。战场医疗救护是指战场上对负伤者进行救护、负伤者自我救护、负伤者间互相救护的行为过程。在现代信息化战争中，大量品种繁多的致命和非致命武器广泛地应用于战场，致使作战人员受伤的概率大大增加。因此，及时准确进行战伤救护，能充分挽救伤员的生命，对减少残废、提高治愈率、保证部队战斗力具有重要意义。

战伤大致分为非火器伤、火器伤、原子武器伤和化学伤。战伤救护包括自救和互救两个方面。当救护人员不在现场或过于繁忙时，伤员自己施行止血、包扎等急救措施叫作自救；由邻近战友给予止血、包扎、骨折固定、搬运到隐蔽地方、通气等急救措施叫作互救。战伤救护基本技术包括心肺脑复苏、止血、包扎、固定和搬运这五大技术。战伤救护的原则是先抢后救，先重后轻，先急后缓，先近后远。救护时应先根据具体情况，选择使用心肺脑复苏技术，然后止血、包扎，再固定、搬运。

一、战伤自救、互救基本技术

（一）心肺脑复苏

复苏是指生物体或离体的器官、组织或细胞等在生理机能极度减缓后又恢复正常的生命活动。一切为了挽救生命而采取的医疗措施，都属于复苏的范畴。早年的复苏主要指人工呼吸、心脏按压等直接与挽回生命功能有关的措施。而现代医学中则将有关抢救急症重危病人的所有措施都称之为复苏。心肺复苏是指针对呼吸、心跳停止所采用的抢救措施，即以人工呼吸替代伤员的自主呼吸，以心脏按压形成暂时人工循环并诱发心脏的自主搏动。从心跳停止到细胞坏死的时间以神经细胞最短。因此，维持脑组织的灌流是心肺复苏的重点，故现已将心肺复苏扩展为心肺脑复苏。

1. **猝死及其判断**

（1）**猝死**。突然意识丧失，伴呼吸停止，大动脉搏动消失，即为猝死。

（2）猝死的判断。

①心音消失。用听诊器或用耳直接在心前区听诊无心音。

②大动脉搏动消失。用手触摸颈总动脉、股动脉等大动脉触及不到搏动。

③呼吸停止。人的呼吸形式有胸式呼吸、腹式呼吸及胸腹式呼吸。呼吸停止是指上述呼吸形式完全停止。

④意识、瞳孔特征。意识突然丧失，呼唤无反应，瞳孔散大并固定。

2．心肺脑复苏术

心肺脑复苏一般分为以下三个阶段。

（1）初期复苏现场急救法。初期复苏是呼吸、心跳停止时的现场应急措施，在战场一般都缺乏复苏设备和技术条件，主要任务是迅速有效地恢复生命器官（特别是心脏和脑）的氧合血液灌流。初期复苏简称"ABC复苏法"。首先将伤员置于仰卧位以利于进行有效的复苏。

第一步：疏通气道。清除口、鼻内的污物，保持伤员呼吸道通畅十分重要，也是进行人工呼吸的先决条件。假如猝死者舌根后坠，易致声门关闭，造成气道堵塞，可采取下列方法：

①头后仰抬颈法：救助者一手将伤员头向后仰起，另一手将其颈部托起。

②头后仰举颌法：救助者一手将伤员头向后仰起，另一手拇指放于伤员下颌角处同时向上提起。

第二步：人工向肺吹气（人工呼吸），有以下两种方法。

①口对口呼吸：救助者用拇指和食指捏紧伤员的鼻子，深吸气后，将伤员的口完全包在术者的口中，用力将气吹入，直至伤员胸壁隆起。然后松开捏鼻的手，如此反复进行。开始时先迅速连续吹入3～4次，之后吹气的频率为12～16次/分。

②口对鼻呼吸：伤员若牙关紧闭或口部严重受伤，可采用口对鼻呼吸。救助者将伤员口部封紧，深吸气后对着鼻子吹气，然后将手松开，吹气频率同口对口呼吸。

第三步：建立人工循环（人工心脏按压，胸外心脏按压），有以下要点。

①心前区叩击4～5次，其原理是在心脏骤停后，给予心脏强刺激，以使心脏恢复搏动。救助者握拳距胸壁30厘米，匀力垂直向下叩击伤员心前区（胸骨中下1/3交界处），若未恢复心搏，则立即进行胸外心脏按压。

②胸外心脏按压术：部位为胸骨中下1/3交界处或肋缘与胸骨下切迹上3厘米处。救助者一手掌跟紧贴按压部位，另一手重叠其上，双臂伸直并与伤员胸部呈垂直方向，用上半身重量及肩臂肌力向下用力按压。力量要均匀、有节律，频率为60～80次/分。按压时胸骨下移4～5厘米。吹气与心脏按压的配合，单人吹气

操作法为 2∶15（连续吹气 2 次，按压 15 次），双人吹气操作法为 1∶5（一人吹气 1 次后，另一人按压 5 次）。该方法的并发症有肋骨骨折、肋软骨分离、气胸、血胸、肺挫伤等。

③剖胸心脏按压术：若胸外心脏按压 15～20 分钟仍无心搏，应采用剖胸心脏按压术。

（2）**高级生命支持**。继续初期心肺复苏，给予气管切开或气管内插管，上呼吸机，心脏电除颤，纠正酸中毒，应用心肺复苏药物等。

（3）**后续生命支持（脑复苏）**。纠正脑缺氧，降低颅内压等。

4．终止心肺脑复苏的指征

终止心肺脑复苏的指征有以下几点。

（1）脑死亡。各种反射消失，无自主呼吸，瞳孔散大并固定 15～30 分钟。

（2）心脏死亡。心脏复苏 15～30 分钟无心搏，心电图显示呈直线。

（3）心肺脑复苏 30 分钟无效。

（二）止血

1．出血种类及判断

出血种类根据受伤部位和损伤的血管不同分为：动脉出血、静脉出血和毛细血管出血。正确判断出血种类是进行有效止血的第一步，具体出血种类及特点见表 8-1。

表8-1　出血种类及特点

指标	动脉出血	静脉出血	毛细血管出血
血色	鲜红	暗红	由红转暗
特点	喷射状	缓慢流出	点、片状渗出
危险性	出血量大，易合并出血性休克，要立即止血	大静脉损伤，出血量大，要立即止血	加压包扎止血

确定出血部位采用一问、二触、三看的方法，即询问伤员出血部位；触摸出血部位有无动脉搏动；观看伤员有无出血性休克的症状和出血部位。判断出血程度应观察伤员的全身状况。出血多者有以下特征：皮肤黏膜呈苍白色，脉搏细速，四肢发凉，皮肤湿润，口渴，烦躁不安；严重者可出现昏迷等出血性休克的症状。

2．止血的方法

（1）**加压包扎止血法**。加压包扎止血法是用急救包内的纱布和纱布垫子或用消毒纱布、棉花、布类做成垫子盖住伤口，再用三角巾或绷带紧紧包扎。这种止血法多用于静脉、毛细血管或小动脉出血。

（2）压迫止血法。压迫止血法（即指压止血法）用于较大的动脉出血（如头、颈及四肢的动脉出血），临时用手指或手掌用力压迫伤口近心端的动脉，将动脉压向深部的骨头上，阻断血液的流通，可达到临时止血的目的。全身主要动脉压迫点如图8-25所示。

①头顶部出血压迫止血法：一侧头顶部出血，可用食指或拇指压迫同侧耳前下颌关节上方颞浅动脉搏动点，如图8-26所示。

②面部出血压迫止血法：一侧面部出血，可用食指或拇指压迫同侧下颌骨下缘、下颌角前方约3厘米凹陷处的面动脉（能感到明显的搏动），如图8-27所示。

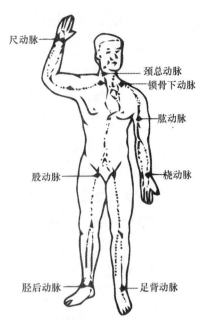

图8-25　全身主要动脉压迫点

图8-26　头顶部出血压迫止血法

图8-27　面部出血压迫止血法

③头颈部出血压迫止血法：用拇指或其他四指压迫同侧气管外侧与胸锁乳突肌前缘中点之间的颈总动脉（严禁同时压迫两侧颈总动脉），将血管压向颈椎止血，如图8-28所示。

④肩腋部出血压迫止血法：用拇指压迫同侧锁骨上窝中部的锁骨下动脉，将动脉压向深处的肋骨止血，如图8-29所示。

⑤前臂与上臂出血压迫止血法：用拇指或其他四指压迫上臂内侧肱二头肌与肱骨之间的肱动脉，如图8-30所示。

⑥手部出血压迫止血法：用两手拇指分别压迫手腕横纹稍上处内外侧尺动脉、桡动脉止血，如图8-31所示。

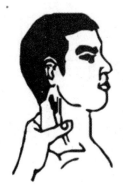
图8-28 头颈部出血压迫止血法

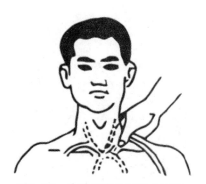
图8-29 肩腋部出血压迫止血法

图8-30 前臂与上臂出血压迫止血法

图8-31 手部出血压迫止血法

⑦下肢出血压迫止血法：大腿及其以下出血，自救时可用双手拇指重叠压迫大腿上端腹股沟中点稍下方的股动脉止血。互救时，可用一只手掌压迫，另一只手掌压在其上，如图8-32所示。

⑧足部出血压迫止血法：用两手拇指或食指分别压迫足背中部近脚腕处的胫前动脉，足跟内侧与内踝之间的胫后动脉止血，如图8-33所示。

（3）**止血带止血法**。止血带是一种制止

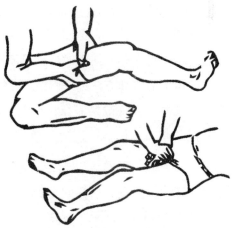
图8-32 下肢出血压迫止血法

肢体出血的急救用品。常用的止血带是约1米长的橡皮管，一般在四肢大动脉出血用其他方法止血无效时，采用止血带止血（见图8-34）。

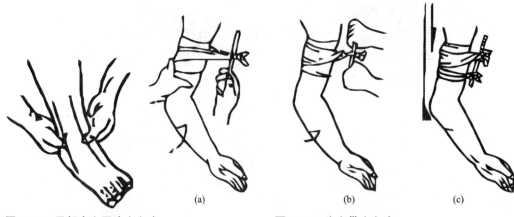

图8-33 足部出血压迫止血法　　　图8-34 止血带止血法

注意：使用止血带时，止血带与皮肤之间要加垫（敷料、衣服等），不能直接扎在皮肤上；扎止血带的伤员必须做标记，注明扎止血带的时间；止血带每隔1小时（冬季半小时）松开一次，每次松开2～3分钟，以暂时改善血液循环。松开时要逐渐放松，如有出血，应再扎上止血带；如不再出血，可改用三角巾压迫包扎伤口。

（三）包扎

包扎伤口可以压迫止血、保护伤口、防止污染、固定敷料，有利于伤口的早期愈合。

包扎要领可以概括为：动作要轻巧、伤口要全包、打结避伤口、包扎要牢靠、松紧要适宜。包扎伤口的材料有三角巾、绷带、四头巾，配有敷料的包扎材料均应经过消毒密封保存，使用时要保证敷料盖伤口面无菌。

三角巾的包扎方法如下：先把急救包（内有三角巾、垫子、敷料）的封皮沿箭头指向处撕开，将敷料盖在伤口上，然后用三角巾进行包扎。包扎时还可以将三角巾折成条带、燕尾巾或连成双燕尾巾以便使用，如图8-35所示。在没有包扎材料时，可用毛巾、被单、衣服等代替，但盖伤口的材料必须选用相对干净的。

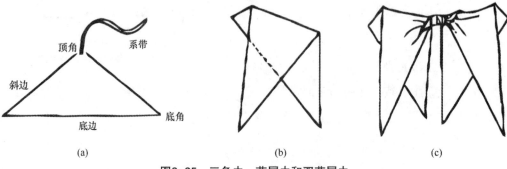

图8-35 三角巾、燕尾巾和双燕尾巾
（a）三角巾；（b）燕尾巾；（c）双燕尾巾

1．头、面部包扎

（1）**风帽式包扎法**。在三角巾顶角和底边中点各打一结，形似风帽，顶角结打在前额，然后将两底角拉紧绕下颌至枕骨结节下方打结固定，如图8-36所示。

图8-36　风帽式包扎法

（2）**下颌包扎法**。将三角巾叠成四横指宽条带状，取1/3处托住下颌，长端经耳前绕过头顶至对侧耳前下方，与另一端交叉，然后绕过前额、脑后在对侧打结，如图8-37所示。

（3）**面部包扎法**。将三角巾顶角打结套住下颌，罩住面部，拉紧两底角交叉绕至前额打结，在口、眼、鼻处可剪小洞，露出口、眼、鼻，如图8-38所示。

图8-37　下颌包扎法

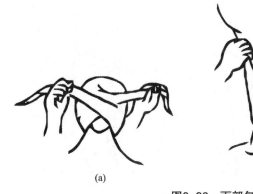

图8-38　面部包扎法

2. 肩、胸（背）部包扎

（1）肩部燕尾巾包扎法。燕尾夹角向上放在伤侧肩上，燕尾底边两角绕上臂上部打结，然后将两燕尾绕胸背于对侧腋窝下打结，如图 8-39 所示。

（2）胸（背）部包扎法。将三角巾顶角放在伤侧肩上，两底角由胸前拉到背后打结，顶角过伤侧

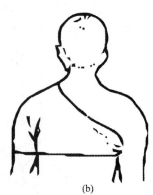

图8-39 燕尾巾包扎单肩

肩部到背部与底角余头打结。包背部时，三角巾放在背部，到胸前打结，如图 8-40 所示。

图8-40 胸部包扎法

3. 腹、臀部包扎

（1）腹部包扎法。三角巾顶角朝下，底边横放在平脐部，拉紧底角到腰部打结，顶角经会阴部拉至臀上方，同底角余头打结，如图 8-41 所示。

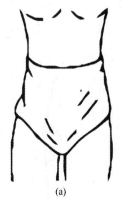

图8-41 三角巾包扎腹部

（2）臀部包扎法。将三角巾斜放于伤侧臀部，顶角接近臀裂处，用顶角的系带在

大腿根部缠绕打结，将向下的一角反折向上在对侧髂嵴上与另一角打结，如图8-42所示。

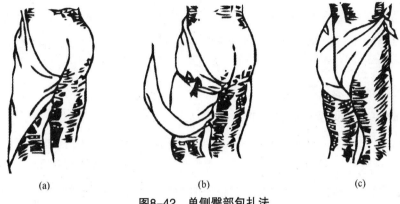

图8-42 单侧臀部包扎法

4. 四肢包扎

（1）**手（足）包扎法**。伤手放在三角巾中央，手指指向顶角，拉顶角盖住手背，两底角左右交叉压住顶角绕手腕打结，如图8-43所示。包扎足部方法与手包扎法相同。

（2）**膝（肘）部包扎法**。将三角巾叠成适当宽度的带形，将带的中段斜放于伤部，取带两侧端分别压住上下两边，包绕肢体一周打结，呈"8"字形包扎法，如图8-44所示。

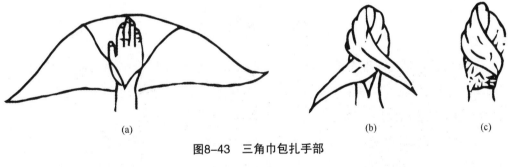

图8-43 三角巾包扎手部

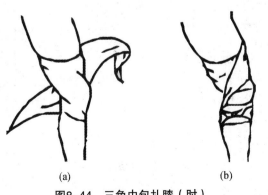

图8-44 三角巾包扎膝（肘）

（四）固定

骨的完整性或连续性中断称为骨折。骨折是一种常见的损伤，战时对骨折进行临时固定，可以防止骨折断端损伤周围血管、神经和重要脏器，减轻伤员疼痛，便于搬运伤员。

1．骨折的全身表现及局部表现

（1）**休克**。多见于多发性骨折、股骨骨折、骨盆骨折、脊柱骨折和严重的开放性骨折，伤员因广泛软组织损伤、大量出血、剧烈疼痛或并发内脏损伤等均可以引起休克。

（2）**体温**。一般骨折伤员体温正常，只有严重损伤伴大量内出血，血肿吸收时，伤员体温略有升高，通常不超过38℃。

（3）**骨折的专有体征**。骨折的专有体征如下：①畸形：骨折段移位后，受伤部位的形状改变。②反常活动：在肢体没有关节的部位，骨折后可有不正常的活动，临床称为"假关节"。③骨擦音或骨擦感：骨折断端互相摩擦时，可听到骨擦音或感到骨擦感。

以上三种体征只要发现其中一种，即可确诊；但未见这三种体征时，也可能有骨折。例如，嵌插骨折，可以没有骨擦音或骨擦感。反常活动及骨擦音或骨擦感两项症状只可在检查时加以注意，不可故意摇动患肢使之发生，以免增加伤员的痛苦，或使锐利的骨折端损伤血管、神经及软组织，或使嵌插骨折松脱而移位。

（4）**骨折的其他表现**。骨折的其他表现有以下几个方面：①骨折局部疼痛与压痛。②局部肿胀与瘀斑。③功能障碍，肢体骨折可丧失部分或全部活动功能。

2．骨折的临时固定方法

（1）**上臂骨折固定法**。在上臂外侧放一块木板，用两条布带分别固定骨折上下端，然后用三角巾或腰带将前臂悬吊于胸前，或将手插入相当于第3、4纽扣之间位置的衣襟内，然后用背包带将上臂固定在胸前。没有木板时可用竹板、高粱秆、较粗的树枝等物代替。取材要与上臂同长，尽可能取2～3块，用手巾、衣物做垫，分别置于上臂前、外、后侧；若只有一块可置于外侧。如果没有固定器材，可用三角巾把上臂直接固定于胸部，然后用腰带或另一条三角巾，将前臂悬吊于胸前，如图8-45所示。

（2）**前臂骨折固定法**。将两块木板（或木棒、竹板等替代物）分别放在掌侧和背侧，若只有一块木板就放于背侧，用手帕、毛巾叠成带状绑扎固定，然后用三角巾或腰带将前臂悬吊于胸前，如图8-46所示。

图8-45　上臂骨折固定法　　　图8-46　前臂骨折固定法

（3）**大腿骨折固定法**。将一块长度相当于从腋下到足跟的木板（或木棒、竹板等替代物）置于伤肢外侧，在关节和骨突处加垫，用5～7根布带将伤肢分段固定，若与健肢同时固定效果更好，如图8-47所示。

（4）**小腿骨折固定法**。将木板放于伤肢外侧，如有两块木板则内外侧各一块，在关节和骨突处加垫，然后用3～5条布带固定，木板的长度要超过上、下两个关节，如图8-48所示。

图8-47　大腿骨折固定法　　　　图8-48　小腿骨折固定法

（5）**锁骨骨折固定法**。用毛巾或敷料垫于两腋前上方，将三角巾叠成带状，两端分别绕两肩呈"8"字形，拉紧三角巾的两头在背后打结，尽量使两肩后张，如图8-49所示。

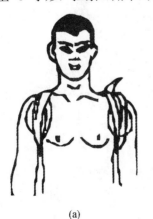
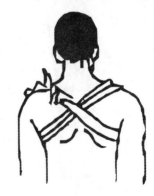

图8-49　锁骨骨折固定法

3．骨折固定的注意事项

（1）**骨折者的搬动**。凡有或疑有骨折者，均应妥善固定伤肢，以便于搬运，也可以避免在搬运时骨折端移位，引起剧痛，损伤周围组织，增加出血，加重休克。

（2）**开放性骨折**。应先止血，后包扎，然后再固定骨折，固定时动作要轻。

（3）**夹板的使用**。肢体与夹板之间要用垫子垫好，以防软组织损伤引起褥疮；夹板与肢体间隙处应填塞，防止松动。固定要牢靠，松紧要适宜，夹板长度要超过骨折部位上、下两个关节，夹板两端要用带子绑好。

（4）**注意指（趾）尖的暴露**。指尖或趾尖要暴露在外，以便观察末梢血液循环状况，若发现指（趾）苍白或青紫、肿胀现象，说明绑扎太紧，应松开重新固定。

（五）搬运

战场上搬运伤员的目的在于隐蔽伤员，防止其再次受伤，争取在短时间内将伤员搬至安全地带，运用有利地形或物品隐蔽伤员，进行救护。搬运伤员要根据敌情、伤情和地形条件，灵活选用搬运方法，搬运时多用徒手拖、拉、背、抱等方法。

1．侧身匍匐搬运法

根据伤员受伤部位决定采用左或右的侧身匍匐前进，搬运者侧身紧靠伤员，将伤员腰部搬放到搬运者的大腿上，注意使受伤部位朝上，伤员头部和上肢不要着地。

2．单人徒手搬运法

单人徒手搬运法如图8-50所示。

(a)   (b)

图8-50　单人徒手搬运法

3. 双人徒手搬运法

双人徒手搬运法包括椅式和拉车式两种，具体搬运方法如图 8-51 所示。

(a)

(b)

图8-51　双人徒手搬运法

4. 脊柱骨折或脊柱脱位搬运法

脊柱骨折或脊柱脱位搬运法有如下几种。

（1）木板或硬板担架搬运。

（2）先使伤员两下肢伸直，两上肢也伸直放于身旁。木板放在伤员一侧，两至三人扶伤员躯干，使成一整体，滚动移至木板上，注意不要使躯干扭转；或三人用手同时将伤员平直托至木板上。禁用搂抱式或一人抬头、一人抬足的方法。因为这些错误的搬运方法将增加脊柱的弯曲，加重椎骨和脊髓损伤。

（3）对颈椎损伤的伤员，要有专人托扶头部，沿纵轴向上略加牵引，使头、颈随躯干一同滚动。或由伤员自己双手托住头部，缓缓搬移，严禁随便强行搬动头部。伤员移到木板上后，用沙袋或折好的衣物放在颈的两侧加以固定。

二、几种特殊伤的救护

（一）颅脑损伤

颅脑损伤的急救，首先要保证呼吸道通畅，防止气体交换不足。在现场急救和搬运过程中须注意清除呼吸道分泌物，呕吐时将头转向一侧以免误吸；深度昏迷者须抬起下颌，或将咽通气管放入口咽腔，以免舌根后坠阻碍呼吸。对闭合性颅脑损伤，伤部要包扎紧密；对开放性颅脑损伤合并脑脱出者，需用纱布棉卷作为支持物，围住脱出的脑组织，或在脱出的脑组织的两侧各放一个敷料卷，再盖上敷料包扎，以保护脑组织不受压迫和损伤，切勿压迫脱出的脑组织，并严禁将脱出的脑组织还纳到颅腔内。将伤员安置在侧卧位或俯卧位，并使伤侧向上，以利呼吸道通畅。搬运时将伤员头部用衣物垫好，防止震荡。

（二）开放性气胸

胸膜腔内积气，称为气胸，一般分为闭合性、开放性和张力性气胸三类。胸壁伤口穿破胸膜，胸膜腔与外界相通，称为开放性气胸。开放性气胸时，空气由伤口出入，压迫肺脏，引起伤员呼吸极度困难，裂口大于气管口径时，空气出入量多，伤侧肺将完全萎缩，丧失呼吸功能。正常人的胸膜腔为负压，开放性气胸因两侧胸膜腔压力不等而使纵隔向健侧移位。吸气时，健侧胸膜腔负压升高，与伤侧压力差增大，纵隔向健侧进一步移位；呼气时，两侧胸膜腔压力差减少，纵隔移回伤侧，这种反常运动称为纵隔扑动。纵隔扑动能影响静脉血流回心脏，引起循环功能严重障碍。此时伤员出现气促、呼吸困难和发绀，以至休克。

开放性气胸的现场急救，应迅速封闭伤口，严密包扎，不使空气继续进出，使开放性气胸转变为闭合性气胸。包扎方法如下：撕开急救包，将其外皮带胶的一面紧贴于伤口，然后盖上敷料进行包扎。开放性气胸包扎要做到仔细检查、不漏伤口、封闭迅速、严密牢靠。搬运时伤员取半卧位。必要时可穿刺胸膜腔，抽气减压，暂时缓解呼吸困难。

（三）开放性腹部损伤

开放性腹部损伤常由刀刺、枪弹、弹片所引起。开放性腹部损伤或闭合性腹部损伤，都可以导致腹部内脏损伤。腹壁受到严重损伤，腹腔脏器可以从伤口脱出。最常见的是小肠脱出，此类伤员需正确地包扎伤口和保护脱出的内脏。现场抢救方法如下。

1．一般程序

将伤员取仰卧位，双下肢屈曲，使腹部肌肉松弛，以防止内脏继续脱出。严禁在现场将脱出的内脏放回到腹腔，以免加重污染。

2．内脏脱出的处理

对于脱出的内脏，可用大小相当的碗扣在脱出的内脏上面，然后用三角巾包扎固定,包扎松紧要适当,防止碗移动和脱落。

注意:伤员禁饮食,搬运时仍取仰卧位,双下肢屈曲,注意保暖。

(四)烧伤

烧伤可由热水、蒸气、火焰、电流、激光、放射线、酸、碱、磷、镁等各种因素引起。狭义上的烧伤,是指单纯由高温所造成的热烧伤。其他因素所致的烧伤则冠以病因称之,如电烧伤、化学烧伤等。

对热烧伤的伤员施行现场急救,可以为后续的治疗奠定良好的基础。反之,不合理或草率的急救处理,会耽误治疗和妨碍愈合。

1. 保护受伤部位

对受伤部位的保护需做到以下几个方面。

(1)迅速脱离热源。如邻近有凉水,可先冲淋或浸浴以降低局部温度,或跳入附近的水中灭火。

(2)迅速卧倒,缓慢地滚动,压灭火焰。切勿奔跑,以防助长燃烧。

(3)避免再损伤局部。伤处的衣裤袜之类应剪开取下,不可剥脱。

(4)减少污染,用清洁的被单、衣服覆盖伤面或简易包扎,迅速搬运后送至医院。

2. 镇静止痛

救护人员应注意以下几点。

(1)安慰和鼓励伤员,使其情绪稳定,勿惊恐,勿烦躁。

(2)酌情使用安定、哌替啶等药物。

(3)手足烧伤的剧痛,常可用冷浸法减轻。

3. 保持呼吸道通畅

火焰烧伤后,呼吸道受烟雾、热力等损害,须十分重视呼吸道通畅,有条件要及时切开气管,给予氧气。

第三节 核生化防护

核生化是核武器、生物武器和化学武器的统称。核生化防护是为避免或减轻敌核生化武器袭击毁伤和次生核生化危害、其他核生化危害,降低其对部队行动影响而进行的防护。

一、对核武器的防护

（一）利用各种工事防护

我国核试验证明，各种野战工事都能减轻或避免核武器对人员的杀伤，其防护效果见表8-2。永备工事容积大，深入地下，具有抗力高、三防设施完善等特点，对核武器的防护效果最佳。除敌核袭击直接命中外，人员在工事内是安全的。因此，在核条件下作战，只要情况允许，就应根据任务、条件积极构筑各种工事进行防护。

表8-2　野战工事的核防护效果

工事类型	工事内人员中度伤半径与地面暴露人员中度伤半径之比
堑壕、交通壕、单人掩体	2/3～1/2
机枪工事、观察工事、避弹所	1/2～1/3
崖孔	1/3～1/4
垂直出入口、坦克乘员避弹所	1/4～1/5
轻型掩蔽部	1/3～1/4
加强型掩蔽部	1/4～1/5

当接到核袭击警报信号或发现闪光时，不担负值班的人员，应迅速有秩序地进入掩蔽部或避弹所，关好防护门并视情况掩堵耳孔。

当发现闪光时，应迅速进入堑壕、交通壕、观察所或崖孔，采取相应的措施，避免或减轻光辐射、冲击波和早期核辐射的伤害。

（二）利用地形地物防护

土丘、土坎、土坑、沟渠和涵洞，对核武器的瞬时杀伤破坏因素都有一定的削弱作用，人员如能及时正确地利用其进行防护，可减轻或避免伤害。在利用地形地物时，应避开山石、土块易崩塌和建筑易倒塌的地区，避开易燃、易爆的物体，以免受到间接伤害。

1．利用高于地平面的地形防护

当发现核爆炸闪光时，应利用就近地形，如土丘、土坎、山坡等，背向爆心紧靠遮挡一侧的下方立即卧倒。

2. 利用土坑、弹坑、沟渠、山洞、桥洞、涵洞等地形防护

当发现闪光时，应迅速跃入坑内，身体蜷缩，跪或坐于坑内；迅速进入山洞、桥洞、涵洞，两手掩耳，闭眼，半张嘴，暂时停止呼吸。

3. 利用建筑物防护

坚固的建筑物对瞬时杀伤因素具有一定的防护作用。当发现核爆炸闪光时，室外人员尽量利用墙的拐角或紧靠背向爆心一面的墙根卧倒；室内人员应尽量利用屋角或床桌卧倒或蹲下。注意不要利用不坚固或易倒塌的建筑物防护，还要避开窗、门等处和易燃易爆物，以免受到间接伤害。

（三）在开阔地上的防护

当发现核爆炸闪光时，应立即背向爆心卧倒，同时应半张嘴，闭眼，收腹，两手交叉垫于胸下，两肘前伸，头自然下压于两臂之间，两腿伸直并拢，暂时憋气。人员卧倒后，能减少冲击波迎风面积的 4/5；闭眼、遮脸、压手、头部下压，可以减轻光辐射对暴露部位的烧伤。

（四）抢救抢修

对核袭击损伤的抢救抢修，通常采取群众性自救互救和组织抢救队抢救相结合的方法。自救互救的内容包括：扑灭衣服上着的火；止血；包扎和遮盖创面，固定受伤肢体；保持呼吸道畅通，防止窒息；止痛；初步消除衣服和体表的放射性沾染，对重伤员应及时后送。

对本分队遭受破坏的武器和弹药应有组织地进行清理、检查和标记，并集中到指定地点。同时，对被破坏的工事进行抢修，对遭受破坏的障碍物应迅速恢复。

（五）消除放射性沾染

消除放射性沾染（简称消除沾染）分局部和全部两种。局部沾染通常由分队指挥员利用战斗间隙，组织对受染人员衣服装具、武器装备等主要部位，用毛巾、扫帚、树枝、布团等进行擦拭、扫除、拍打、抖拂，其消除率可达 60%～90%。全部消除通常在战斗情况允许或战斗结束后，在部队司令部统一组织下，用防化分队洗消车辆以游动洗消或开设固定洗消站两种方式对沾染严重的人员、服装装具、武器装备等全部表面进行消除，其消除率通常可达 100%。

对粮秣消除沾染，可采用过筛、加工、脱壳、水洗、风吹等方法，其消除率在 90% 以上；对饮水消除沾染，可采取土壤净化法和过滤法，其消除率可达

30%～75%。

对地面、工事消除沾染，可采用铲除、扫除或冲洗等方法。

（六）在受染地域行动时的防护

人员徒步通过敌人核袭击造成的大面积沾染地域时，除选择沾染轻、距离近的路线外，均应戴口罩或面具和扎"三口"（扎领口、扎袖口、扎裤口），乘车通过时还应穿上防毒斗篷或雨衣。在沾染地域执行任务时，除注意个人防护外，人员应根据分队指挥员的命令换班、轮换休息、进餐饮水或撤离沾染地域。在受染地域行动时，还应组织剂量监督，分队人员应及时报告个人受照射剂量，并检查是否超过允许标准，相应标准见表8-3～表8-5。

表8-3　丙种射线全身照射参考控制量

区分	参考控制量/伦琴	备注
一次照射剂量	50	照射后30天内不宜再次照射
年积累剂量	150	—
终身积累剂量	250	—

表8-4　人员食入放射性落下灰参考控制量

区分	参考控制量/微居里
一日食入量	100
总食入量	500

表8-5　皮肤和各种物体表面沾染程度参考控制量

区分	沾染程度/（蜕变数·分$^{-1}$·厘米$^{-2}$）
人体皮肤（不含手）及内衣	5×10^4
手	1×10^5
服装及建筑物、工事和车船内部	2×10^5
武器、装备和露天工事	5×10^5

二、对生物武器的防护

当发现敌方有使用生物武器的迹象时，或接到上级有关部门关于敌方使用生物武器的通报后，应及时采取防护措施。

（一）及时采取防护动作

当发现敌方施放生物战剂气溶胶时，应及时戴防毒面具或防疫、防尘口罩和防毒眼镜，同时穿着防毒衣或防疫服。有条件时，可进入有滤毒通风设施的地道、坑道、掩蔽物等工事进行防护。当敌方投放带菌昆虫时，为了防止昆虫叮咬，应利用工事、房屋、帐篷和个人防护器材进行防护。同时，应注意保护暴露的皮肤，可在暴露的皮肤上涂抹驱蚊灵等。对于新型生物病毒在弄清其预防机理之前，最为简单、最为有效的方法就是对可能被感染地区和传染人员进行物理隔离，避免疫情进一步扩散。

（二）进行预防和免疫接种

为了增强人体的抗病能力，提高治疗效果，应对有关人员进行免疫接种。当敌人使用生物武器，并确知是何种生物战剂时，应使用相应的药物进行预防，同时还应注意搞好个人卫生和战场卫生。

（三）消毒、灭害

当发现人员皮肤受污染后，可用个人防护盒内的皮肤消毒液或1%的"三合二"水溶液，以擦拭法进行消毒；对污染的服装装具可用煮沸法、日晒法或药物浸泡法进行消毒；对污染的武器装备的消毒，与对染毒的武器装备的消毒相同；对污染的粮秣、食物，通常要销毁，密封包装的可用消毒剂对外表擦拭2～3次，放置30分钟后方可食用；对污染的饮用水，需煮沸15分钟后方可饮用；对污染的地面、工事，可用火烧法、铲除法和喷洒消毒剂进行消毒。

当发现敌方投放昆虫、小动物等媒介物后，应组织人员，采用捕、打、烧、熏等方法消灭。无论是敌方投的昆虫、鼠类，还是当地的昆虫、鼠类，都可能是生物战剂传播的媒介物，都能传播多种疾病。因此，要经常打扫卫生，消灭有害昆虫和鼠类，以减少战时生物战剂可能利用的传播媒介，减轻生物战剂的危害性。

三、对化学武器的防护

（一）适时防护与药物预防

当接到敌方化学袭击警报或突然遭到敌方炮火和航空兵化学袭击时，应立即进入有密闭、滤毒通风装置等防护设施的工事内进行防护。当敌机布洒毒剂或人员在染毒地域内行动时，应及时穿戴防护器材和利用简易器材进行防护。为增强对神经性毒剂的防护能力，人员可提前服用防磷片或吸入解磷鼻粉剂。

（二）急救

中毒以后的急救和互救，对于挽救中毒人员的生命有很大的意义。急救过程中要遵循"迅速正确，先重后轻，防护、消毒、解毒相结合"的原则。对中毒人员急救时，应根据中毒症状，采用相应的急救药物和方法。情况允许时，最好将中毒者撤出毒区，后送救治。

1．对神经性毒剂中毒的急救

对中毒人员，应先戴上防毒面具，立即注射解磷针（拧开护针帽，用拇指、食指、中指三指持针头底部，将针垂直刺入臀部外侧或大腿、上臂近肩部肌肉发达处，保持安瓿底部垂直向上，三指合力折断安瓿细颈，药液便自动注入肌肉内，当药液流尽，迅速拔出针头）；互救时，对呼吸困难者进行人工呼吸；对染毒皮肤及时进行消毒。

2．对糜烂性毒剂中毒的急救

（1）皮肤染毒时，应立即对皮肤进行消毒。先用纱布、棉花吸去毒剂液滴，再用消毒液进行消毒，也可用清水、肥皂水洗涤。路易氏气中毒时除了以上的处理外，如无起泡糜烂还可敷 BAL（二巯丙醇）软膏。

（2）眼睛中毒时，用 2% 小苏打水或清水冲洗，然后滴入蛋清、眼药水或涂以碱性眼膏（路易氏气中毒时可涂 BAL 眼药膏）。

（3）呼吸道中毒时，用 2% 小苏打水洗鼻、漱口。如果胸部疼痛，可吸入抗烟剂（路易氏气中毒时还应进行抗肺水肿处理）。

（4）误食中毒时应反复催吐。路易氏气中毒时可口服解砷灵。

（5）全身中毒时，应及时送治疗。

（6）当皮肤染毒芥－路混合毒剂时，除用相同的方法进行消毒处理外，在急救治疗方面，应先考虑路易氏气。因为路易氏气的皮肤吸收和病程发展比芥子气快，而且又有特效急救药，易收到救治效果。

3．对全身中毒性毒剂的急救

中毒后，应迅速捏破亚硝酸异戊酯安瓿，置于鼻前吸30秒钟（戴面具者，则将捏破的安瓿塞入面罩内）。每隔2分钟吸一支，但连续不得超过5支。对呼吸困难者应进行人工呼吸。氯化氰中毒时，还需进行对肺水肿的治疗，吸入抗烟剂。

4．对窒息性毒剂中毒的急救

应让中毒人员保持安静，解除中毒人员身上的武器装备，使其呼吸顺畅，尽量减少体力消耗。呼吸困难时，不能进行肢体人工呼吸，可用口对口人工呼吸，以防止加重肺部损伤。

5．对失能性和刺激性毒剂中毒的急救

对失能性和刺激性毒剂中毒人员，一般不需要急救，只需进行防护和消毒，离开毒区，症状就会自行消失。

（三）消毒

对染有毒剂液滴的人员、服装装具、武器装备的消毒，分局部和全部两种。

人员皮肤染毒后，应立即用防护盒内的消毒液进行消毒。无防护盒时，可先用棉花、布块、纸片等，将毒剂液滴吸去，再用肥皂、洗衣粉、草木灰、碱等水溶液冲洗；用汽油、酒精等擦拭染毒部位，也有一定效果。对染毒的眼睛和伤口可分别用2%的小苏打水和1∶1 000的高锰酸钾水溶液冲洗。对沙林毒剂染毒可用10%"三合二"澄清液或10%氨水进行消毒，对VX毒剂染毒可用10%次氯酸钙水溶液消毒。

对染毒的服装装具，可用防护盒内的皮肤消毒液或肥皂、苏打、草木灰等水溶液，以擦拭法、洗涤法、煮沸法进行消毒或利用风吹日晒进行自然消毒。

对个人使用的武器装备，用棉花、纱布、布团、毛刷，蘸1∶7"三合二"溶液、1∶4"白粉"水溶液或其他消毒液，以擦拭法进行消毒。

四、常见个人防护器材

个人防护器材是个人用于免受毒剂、生物战剂和放射性灰尘伤害的各种器材的总称，常见的有防毒面具、防毒服、防毒手套与防毒靴套、防毒斗篷和个人防护盒等。

（一）防毒面具

防毒面具是一种呼吸器官防护器材，用以保护人员的呼吸器官、眼睛及面部皮肤免受毒剂、生物战剂气溶胶和放射性微粒的直接伤害。过滤式防毒面具可将受污染空气滤净成清洁空气供人员呼吸。目前常用的过滤式防毒面具主要有FMJ05型和FMJ08型等型号。

（二）防毒服

防毒服是由透气材料制成的防止毒剂、生物战剂和放射性灰尘等通过皮肤引起伤害的皮肤防护装备。它通常与防毒斗篷、防毒手套、防毒靴套和过滤式面具配套使用，目前常用的防毒服主要是 FFF01 型和 FFF02 型防毒服。

（三）防毒手套与防毒靴套

防毒手套与防毒靴套是保护手部、脚和小腿部免受毒剂、生物战剂和放射性灰尘伤害的皮肤防护装备。目前常用的防毒手套与防毒靴套主要有 FST04 型防毒手套与 FXT02 型防毒靴套。

（四）防毒斗篷

防毒斗篷是用以遮挡毒剂液滴和放射性灰尘降落或飞溅到人体上的皮肤防护器材，一次性使用。目前常用的主要是 FDP03 型和 FDP03A 型防毒斗篷。

（五）个人防护盒

个人防护盒装备到单兵，是在作战时使用的卫生防护器材。盒内配备有神经性毒剂自动注射急救针（解磷急救针）、神经性毒剂预防片（防磷片）、抗氰自动注射急救针、抗氰胶囊和军用毒剂消毒手套等。

第九章
战备基础与应用训练

学习目标

- 了解战备规定、紧急集合、徒步行军的基本要求、方法和注意事项。
- 熟悉一些简单的野外生存常识。
- 掌握基本的地形、地貌识别以及地图的应用。

第一节 战备规定

战备工作是军队为执行作战和非战争军事行动任务而进行的准备和戒备活动,是军队全局性、综合性、经常性的工作。提高战备水平,保持常备不懈的战备状态,是有效应对多种安全威胁、完成多样化军事任务的重要保证。人民解放军建立正规的战备秩序,加强战备基础性建设,搞好针对性战备演练,周密组织战备值班和边海空防巡逻执勤,随时准备执行作战和非战争军事行动任务。部队根据执行任务需要进入等级战备,战备等级按照戒备程度由低级到高级分为三级战备、二级战备、一级战备。

陆军部队的日常战备,以维护边境正常秩序和巩固国家建设成果为重点,依托作战指挥机构和指挥信息系统,加强战备值班要素整合,探索战区联合值班模式,推进团以上作战部队战备值班系统综合整治,以常态化运行的体制机制保证战备工作落实,形成各战略方向衔接、多兵种联合、作战保障配套的战备力量体系布局,始终保持迅即能动和有效应对的良好状态。

海军部队的日常战备,以维护国家领土主权和海洋权益为重点,按照高效用兵、体系巡逻、全域监控的原则,组织和实施常态化战备巡逻,在相关海域保持军事存在。各舰队常年保持必要数量舰艇在辖区内巡逻,加强航空兵侦察巡逻,并根据需要组织机动兵力在相关海域巡逻警戒。

空军部队的日常战备,以国土防空为重点,坚持平战一体、全域反应、全疆到达的原则,保持灵敏高效的战备状态。组织常态化空中警戒巡逻,及时查证异常不明空情。空军指挥警戒值班系统以空军指挥所为核心,部队指挥所为基础,以航空兵、地面防空兵等战斗值班兵力为支撑。

火箭军(原称第二炮兵)平时保持适度戒备状态,按照平战结合、常备不懈、随时能战的原则,加强战备配套建设,构建要素集成、功能完备、灵敏高效的作战值班体系,确保部队应急反应迅速,有效应对战争威胁和突发事件。在国家受到核威胁时,核导弹部队根据中央军委命令,提升戒备状态,做好核反击准备,慑止敌人对中国使用核武器;在国家遭受核袭击时,使用导弹核武器,独立或联合其他军种核力量,对敌实施坚决反击。常规导弹部队能够快速完成平战转换,遂行常规中远程精确打击任务。[1]

---

[1] 中国人民共和国国务院新闻办公室:《中国武装力量的多样化运用》白皮书. 北京. 人民出版社,2013.

第二节 紧急集合

紧急集合是指部队或分队在紧急情况下，迅速聚集人员并按规定携带装备物资的应急行为。

一、紧急集合的时机

部（分）队应当根据上级的紧急战备号令，或者在下列情况下实行紧急集合。
（1）发现或者遭到敌人的突然袭击。
（2）受到火灾、水灾、地震、台风等自然灾害威胁或者袭击。
（3）上级赋予紧急任务或者发生重大意外情况。

二、紧急集合方案

部（分）队应当预先制定紧急集合方案。紧急集合方案通常规定下列事项。
（1）紧急集合场的位置、进出道路及其区分。
（2）警报信号和通知的方法。
（3）各分队（全体人员）到达集合场的时限。
（4）着装要求和携带的装备、物资、粮秣数量。
（5）调整勤务的组织和通信联络方法。
（6）值班分队的行动方案。
（7）警戒的组织，伪装、防空和防核、防化学、防生物以及防燃烧武器袭击的措施。
（8）留守人员的组织、不能随队伤病员的安置和物资的处理工作。

三、紧急集合的要求

部（分）队接到紧急集合命令（信号），应当迅速、有序地按照紧急集合的有关规定，准时到达指定位置，完成战斗或者机动的准备。

部（分）队首长根据情况及时增派或者撤收警戒；督促全体人员迅速集合；检查人数和装备；采取保障安全的措施；指挥部（分）队迅速执行任务。

四、紧急集合的时限

为锻炼提高部（分）队紧急行动能力，检查战斗准备状况，通常连级单位每月、营级单位每季度、旅（团）级单位每半年进行一次紧急集合。紧急集合的具体时间由部（分）队首长根据任务和所处环境等情况确定。

舰（船）艇部队、航空兵部队和导弹部队的部署操演、实兵拉动、战斗值班（战备）等级转进、战斗演练，按照战区、军兵种有关规定执行。

第三节 行军拉练

行军拉练是军队徒步或乘坐建制内和配属的车辆按预定路线进行的有组织的移动。其目的是争取主动，转移兵力，形成有利态势。

行军的种类按行动方式分为履带行军、摩托化行军和徒步行军；按时间分为昼间行军和夜间行军；按行进方向分为向敌行军、背敌行军和侧敌行军；按地形条件分为平原地、丘陵地、山地、山林地、沙漠、草原、高原地行军；按强度分为常行军、强行军、急行军。常行军是按正常行走速度实施的行军，乡村道路行军速度为每小时4～5千米，山地道路行军速度为每小时3～4千米。急行军时，乡村道路行军速度每小时可达8～10千米。行军的速度应根据任务、道路状况、天气、气候、季节等情况而定。

一、熟悉和掌握行军地带的各种情况

部（分）队受领行军任务后，首先向部（分）队有关人员传达上级的行军命令和有关指示，要认真分析敌情，研究任务，然后组织侦察。通过实地侦察、图上分析和向群众了解情况等手段，及时查明行军路线的情况，其内容包括：①道路、桥梁、难以通行地段的数量、位置，以及可以利用的各种条件等；②敌方核武器、生物武器、化学武器及燃烧武器可能袭击的地区和可能造成的受染地区，可迂回的路线；③可能与敌人遭遇或遭敌阻击地区及处置方法等。

二、确定行军部署

部（分）队受领行军任务后，应在分析研究敌情、任务、地形、道路、气象等情况的基础上，确定行军部署。部署方案主要内容包括行军路线、行军序列、各分队和配属分队的任务、行军途中可能遇到的情景及处置方案和各种保障工作，保障行军的顺利实施。

三、做好思想动员

行军前，指挥员应根据本分队所负担的任务，结合分队的思想情况，进行深入的思想动员。要教育战士遵守行军纪律，服从命令听指挥，不得擅自离队、丢失装具和食物，不喝生水、不违反群众纪律等，以保障分队顺利完成行军任务。

四、下达行军命令

行军命令通常在行军前向所属和配属分队下达。时间紧迫时，也可在明确尖兵编成、本分队行军的序列和路线后，先指挥按规定时间出发，其他事项在行进中明确。行军命令的内容主要包括：敌情；本分队的任务、出发时间（通过出发点的时间）、行军路线、里程、大休息的地点、到达的时间和地点；分队集合地点，行军序列；友邻的行军路线；行军警戒，通信联络信（记）号或口令，着装规定；完成行军准备的时限；指挥员在行军中的位置。摩托化行军时，还应明确车辆情况、车辆分配、各车的车长及观察（联络）员、登车时间和地点等。单独组织行军时，还应明确具体尖兵班（连）的编成、任务、运动路线（与车队的距离）、联络方法、可能与敌遭遇的地点和各分队的行动等。

五、组织好行军保障

为保障部队安全、顺利、按时到达预定地域，应根据敌情、地形，周密地组织行军的各种保障。行军保障主要包括行军警戒、运动保障、警备调整、对空防御和对核、生物、化学武器的防护，以及组织先遣队、设营队、收容队等。其具体内容有：应调查行军路线，尤其在夜间或其他能见度不良的条件下行军，要研究、熟悉地形特征，做好利用地图按方位角行进的准备；指定 1～2 名战士为观察员，负责对地面、对空观察；指定值班分队及火器，负责对空防御；明确遭敌核、化学武器，以及敌航空兵、炮兵火力袭击时的行军方法，规定伪装方法及伪装纪律；组织以简易通信、徒步通信、无线电通信相结合的多种通信手段，确保通信联络畅通；做好物资器材准备，主要包括武器、弹药、器材、装具、给养饮水和药品等，准备的数量以能保障战斗、生活，又不过多增加战士的负荷量为原则，通常携带粮食 3 日份（其中 1 日份为热食）和必要的饮水；做好妥善安置伤病员的准备；进行着装检查，包括鞋袜的整理、背包的捆绑、装具的佩戴等。摩托化行军时，应根据敌情、任务和行程确定给养物资的携行量和保障方法，并明确随车携行规定的油料基数和加油方法。

六、行军的管理与指挥

（一）掌握好行军的方向和速度

部队行军前，要在行军路线图上认真研究行军路线、出发地点、大休息地区及到达地区，分析沿途地形特点和熟记其明显地形、标志。还可利用地图和按方位角行进，也就是通过使用行军路线图，识别路标、信号等方法掌握行军路线。

行军中，到达岔路口、转弯点、桥梁、居民地等明显方位物附近时，应判明站立点。当发现迷失方向或走错路时，应立即停止，待判明后再前进。当与友邻相遇或超越另一路纵队时，应加强调整勤务，以防止部队混乱、拥挤、堵塞或走错方向。

行军尽量以匀速运动，以免造成部队的疲劳，行军队形拥挤或松散。并需根据任务、敌情的变化，结合行军时间、行军能力、道路状况、天气变化等情况，适时调整行军速度。

徒步行军时，连与连之间的队形间距为 100 米左右；单独行军时，尖兵班与连队之间昼间间距为 500～700 米，夜间间距为 200～300 米。

行军中，指挥员应根据情况适当掌握行军速度，在通过渡口、桥梁、岔路口时指挥员应亲自指挥，以控制速度并保持规定的距离，防止因拥挤、堵塞而耽误时间。通过后，先头分队应适当减速，以便保持队形间距。掉队时，应大步跟进，不宜跑步。摩托化行军时，应保持规定的车速、车距，不得随意超车和停车，应主动给指挥车和特种车让路。如果车辆发生故障，应靠道路右侧，必要时离开道路停车抢修，待修好后根据上级指示归队。徒步行军的分队应主动给车辆、执行任务的分队和人员让路。夜间行军，要严格实施灯火管制。

（二）适时组织休息

为保持部队的体力和持续行军能力以及对车辆进行及时检查，在行军途中，应适时组织部队进行大、小休息。大休息通常在完成当日行程一半以上时进行，应离开道路进入指定地区，休息时间为 2 小时左右。休息时，应明确出发时间，并派出警戒。必要时，可占领附近有利地形，加强对空观察，并做好战斗准备。组织野炊，安排好伤病员，督促驾驶员检查车辆，组织分队在规定地区休息。夜间休息时，人员不准随意离队，武器、装备要随身携带。出发前，应清点人数，检查装备，补充饮（用）水。小休息，通常于开始行军 20 分钟后进行，休息时间为 15 分钟，之后每行进 50 分钟休息一次，每次约 10 分钟。休息时，应靠路边，面向路外侧，保持原来队形，督促战士整理鞋袜和装具。休息地点一般选择在地形隐蔽、向阳的地方，尽量避开居民地、桥梁、隘路、道路交叉点等。

（三）果断处置各种情况

遇敌空袭时，应指挥分队迅速向道路的一侧或两侧疏散隐蔽（乘车时要下车），并指挥火器射击低飞敌机。如果空袭情况不严重或行军任务紧迫时，分队则应疏散队形，加快速度前进。

遭敌方核武器、化学武器袭击时，应指挥车辆就近利用地形防护，所有人员应迅速穿戴防护衣罩，下车就近隐蔽防护。

通过受染地段时，指挥分队应尽量绕过受染区。当时间紧迫又无法迂回时，应增大距离，以最快的速度通过，通过人员除穿戴好防护衣罩外，还应对武器和携带物品进行防护。通过后，车辆应及时洗消检查，人员口服抗辐射药物，喝足开水，排除大小便。

第四节　野外生存

野外生存，即人在无人住宿的山野丛林中求生。深入敌后的特种部队、侦察兵和空降兵、海军陆战队，以及在战斗中与部队失去联系的战士和失事的空勤人员，在孤立无援的敌后或生疏的荒野丛林和孤岛上，在通信仪器损坏、对外联络断绝的情况下，更需要野外生存的本领。

本节主要介绍一些简单的野外生存常识。

一、采捕食物

野外生存获取食物的途径主要有两种：一种是猎捕野生动物，另一种是采集野生植物。

猎捕野生动物首先要知道动物的栖息地，掌握动物的生活规律，然后再采取压捕、套猎、捕兽卡以及射杀等方法进行猎捕。这需要在专家指导下经过较长时间的训练和实践后才能真正掌握。

下面仅简单介绍几种可食昆虫及可食野生植物的种类和食用方法。

目前，人类食用的昆虫有蜗牛、蚯蚓、蝉、蚕蛹、飞蛾、蚂蚱、蜘蛛、螳螂等。人们对吃昆虫虽然不习惯，甚至感到厌恶，但在万不得已的情况下，为维持生命，保持战斗力，继而完成任务，不妨一试。但是应注意，一定要煮熟或烤透，以免昆虫体内的寄生虫进入人体，导致中毒或得病。

常见的可食昆虫及食用方法有：蝗虫浸酱油烤着吃，也可以煮或炒；螳螂，去翅后烤或炒，也可以煮着吃；蜻蜓，干炸后可食；蝉，生吃或干炸，幼虫也可食；蜈蚣，干炸；天牛幼虫炸或烤后可食；蚂蚁，炒食；蜘蛛，除去脚烤食；白蚁，可生食或炒；松毛虫，烤食。

可食野生植物包括可食的野果、野菜、藻类、地衣、蘑菇等。对可食野生植物的识别是野外生存知识的主要内容。我国地域广大，适合各种植物生长，其中能食用的植物有 2 000 种左右。我国常见的可食野果有山葡萄、草菇、沙棘、桃金娘等，特别是野栗子、椰子等容易识别，是应急求生的上好食物。常见的野菜有蒲公英、鱼腥草、马齿苋、刺儿草、野苋菜、菱、莲、芦苇、青苔等。野菜可生食、炒食、煮食。

但是，一般人需要在专家指导下经过一定时间的训练才能掌握这些知识。这里介绍一种最简单的鉴别野生植物有毒或无毒的方法，供紧急情况下使用。通常将采集到的植物割开一个小口子，放进一小撮盐，然后仔细观察是否改变原来的颜色，变色的植物一般不能食用。

二、获取饮用水

水是人体的最基本需求，离开它，人就无法生存。因此，保持体液和补充水分，是野外生存必须优先考虑的因素。一方面，要注意保留珍贵的应急储备水，并尽最大努力去寻找水源；另一方面，一旦出现缺水，当务之急是最大限度地缓解身体脱水状况，以维持体液平衡。下面介绍几种获取饮用水的方法。

（一）寻找水源

1．重点盯住低洼地

水往低处流，这是自然规律。因此，寻找水源首选之地是山谷底部地区。

2．注意分析绿色植物的分布情况

一般而言，哪里有水，哪里就有绿色植被。植被越茂密，越容易找到水源。

3．利用动物作为寻找水源的向导

绝大多数哺乳动物定期补水，食草性动物通常不会离水源太远，留意跟踪动物的足迹经常能找到水源。

4．留心特殊的含水地质结构

在干涸的河床或沟渠下面很可能会出现泉眼，尤其在沙石地带，在岩石的断层间可能会发现湿地或泉眼，悬崖底部一般都会渗出水流。

（二）取水的方法

1．露水的采集

在日夜温差较大的地区或季节，清晨会有很多露水，用吸水性强的布料将其吸取即可。

2．雨水的收集

雨水一般是野外最安全的水源，为防污染，最好烧开后再饮用。

3．冰雪化水

通常，能融冰则不化雪。因为融冰比化雪消耗的热能少，可更快、更多地化出水来。

4．植物中取水

某些树的汁液是可以饮用的，例如椰子树、枫树、仙人掌等。从植物中取水，首先必须判断植物的液汁是否有毒，以及性味如何。

5．从泉水和江河、湖泊以及水坑、水洼、水塘中取水

从泉水和江河、湖泊以及水坑、水洼、水塘等水源取水比较方便，只要有盛水的容器就行，但这些水源，一般都容易受到污染，因此，饮用前一定要加以净化。

（三）净化饮用水

野外生存最重要的是保持良好的身体状态，而一点点的污染水就能使人致病，最常见的病就是腹泻。在困境中，腹泻能够致人身亡。因此，净化饮用水以保持安全卫生是非常重要的。野外条件下，净化饮用水的方法主要有过滤、沉淀、烧开和蒸馏。

三、取火

在野外，火有着重要意义。它不仅能使人保持体温，减少体内热量散失（体内热量就是生命的能源），而且它还可以烤干衣服、煮饭烧水、熏烤食品、吓跑野兽、驱走害虫、锻造金属器具等。总之，火可能给人带来生机和活力。但是，用火不慎，引发火灾，也可能危及生命，破坏自然生态，造成不可挽回的损失。因此，野外求生，不仅要懂得如何生火、用火，而且要懂得控制火焰燃烧，安全用火。

（一）选择生火点

确定生火地点要根据所处环境的地形特点。最好选择靠近宿营处，既能保证用火安全，又便于火焰燃烧和散烟的地点。如身处林区，生火点最好选在林中空地、林边缘、高大树下、通过林区河流岸边；身处高原，生火点最好选在靠近水源的地方，也可选在背风的坡地上，但四周一定要开出 2 米以上的防火隔离带，并做到人走火灭；身处山地、丘陵地，可寻找山洞、背风石崖旁、向阳背风的山坡上或河床、溪流旁的最高水位线以上的地方。

（二）搜集燃料

1．主燃料

主燃料是让火焰长时间燃烧的主要物质。最好选择燃烧持续时间长、热效能好、不发烟或发烟少的燃烧物，如枯木、干燥的动物粪便等。

2．引火物

引火物也是一种燃料，是燃起火焰的易燃物，如枯草、干松枝、纸张、布料和棉线等。

3．点火

在进行完上述准备工作之后，下面就是如何使用火种，发出引火的火星，点燃引火物，进而引燃主燃料，生起火焰。点火方法通常有以下几种。

（1）火柴、打火机是最便利的点火工具。

（2）凸镜生火。剧烈的阳光通过凸镜的聚焦作用，可以产生足够的热能点燃火种。

（3）火刀打击火石，是远古时代常用的点火方法，至今仍然有用。

（4）钻木取火，也是一种古老的生火方法。

（5）电池生火，电池放电产生的电火花可用来点火。

4．用火

（1）合理安排工作，注意节省燃料。火焰燃烧起来后，求生者应当根据自己的需要使用热能。要分清轻重缓急，统筹安排工作顺序，合理利用燃料燃烧产生的热能。

（2）掌握燃烧时间，保证持续用火。野外生火非常不易，因此，必须注意保存火种。火焰持续燃烧，必须备有较多的燃料，并学会控制燃烧的技巧。

（3）保留备用火种，以防火焰熄灭。

（4）注意安全用火，防止发生火灾。野外生火，最重要的是安全用火，尤其是在林区、草原等容易发生火灾的地区。因此，必须注意：合理选择点火地点；开辟防火隔离带；要有灭火应急措施；安排人员值守，做到人走火灭。

四、野外常见伤病的防治

（一）昆虫叮咬的防治

在野外为了防止昆虫的叮咬，人员应穿长袖衣和长裤，扎紧袖口、领口，皮肤暴露部位涂抹防蚊药。不要在潮湿的树荫和草地上坐卧。宿营时，点燃艾叶、青蒿、柏树叶、野菊花等驱赶昆虫。被昆虫叮咬后，可用氨水、肥皂水、盐水、小苏打水、氧化锌软膏涂抹患处止痒消毒。

蚂蟥是危害很大的虫类。遇到蚂蟥叮咬时，不要硬拔，可用手拍打或用肥皂液、盐水、烟油、酒精滴在其前吸盘处，或用燃烧着的香烟烫，让其自行脱落，然后压迫伤口止血，并用碘酒涂抹伤口以防感染。部队行进中，应经常查看有无蚂蟥爬到脚上。如在鞋面上涂些肥皂、防蚊油，可以防止蚂蟥往上爬。涂一次的有效时间约为4～8小时。此外，将大蒜汁涂抹于鞋袜和裤脚，也能起到驱避蚂蟥的作用。

（二）昏厥

野外昏厥多是由于摔伤、疲劳过度、饥饿过度等原因造成的。其主要表现为脸色突然苍白，脉搏微弱而缓慢，失去知觉。遇到这种情况，不必惊慌，一般过一会儿晕厥者便会苏醒。醒来后，应喝些热水，并注意休息。

（三）中毒

中毒的症状是恶心、呕吐、腹泻、胃疼、心脏衰竭等。遇到这种情况，中毒者首先要洗胃，快速喝大量的水，用手指触咽部引起呕吐，然后吃蓖麻油等泻药清肠，再吃活性炭等解毒药及其他镇静药，多喝水，以加速排泄。为保证心脏正常跳动，应喝些糖水、浓茶，暖暖脚，并立即送医院救治。

（四）中暑

中暑的症状是突然头晕、恶心、昏迷、无汗或湿冷，瞳孔放大，发高烧。发病前，常感口渴头晕，浑身无力，眼前阵阵发黑。此时，应立即在阴凉通风处平躺，解开衣裤带，使全身放松，再服十滴水等药物。发烧时，可用凉水擦洗额头，或冷敷散热。如昏迷不醒，可掐中暑者的人中穴、合谷穴使其苏醒。

（五）冻伤

如发现皮肤有发红、发白、发凉、发硬等冻伤现象，应用手或干燥的绒布摩擦伤处，促进血液循环，减轻冻伤，轻度冻伤用辣椒泡酒涂擦便可见效。如发生身体冻僵的情况，不要立即将伤者抬进温暖的室内，应先摩擦肢体，做人工呼吸，待伤者恢复知觉后，再抬到较温暖的地方抢救。

（六）蜇伤

被蝎子、蜈蚣、黄蜂等毒虫蜇伤后，伤口红肿、疼痒，并伴有恶心、呕吐、头晕等症状。应挤出毒液，然后用肥皂水、氨水、烟油、醋等涂擦伤口，或将马齿苋捣碎，汁冲服，渣外敷；也可用蜗牛洗净后捣碎涂在伤口上。此外，蒜汁对蜈蚣咬伤有疗效。

第五节　识图用图

将地面的自然和社会要素，按一定的投影方法和比例关系，用规定的符号、颜色和注记综合测绘在平面图纸上的图叫作地图。地图是研究地形的重要资料，是部队训练和组织指挥作战的重要工具之一。

一、量读距离

地图上某线段长与其相应实地水平距离之比叫作地图比例尺。1∶10 000、1∶25 000、

1∶50 000、1∶100 000 的大比例尺地图为军用地形图。1∶200 000、1∶500 000、1∶1 000 000 的中小比例尺地图为联合作战图。

比例尺、里程表是图上进行长度量算的依据，主要有依比例尺换算、在直线比例尺上量算、用里程表量算等方法。

（一）依比例尺换算

$$实地距离 = 图上长 \times 比例尺分母$$
$$图上长 = 实地距离 \div 比例尺分母$$

为计算方便，可先将比例尺分母消去两个零。例如：在 1∶50 000 地图上，甲、乙两点的图上距离为2.4厘米，则其相应的实地水平距离为：2.4×500＝1 200（米）。又如：甲、乙两地之间的实际水平距离为1 200米，则其相应的图上距离为：1 200÷500＝2.4（厘米）。

（二）在直线比例尺上量算

量出两点间的长度（间隔），保持其长度不变，先使两脚规的一脚落在尺身的一个整千米数值上，再使另一脚落在尺头上，则整千米数值加上尺头上的数值，就是两点间的实地水平距离。

（三）用里程表量算

先使指北针上里程表的指针对准盘内零分划；然后手持指北针，将里程表的滚轮放在所量线段的起点上，沿线段滚至终点（要使指针顺时针转动），指针在相应比例尺分划圈上所指的千米数，即为所求实地水平距离。从图上量得的距离，不论是直线距离还是弯曲距离，都是两点间的水平距离。但是，实地地形是起伏不平的，道路的弯曲情况，在图上的表示也是很概略的。对于图上量得和计算出的距离，当实地坡度大时，应依比例加上适当的改正数。

二、地物符号

地面上的物体，种类繁多，千姿百态，因受比例尺的限制，测图时不可能按照它们的形状全部绘在图纸上，只能把有军事意义的重要地物标示出来，有些不需要的物体，还要舍弃。为了使地图简明、美观，便于识别物体、判定方位和图上量测计算，制定了一些图形和注记，分别来表示实地某种物体，这些图形和注记就叫作地物符号。

（一）符号的图形

地物符号的图形，多数是按地物的外在形状绘制的，如居民地、河流公路、桥梁等符号的图形与实地地物的正面形状相似。有的是按地物的侧面形状绘制的，如突出树、烟囱、水塔等符号的图形与实地地物的侧面形状相似。还有少数符号是按地物的有关意义绘制的，如气象台、矿井、水井等。根据符号的图形，可以联想它所表示的实地地物，便于识别和记忆。

（二）符号的分类

1. 依比例尺表示的符号

实地上面积较大的地物，如居民地的街区、森林、大江河、湖泊等，其外部轮廓是按比例尺表示的。在图上可量取相应实地的长、宽和面积。

2. 半依比例尺表示的符号

实地上的线状地物，如道路、土堤等，其长度是按比例尺表示的，而宽度则不能按比例尺表示。在图上只能量取其相应实地的长度，而不能量取宽度和面积。

3. 不依比例尺表示的符号

实地上有的较小地物，如三角点、油库、发电站、突出树、塔等，不能按比例尺缩绘，只能用规定的符号表示。在图上可了解实地地物的性质和位置，但不能量取其大小。

（三）符号的有关规定

1. 颜色的规定

为使内容层次分明、清晰易读，地形图用不同颜色来区分地形的性质和种类。我国目前出版的地形图一般分为四色图（见表9-1）。

表9-1　四色图

		四色图
颜色使用范围	黑色	居民地、独立地物、管线、垣栅、道路、境界、森林符号和注记等
	绿色	森林、果园等植被的普染
	蓝色	水系及其普染，水系注记，雪山、等高线及注记
	棕色	地貌和等高线的高程注记，公路普染

2．定位规定

定位规定是指以符号的特定点或特指线来代表地物在图上的中心点或中心线，给图上量测坐标或距离以依据。

3．文字、数字注记

地物符号，只能表示地物的形状、位置、大小和种类，但不能表示其质量、数量和名称。因此，还需用文字、数字予以注记，作为符号的补充和说明。

三、地貌判读

地球表面是起伏不平的，有高山，有深海，有丘陵和平原，有沙漠和草原，还有江河和湖泊，等等。这些高低不平、形状各异的地貌，通常是用等高线来表示的。用等高线表示地貌，能精确反映地面的高低、斜坡形状和山脉走向，但它的缺点是缺乏立体感。随着科学的发展，人们在等高线的基础上又研究出了分层设色和用晕渲表示地貌的方法。

等高线显示和分层设色法、晕渲法配合使用，显示地貌的效果将会更好，它不但能增加地势的立体感，便于识别地貌，而且便于图上计算高程。

（一）等高线显示地貌

1．等高线显示地貌的原理

由高程相等的各点连接而成的曲线，叫作等高线。

设想将一座山从底到顶按相等的高度，一层一层地水平切开，在山的表面上就出现了许多大小不同的截口线，再把这些截口线垂直投影到一个平面上，就呈现出一圈套一圈的等高线图形。地图就是根据这个原理以等高线显示地貌的。

2．等高线显示地貌的特点

（1）在同一条等高线上，各点的高程相等，并各自闭合。

（2）在同一幅地图上，等高线多的山就高；等高线少的山就低。

（3）在同一幅地图上，等高线间隔小的，实地坡度陡；间隔大的，实地坡度缓。

（4）图上等高线弯曲的形状与相应的地貌形状相似。

3．等高距的规定

相邻两条等高线间的高程差，叫作等高距。各种比例尺地图等高距如下：

比例尺 1∶25 000、1∶50 000、1∶100 000、1∶250 000 的地图，等高距分别为 5 米、10 米、20 米、50 米。

4. 等高线的种类和作用

（1）**首曲线**。首曲线又叫基本等高线，是按规定的等高距，由平均海水面起算而测绘的细实线，用以显示地貌的基本形态。

（2）**计曲线**。计曲线又叫加粗等高线，规定从高程起算面起，每隔4条首曲线加粗描绘一条粗实线，用以计算等高线和判读高程。

（3）**间曲线**。间曲线又叫半距等高线，是按1/2等高距描绘的细长虚线。用以显示首曲线不能显示的局部地貌形态。

（4）**助曲线**。助曲线又叫辅助等高线，是按1/4等高距描绘的细短虚线。用以显示间曲线仍不能显示的某段微型地貌。

5. 高程起算

我国规定，把"1956年黄海平均海水面"作为全国统一的高程起算面，高于该面为正，低于该面为负，称"1956年黄海高程系"。

（二）地貌识别

尽管每座山都有自己的特点，形态万千，但它们都是由山顶、凹地，山背、山谷，鞍部、山脊等构成。只要抓住这些基本特征，在地形图上通过等高线和地貌符号，就可以识别地貌的各种形态。

1. 山的各部形态

（1）**山顶**，指的是山的最高部分。图上表示山顶的等高线是一个小环圈，环圈外通常绘有示波线，用示坡线表示上、下斜坡方向。

（2）**凹地**，指的是比周围地面低下，且经常无水的地方。图上也可以用一个或数个小圈形等高线表示，在环圈内绘有示坡线。

（3）**山背**，是指从山顶到山脚的凸起部分。图上从山顶到山脚等高线向外凸出的部分表示山背。各等高线凸出的中央棱线为分水线。

（4）**山谷**，是指相邻两山背之间的低凹部分。图上以相邻山背或山脊之间等高线低凹部分表示山谷。等高线最低点的连线为分水线。

（5）**鞍部**，是指相邻两山顶间形如马鞍状的凹部。图上用一对表示山背和一对表示山谷的等高线显示。如图9-1所示。

（6）**山脊**，是指数个相邻山顶、山背和鞍部所连成的凸棱部分。由若干山顶、鞍部连接的凸棱部分，山脊的最高棱线为山脊线。

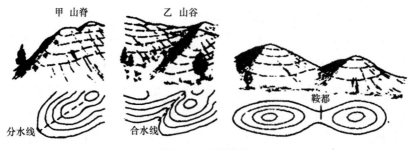

图9-1 山脊鞍部

2．特殊的地貌形态

凡不能用等高线形象表示的地貌形态称为特殊地貌。它包括地表因外力作用改变了原有地貌形状的变形地貌，以及地貌形体较小，用地貌符号放大表示的微型地貌。

（三）高程和高差的判定

在使用地图时，经常要判定点位的高程。如炮兵射击，为了确定高低角，就要知道炮兵阵地、射击目标和观察所的高程。判定点位的高程主要是根据高程注记和等高线来推算。

点位恰在等高线上时，该等高线的高程就是该点位的高程；点位在两条等高线之间时，先判明上下相邻两条等高线的高程，再按该点在两条等高线间隔中的位置目估出高差；点位在没有高程注记的山顶时，一般应先判定最邻近一条等高线的高程，然后再加上半个等高距。

先判明了两点的高程，然后相减，所得结果就是两点的高差。

（四）斜面形状和坡度判定

部队构筑山头阵地，总要观察一下斜面情况是否利于发扬火力。军队行军，经常遇到上坡、下坡。不同的斜面和坡度，对军队战斗行动造成不同的影响。例如，汽车的爬坡能力是15°，如果道路的纵坡度大于15°，汽车就不便通行了。所以，我们使用地图，要学会从图上判定斜面的形状和坡度。

所谓斜面，就是从山顶到山脚的坡面。以敌对双方控制的高地来说，朝向对方的斜面叫作正斜面，背向对方的斜面为反斜面。斜面按其断面形状分为等齐斜面、凸形斜面、凹形斜面和波形斜面。

站在斜面顶部可以看到全部，便于发扬火力的称为等齐斜面。等齐斜面坡度基本上一致，在图上，各等高线的间隔大致相等。

凸形斜面在实地，上面缓，下面陡。站在斜面顶部看不见下部，形成观察射击的死角，称为凸形斜面。在图上等高线的间隔是上面疏，下面密。

凹形斜面与凸形斜面相反，上面陡，下面缓。站在斜面的顶部能看到斜面的全部，便于发扬火力，称为凹形斜面。在图上等高线的间隔是上面密，下面疏。

波状斜面，坡度陡缓交叉变换，等高线疏密不等、交叉变化。

坡度通常指斜面水平面的夹角。坡度的判定，要先用两脚规量取图上两条（或六条）等高线间的宽度，再到坡度尺上比量，在相应的垂线下边就可以读出相应的坡度。

四、地形图的使用

现地使用地图，就是把地图拿到现地，将地图与现地地形一一对应起来，以便分析研究地形，全面地熟悉、掌握地形情况，按照实际地形组织计划部队行动，充分发挥地图的作用。

（一）现地判定方位

根据现地示向性参照物辨明东、西、南、北方向，叫作现地判定方位。军队在战斗行动中，必须随时随地辨明方向，明确敌我关系位置。如穿插分队进行迂回包围敌人，侦察分队潜入敌后侦察敌情，通讯分队执行送信、架线等任务时，如果迷失了方向，不仅会贻误战机，甚至可能遭受重大伤亡。所以，判定方位是军队行动的重要依据。

判定方位的方法很多，主要有利用指北针、利用北极星、利用太阳和手表等方法判定方位，可以因地制宜，灵活运用。

1．利用指北针判定方位

用指北针判定方位，是一种比较准确的方法。使用时将指北针平放，待磁针静止后，磁针涂有夜光剂的一端（或黑色尖端）所指的方向就是现地的磁北方向。

使用指北针以前，应检查磁针是否灵敏。其方法是：用一钢铁物体扰动磁针的平静，若磁针迅速摆动后仍停在原处，则说明磁针灵敏，可以使用；若各次磁针静止后所指分划值不一致，且相差较大，则说明该指北针不能使用，应进行检修或充磁。指北针如图9-2所示。

2．利用北极星判定方位

北极星是正北天空一颗较亮的恒星，夜间找到北极星就找到了正北方向。

北极星位于小熊星座的尾端，大熊星座（北斗七星）和仙后星座围绕北极星按反时针方向运转，通常依这些星座与北极星的关系位置来寻找北极星。寻找的方法是：大熊星座主要是由 7 颗较亮的星组成，形状像把勺子，找到后将勺子头甲、乙两星间连成一直线，向勺口方向延长约为甲、乙两星间隔 5 倍处，有一颗比较亮的星就是北极星。我国南方各省，当大熊星座运转到地平线以下时，可根据仙后星座寻找北极星。仙后星座主要是由 5 颗亮星组成，形状像"W"，在"W"的缺口方向约为缺口宽度的 2 倍处那颗星就是北极星。

3．利用太阳和手表判定方位

一般说来，当地时间 6 时左右太阳在东方，12 时左右在正南方，18 时左右在西方。根据这一规律便可以利用手表和太阳结合起来判定概略方位。

如图 9-3 所示，判定时先将手表平放，以表盘中心和时针所指数（每日以 24 小时计算）折半位置的延长线对向太阳，此时由表中心通过"12"的方向就是北方。

图9-2　六二式指北针

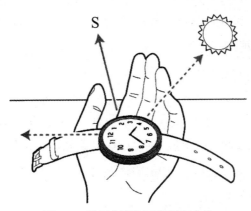

图9-3　利用太阳和手表判定方位

我国各地均使用北京时间，由于时差的原因，在当地判定方位时应将北京时间换算成当地时间，即以东经 120°为准，每向西经差 15°，应将北京时间减 1 小时；每向东经差 15°，则将北京时间加 1 小时。

4．利用太阳阴影判定方位

选择平整的地面，在地面立一根细直的长竿，在太阳的照射下就会出现一个影子，并将该影子标示在地面上；等待片刻（10～20分钟）再标出影子的新位置，然后通过两个影子的端点连一直线，此直线就是概略的东西方向线。

根据已知的东西方向线，在其上任选一点做垂线，这条垂线大体是南北方向线。

（二）地图与现地对照

现地使用地图，要能随时确定站立点在图上的位置，了解周围地形情况，保持正确方向。因此，必须经常注意与现地对照。

1．标定地形图

标定地形图，就是使地图与现地方位一致。这是确定站立点和对照地形的前提。

（1）**用指北针标定**。在地图的南、北内图廓线上，各绘有一个小圆圈，分别为磁南和磁北两点，其连线就是本幅图的磁子午线（有的地图已用虚线连接）。

将指北针准星朝向地图上方，并使直尺边切于磁子午线。转动地图，使磁针的北端精确对准指标，地图即已标定。

标定地图时要注意避开铁磁性物体。

（2）**利用北极星标定**。天空中有星星的夜晚，可利用北极星标定地图。首先找到北极星，使地图上方概略朝北；转动地图，使东西内图廓线中的任意一条对准北极星，地图即已标定。

（3）**利用直长地物标定**。当站立点位于直长地物上时（如直长铁路、公路、水渠等），首先在图上找到现地直长地物相应的地物符号，概略对照直长地物两侧的地形，使地图方位与现地方位概略相符；然后转动地图，使图上的直长地物符号与现地相应的直长地物方向一致，地图即已标定。

当实地线状地物较宽时，应以其中一个侧边或中心线为准，并以线状地物符号的相应位置进行瞄准。

（4）**利用明显地形点标定**。已知站立点在图上的位置时，在远方选一个现地和地图上都有的地点，如山顶、独立地物等；将直尺切于图上的站立点和地形点；转动地图，使直尺边对准现地的明显地形点，地图即已标定。

2．确定站立点的方法

确定站立点在图上的位置是现地用图的基础。

（1）**利用明显地形点判定**。当站立点恰在明显地点上，则该地形点的符号即是站立点在图上的位置。当在明显地形点附近时，可先标定地图，再进行对照分析，根据站立点与明显地形点的相关位置，确定出站立点在图上的位置。

（2）**用后方交会法确定**。当站立点附近没有明显地形，可在较远处找到现地和图上都有的两个以上已知点时，采用后方交会法确定站立点的图上位置。

先标定地图，在远方选择两个图上和现地都有的已知点，用直尺边分别切准图上两个已知点，先后向现地相应的已知点瞄准，并画出两条方向线，两线的交点就是站立点在图上的位置。

（3）**用截线法确定**。当站立点在已知线状地物上时，可用截线法确定站立点在图上的位置。

先标定地图，在线状地物的侧方选择一个图上与现地都有的已知点；将直尺边切准图上已知点符号的定位点，向现地相应的已知点瞄准并画方向线，方向线与线状地物符号的交点，就是站立点在图上的位置。

为保证精度，使用后方交会法和截线法时交会角一般要在 30°～150°，可能时用第三条方向线进行检查。

3．现地对照地形

现地对照地形，应当达到两个直接的目的：一是将地图上的地物、地貌符号和现地的地物、地貌一一对应辨清；二是通过对照，发现地图和现地的变化情况。

通常在标定地图、确定站立点的基础上，根据目标的方向、特征、距离、高程及相关位置等因素进行对照。

当对照某一区域地形时，通常先对照大而明显的地形，再由近及远、由点到面或逐段分片地进行对照。

对照山地和丘陵地形时，可根据地貌形态、山脉走向，先对照明显的山顶、山脊、山谷，然后顺着山脊、山背、山脚和山谷的方向进行对照。对照中要注意其前后层次的色调和透视关系。

对照平原地形时，可先对照主要的道路、河流、居民地和高大突出的建筑物，再根据地物分布规律和相关位置，逐点分片地进行对照。此类地形，变化的可能性较大，对照时要特别注意。

（三）按地形图行进

按地形图行进，是识图用图中最重要、应用最广泛的课题之一，也是用图的最基本的本领。

按地形图行进，就是利用地图选定行军路线，通过地图与现地对照，以保持沿选定的路线到达预定地点的行进方法。

1. 行进前的准备

图上准备内容，可概括为"一选、二标、三量算、四熟记"。

"一选"，即选择行进路线。行进路线，是根据受领的任务、敌情、地形和部队装备等情况在图上选出行进的最佳路线。选择时，应着重考虑和研究路线上与行动有关的地形因素和敌情。

越野行进时，每一转弯点都要有明显的方位物；夜间行进时，要求选定明显突出、不易变化的目标作为方位物。

"二标"，即在图上标绘行进路线和方位物。标绘行进路线和方位物，是将选定的行进路线和方位物，用彩色笔醒目地标绘于图上，并按行进方向顺序进行编号，以便行进中对照检查。

"三量算"，即量取里程和计算时间。在图上量取行进路线上各段里程和计算行进时间，并注记在图上。如行进路线上地貌起伏较大时，应计算实地距离。

"四熟记"，即熟记行进路线。熟记行进路线的方法，一般按行进的顺序，把每段的里程、行进时间，经过的居民地、两侧方位物和地貌特征，特别是道路的转弯处、岔路口和居民地进出口附近的方位物及地形特征等熟记在脑海里，力求做到脑中有图，未到先知。

2. 组织行进的要领

行进的形式通常有徒步行进、乘车行进和越野行进。尽管方式不同，各具特点，但其共同的要领包括以下几个方面。

（1）出发前，先标定地图。明确行进的路线和方向，按出发时间出发。

（2）行进中，随时标定地图。按照行进方向，适时转动地图，做到"图、路成一线，路转图也转，方向正相反"。

（3）对照方位物，及时做判断，随时随地根据方位物判明行进方向和道路，尤其是到岔路口、转弯点，或进入居民地，更应判明方向。

（4）掌握行进速度和时间。根据行军任务要求、敌情威胁和部队的行进能力，把握好行进速度，并按照行进计划，准确把握行进时间。

（5）把握夜间行进的特点。夜间行进时，应根据能见度不良的特点，多选方位物把握行进方向。

选择方位物时，多选择前进道路上的岔路口、桥梁和临近路旁的突出地物、透空可见的山顶、鞍部等。行进中力求做到"三勤"，即勤看、勤对照和勤观察各种征候（如灯光、狗叫声、流水声等）。另外，要掌握行进的时间和速度。如果发现走错路应立即停止，重新标定地图，对照现地，判明现在所在的位置及其与预定行进路线的关系,选择近路,回到预定路线上来。也可原路返回,再继续按预定路线行进。

(四)按方位角行进

行进时,部队在沙漠、草原、山林地等地形上,或遇夜间、浓雾、大风雪等不良天气气候条件时,常需按方位角行进。

第六节 电磁频谱监测

电磁频谱监测是指对某地域电磁环境、特定频段或特定电磁信号进行的监视和探测。按任务分类,可分为常规监测、特种监测等;按类型分类,可分为电磁环境监测、频谱参数测量、无线电测向、信号源定位等。电磁频谱监测是掌握特定地域电磁环境及电磁频谱使用情况的基本手段。通过频谱监测可以获得大量电磁用频装、设备的工作状态以及无线电频谱信息和特征技术参数,为我军制订战场电磁频谱管理和用频保障计划,研制和发展各类用频装备提供重要的技术依据。

一、无线电测向原理

无线电波属于电磁波中频率较低的一种,它可直接在空间辐射传播。在均匀介质如真空(空气不是均匀介质)中它具有直线传播的特点。因此,只要确定出电波传播的方向,便可确定出发射台所在的方向。

无线电波的频率范围很宽,频段不同,特性也不尽相同。我国目前开展的无线电测向运动涉及3个频段:频率为3.5~3.6兆赫的短波波段,因其波长为83.3~85.7米,称为80米波段测向;频率为144~146兆赫的超短波波段,其波长为2.05~2.08米,称2米波段测向;频率为433.920兆赫的超高频波段,其波长为0.691 3米,简称0.7米测向。

无线电波看不见,摸不着,却充满了整个空间。在日常生活中,当我们打开收音机,把频率调准至某一广播电台的发射频率时,都可以听到通过无线电波传播的节目,就证明了这一点。那么,无线电波是怎样被发射到空间,其又具有什么样的特性呢?

（一）无线电波的发射过程

无线电波是通过天线发射到空间的。当电流在天线中流动时，天线周围的空间不但产生电力线（即电场），同时还产生磁力线。其相互间的关系如图9-4所示。如果天线中电流改变方向，空间的电力线和磁力线方向也会随之改变。如果加在天线上的是高频交流电，由于电流的方向变化极快，根据电磁感应的原理，在这些交替变化的电场和磁场的外层空间，又激起新的电磁场，不断地向外扩散。这样，天线中的高频电能就以变化的电磁场的形式，传向四面八方，这就是无线电波。

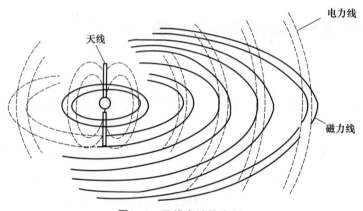

图9-4 无线电波的发射

由图9-4可看出：电力线（即电场）方向与天线基本平行，磁力线（磁场）的形状则是以天线为圆心，与天线相垂直的方向随之变化的无数同心圆。

（二）无线电波的特性

1. 无线电波的极化

上述交变电磁场在其附近空间又激起新的电磁场的现象叫作无线电波的极化。在空间传播的无线电波都是极化波。当天线垂直于地平面时，天线辐射的无线电波的电场垂直于地平面，称垂直极化波；当天线平行于地平面时，天线辐射的电波的电场平行于地面，称水平极化波。

无线电测向竞赛规则规定：80米波段使用垂直极化波；标准距离2米波段使用水平极化波。

2. 电场、磁场与电波传播方向之间的关系

天线辐射的无线电波，电场方向与天线平行，磁场方向与天线垂直，电场与磁场相互垂直，又都垂直于电波传播的方向。并且，电场和磁场同时出现最大值和最小值（即相位）相同。

3．频率和波长的关系

如果我们将空间视为均匀介质，无线电波在其中沿直线匀速传播，其速度与光速相同。波长（λ）与频率（f）成反比，其关系式为：

$$\lambda = v/f$$

式中：λ 为无线电波波长（米）；

v 为无线电波传播速度（3×10^8 米/秒）；

f 为无线电波频率（赫兹）。

二、无线电测向基本技术训练

通常我们把全套测向技术分解成各个单元，分别单独训练，达到要求后，再综合起来。这样做的好处是每节训练课要求明确、针对性强，管理也比较方便，易于总结、提高和及时发现问题。

测向训练的内容和方式较多，现仅就收听电台信号、收测电台方向线、方向跟踪、隐蔽电台的设置、信号源的架设和使用等几个最基本的问题进行简述。

（一）收听电台信号

由于隐蔽电台工作在不同的频率上，调收电台信号的速度就成了影响学生成绩的主要因素之一。

1．识别电台呼号训练

目的：建立收测信号必须首先分辨台号的概念。

方法：教师掌握可拍发 1～5 号电台呼号的信号源，学生准备好测向机、笔、纸，听教师口令调收信号，分辨出电台台号后记录下来。每个台号的拍发时间可由 15 秒逐步减至 5 秒。此训练可在教室内进行。

2．调收电台信号训练

目的：提高收听电台信号的质量和速度。

方法：教师操纵 TX80-B 型多频道工作的信号源。

按事先计划的开机顺序轮换发信，学生记录收听的台号。每台工作时间由 15 秒减至 5 秒。开启 3 部不同台号的电台同时发信，学生自选顺序收听。总发信时间由 40 秒减至 15 秒。以上训练，可逐步采用缩短天线长度或加大收发距离的方法，使信号由强变弱。

最后由教师宣布结果，由教师或学生自己进行核对评分。

（二）收测电台方向线

在空旷平坦的场地上，设发射机一部，连续发信，学生在距电台 50～100 米处，原地闭目转圈后测定方向线，然后睁眼检验。

场地及发射机工作方式同上。学生蒙眼测定方向线后，边测边前进，看谁距离电台最近。为避免互相碰撞，学生应在不同方向上分批出发，并在电台附近配一名工作人员，防止踩踏电台。

学生站在操场中央，周围设 3～5 部不同频率连续发信的隐蔽电台，要求学生在规定时间内测定各电台方向线。

当受场地限制时，学生可在教室内进行训练（室外不同方向上设台）。

（三）方向跟踪

视学生水平选一林区（对新队员可选在较平坦、树木不太密的地方；对老队员应选地势起伏而且树木稠密的地方）训练。学生在距电台约 100 米处单个出发，有效时间约为 3 分钟。找到电台打卡（或盖章）后迅速返回，找不到也应在规定时间内返回，以免影响下一学生出发。实际训练时可按此方法逐步把距离延长，提升学生水平。

此外，为提高训练效率，可在出发点四周设 2～5 个隐蔽电台，仍要求每个学生在规定时间内只找一台。返回起点再听从教师安排寻找下一台。最后以在规定时间内完成的找台数量及使用总时间来评定成绩。

（四）交叉定点

选矮树林一片，内设隐蔽电台一部，利用林边道路进行交叉定点，确定电台位置。最后以电台操纵员举旗进行验证。这里要特别强调的是发射天线的架设一定要与地面垂直，否则会给测出的方向带来误差。

（五）体会音量变化

设一连续发信电台，学生从几十米外按所测方向接近电台，再跑过电台十余米，体会音量旋钮应放的位置和音量变化与距离电台远近的关系，特别是要体会在电台附近的音量情况。

以上训练内容可按学生的时间适当安排。其中最主要的是方向跟踪和收测电台信号。至于训练方式，可根据实际条件参考上述方法进行。

三、隐蔽电台的设置

第一，电台设置应符合无线电测向竞赛规则的规定。在选择地形和架设电台时，要保证电台信号的正常辐射，禁止把短 80 米波段信号源天线埋入土中或纯水平架设，也不允许把短 2 米信号源天线水平架设。

第二，电台设置难度要考虑到环境对方向的影响，应从简单到复杂，从易到难，以利于培养正确的测向技术。

第三，电台设置时要尽量避免学生走回头路，减少学生相遇机会和相互之间的干扰。若电台没有人看守，就不要在行人易到之处设台，避免丢失。

第四，电台设置的地点要考虑群众利益和他人的工作、生活，要避免损坏公共设施和保障人身安全，不要把电台设在果园、庄稼地和禁止游人进入的地区，并要避免学生穿越这些地方，更不要设在悬崖、深沟附近，以免发生危险。

四、信号源的架设和使用注意事项

信号源在架设和使用时要注意以下几点。

第一，电台的隐蔽和架设要按照实际情况进行。对于初学者，天线应垂直于地面，使测得的方向较好，利于基本技术的掌握，同时注意架设要牢固、可靠且不易被人踢踩。

第二，电台的台号标志（或点标）和学生过台记录器具必须在一起，而且距电台不超过 0.5～2 米，找到电台应很容易发现过台记录器具，学生使用过台记录器具时也不应对电台的正常工作造成影响。

第三，使用信号源时应先安装天线再开电源开关，对于 80 米波段信号源每次架设后或天线位置变动后必须进行调适。调适时人体不可碰摸金属机壳。禁止在失调状态下工作或用失调的方法降低发射功率。

参考文献

[1] 中共中央宣传部. 习近平新时代中国特色社会主义思想学习纲要. 北京：人民出版社，2019.

[2] 中共中央宣传部. 习近平新时代中国特色社会主义思想三十讲. 北京：学习出版社，2018.

[3] 中共中央马克思、恩格斯、列宁、斯大林著作编译局. 马克思恩格斯选集. 北京：人民出版社，1981.

[4] 中共中央马克思、恩格斯、列宁、斯大林著作编译局. 列宁选集：第1卷. 北京：人民出版社，1995.

[5] 《中国近现代史纲要》编写组. 中国近现代史纲要. 北京：高等教育出版社，2018.

[6] 中共中央文献编辑委员会. 毛泽东著作选读. 北京：人民出版社，1986.

[7] 中共中央文献编辑委员会. 刘少奇选集（上卷）. 北京：人民出版社，1981.

[8] 中共中央党史研究室. 中国共产党的七十年. 北京：中共党史出版社，1991.

[9] 中共中央文献编辑委员会. 朱德选集. 北京：人民出版社，1983.

[10] 中国人民解放军军事科学院. 马克思恩格斯军事文集. 北京：中国人民解放军战士出版社，1981.

[11] 中国人民解放军军事科学院. 列宁军事文集. 北京：中国人民解放军战士出版社，1981.

[12] 广东革命历史博物馆. 黄埔军校史料. 广州：广东人民出版社，1993.

[13] 毛泽东. 毛泽东选集：第1卷. 北京：人民出版社，1951.

[14] 毛泽东. 毛泽东选集：第2卷. 北京：人民出版社，1952.

[15] 毛泽东. 毛泽东选集：第3卷. 北京：人民出版社，1953.

[16] 毛泽东. 毛泽东选集：第4卷. 北京：人民出版社，1960.

[17] 毛泽东. 毛泽东选集：第5卷. 北京：人民出版社，1977.

[18] 袁德金，王建飞. 新中国成立以来军事战略方针的历史演变及启示. 军事历史，2007（6）：1-5.

[19] 李学勤. 近年出土文献与中国文明的早期发展. 光明日报，2009-11-5（11）.

[20] 谢国良，袁德金. 中国古代军事思想概论. 北京：军事科学出版社，1994.

[21] 袁德金，彭怀东. 中国古代军事思想的起源和发展. 中国军事科学，2006（3）：90.

[22] 达林太. 蒙古兵学研究. 北京：军事科学出版社，1990.

[23] 周亨祥. 中国古代军事思想发展史. 深圳：海天出版社，2013.

[24] 中共中央文献研究室，中国人民解放军军事科学院. 朱德军事文选. 北京：解放军出版社，1997.

[25] 廖国良，李士顺，徐焰. 毛泽东军事思想发展史. 北京：解放军出版社，2007.

[26] 韩怀智，谭旌樵. 当代中国军队的军事工作（下册）. 北京：中国社会科学出版社，1989.

[27] 蔺玄晋. 战争简史——军事科技进步与战争形态演变. 北京：兵器工业出版社，2017.